El dinero en la obra de Quevedo

El dinero en la obra de Quevedo
La crisis de identidad en la sociedad feudal española a principios del siglo XVII

Eberhard Geisler

Traducción de Elvira Gómez Hernández

KASSEL · EDITION REICHENBERGER · 2013

Edición revisada del original en alemán: *Geld bei Quevedo. Zur Identitätskrise der spanischen Feudalgesellschaft im frühen 17. Jahrhundert.* Peter Lang: 1981.

ISBN: 978-3-944244-13-6

© 2013, Eva Reichenberger. D-34121 Kassel, Pfannkuchstr. 4

Umschlaggestaltung: Carolin Schneider

Coverbild: Jan Sanders van Hemessen: »Die Berufung des Matthäus«.
© bpk | Bayerische Staatsgemäldesammlungen. Standort: München, Bayerische Staatsgemäldesammlungen - Alte Pinakothek. Signatur/Inventar Nr.: 11

Druck und Einband: Ulzama Digital, Spanien.

Índice

Prólogo a la edición española

Cuando se editó por primera vez este libro, en alemán y hace treinta años, pensé en hacerlo traducir también al español. En definitiva, se ocupaba de una obra clásica de la literatura española y de la sociedad de su época, y hubiera querido que un público más amplio que el alemán pudiera leerlo. Pero los tiempos eran difíciles, tanto en Alemania como en España, pues estaba muy difundida cierta estrechez de miras, y a mi libro que citaba a Carlos Marx se le achacaba un tufillo subversivo. Pregunté a un hispanista español de renombre si no conocía alguna editorial española idónea para llevar a cabo mi proyecto, y me contestó: "Señor Geisler, búsquese un editor rojo". Sin embargo, yo pensaba haber escrito un libro digno quizá de la discusión académica y no tanto dirigido a una clientela determinada. Recuerdo, con todo, que Maurice Molho, con gran amabilidad, me animó a que emprendiera la traducción.

Me hace mucha ilusión poder presentar el libro, finalmente, al público hispanohablante tal como lo anhelaba desde hace tanto tiempo. Claro: volver a editar un libro que se vio la luz hace tres décadas necesita una justificación. Creo que es posible darla. Esta investigación llamó la atención sobre la necesidad de estudiar la literatura del Siglo de Oro sobre el fondo de la historia social. Formaba parte de una corriente de la filología de aquellos años, convencida de que había que sacar la literatura de la torre de marfil y entenderla como hecho conectado, desde siempre, con la historia social y –hecho aun más escandaloso para muchos críticos tradicionales– económica. Este impulso, sin lugar a dudas, sigue siendo válido. La economía monetaria no es tan sólo uno de los grandes temas de Quevedo, sino que influye como estructura fundamental y como problema casi en toda la filosofía y literatura occidental. El espíritu no es nada inma-

culado o desligado de la realidad, sino que está siempre profundamente involucrado en las circunstancias de la práctica social y económica de su tiempo.

En cuanto a la metodología de este trabajo cabe destacar tres aspectos. Primero: fundamental para mi argumentación fue el análisis
del paso histórico de la economía feudal a la economía capitalista tal
como Marx lo describe en su gran obra *El Capital*. Este análisis,
desde luego, se basa en la idea del progreso social. Entre tanto nos
hemos acostumbrado a poner en tela de juicio la noción del progreso
histórico, pero en lo que hace al Siglo de Oro, estamos convencidos
de que hay que mantener tal concepto: pues es obvio que el feudalismo y su práctica social había entrado en una profunda crisis, y
que la construcción de una economía burguesa hubiera significado
un considerable progreso. Segundo: el trabajo es coetáneo de la corriente del New Historicism. Autores como Stephen Greenblatt han
tratado de devolver los textos literarios a su contexto cultural contemporáneo poniéndolos en diálogo con otros documentos y afir-
maciones de la época en que surgieron. Yo traté de leer a Quevedo
sobre el fondo de los escritos tan clarividentes de los economistas
españoles de la época. Finalmente, como tercer aspecto, intenté introducir la noción de identidad social. Este concepto proviene de la
psicología y es en sí ahistórico, pero yo estaba –y estoy– convencido
de que se podía unir a la idea del progreso histórico. Me parecía que
las sociedades siempre buscan la manera más efectiva de instalarse
en el mundo –tienden a ser sujetos de su existencia, disponer de *Sub-
jekthaftigkeit*, resolver sus problemas–, y, al mismo tiempo, la posibilidad de legitimar su procedimiento como algo universal que supera
toda parcialidad social. Esta combinación da por resultado la identidad. Debo confesar que, probablemente, no llegué a desarrollar este
tercer aspecto tanto como hubiera deseado.

El lector que hasta hoy más detenida e inteligentemente se ha
ocupado de este libro ha sido Bernhard Teuber. Lo comentó en su
estudio *Sprache – Körper – Traum. Zur karnevalesken Tradition in
der romanischen Literatur aus früher Neuzeit* (Tubinga 1989). Su
perspectiva era distinta de la mía: rechazaba la idea de progreso. Partiendo de la epistemología de Foucault y del concepto carnevalesco
de Bajtín trató de sacar a la luz un Quevedo estetizante que se burlaba

tanto del discurso epistemológico tradicional como del moderno. Pero yo sigo descreyendo de tal punto de vista que se coloca por encima de los graves problemas históricos. Teuber propaga una interpretación carnevalesca, bosquejando un poeta que sale de la historia; yo mantengo la gravedad de mi perspectiva. No creo en la ligereza de la burla quevediana. El impulso personal para dedicarme a estudiar este tema en la obra de Quevedo lo recibí, todavía siendo estudiante, cuando topé con su verso: "¿Quién hace de piedras pan/ sin ser el Dios verdadero?/ El dinero." Vislumbré en este momento el profundo choque que el poeta debe haber experimentado: el mismo concepto de la omnipotencia divina había entrado en crisis. Estaba surgiendo, como alternativa, un poder terrestre. El dinero resulta un agente de la secularización, y Quevedo lo barruntó. El poeta se burla del dinero, pero al mismo tiempo sabe que no es para burlas. A mí me convenció Dámaso Alonso quien destacó en Quevedo su desgarramiento, sus contradicciones y su desesperación. Estamos en la época de la contrarreforma, pero no debemos olvidar que siempre hay que contar con sacudidas subterráneas. La fe católica se defiende con uñas y dientes, pero es como si se encogiera ante el presentimiento de un abismo espantoso. Véanse, por ejemplo, los cuadros de Zurbarán, donde el cordero divino aparece sobre un fondo completamente negro.

En los últimos años he vuelto a reflexionar sobre el papel de la economía en la literatura, tanto española como europea en general. He preguntado por los conceptos de donación y de mutua reciprocidad. He descubierto que precisamente la literatura española es muy sensible ante el problema del valor que siempre tiende a ser valor de cambio y que encuentra su encarnación más pura en el dinero. El libro que el lector tiene en manos es un primer paso hacia indagaciones más amplias.

Recuerdo que alguien me reprochó haber interpretado el tema del hidalgo pobre a nivel demasiado biográfico. Ocurre que nuestro poeta sí escribió textos en que claramente se refiere a las limitaciones de su situación económica personal. Pero esto no es lo principal: es importante ver que Quevedo registró, con toda evidencia, la pobreza estructrual del hidalgo. El poeta tuvo algún tiempo empleos diplomáticos sin duda bien remunerados y heredó la Torre de Juan Abad

de su madre, pero comprendió –he aquí lo esencial de mis afirma-
ciones– que la economía monetaria en estos momentos iba sobrepo-
niéndose al feudalismo, y que éste había resultado inferior al capitalismo en su capacidad de producir dinero.

Varias personas han contribuido gentilmente a que esta edición
pudiera ver la luz. Agradezco a Elvira Gómez Hernández por haberse
dedicado a la tarea de la traducción con mucho esmero. Quiero dar
las gracias, además, a la Sra. Ingeborg Geisler-Goebel y al Prof. Dr.
Manfred Engelbert por haber contribuido generosamente a la publi-
cación de este libro. Dedico esta edición a la memoria de mi padre,
Helmut Geisler (1911-1995), quien me introdujo en el amor de las
letras.

I. Introducción

1. Planteamiento de la cuestión; un problema de sincronía histórica

El dinero es uno de los temas que Francisco de Quevedo (1580-1645) retoma con apasionamiento una y otra vez en toda su obra, sin reservarle un género en especial; le concede un espacio tanto en su lírica como en la prosa satírica o en los escritos políticos, filosóficos y religiosos. Las constelaciones en las que ve el dinero son, por consiguiente, múltiples: lo percibe como un fenómeno moral y social, pero también político; y cree, en definitiva, que el poder que ejerce sólo se puede expresar de forma adecuada con categorías teológicas.

Resulta sorprendente que la crítica no haya considerado antes la posibilidad que ofrece este objeto de estudio. Nos referimos a la oportunidad de investigar, por medio del dinero, cómo se relaciona la obra de Quevedo con su contexto sociohistórico específico. Si bien es cierto que existe un viejo estudio dedicado a esta temática, *El dinero en las obras de Quevedo* de Emilio Alarcos García[1], no obstante en él se prescinde de un planteamiento histórico de la cuestión. Alarcos García se limita a advertir de forma general que el dinero es un "tema perenne"[2], y a declarar que lo que le interesa a Quevedo, al tratar del mismo, es hacer llamamientos morales a sus contemporáneos[3]. Lo que hace el poeta, en definitiva, según afirma Alarcos[4], es elegir un tema cualquiera para demostrar con él la variedad estilís-

---

[1]   Discurso de apertura del curso 1942/43, Universidad de Valladolid. En: *Homenaje a Emilio Alarcos García. Vol. I, Selección antológica de sus escritos.* Valladolid 1965 (= Universidad de Valladolid, Facultad de Filosofía y Letras), pp. 375-442.

[2]   Ibídem, p. 375.

[3]   Ibídem, p. 442.

tica con la que el autor expone un asunto determinado, pero precisamente sin interés en sí mismo.

Esta limitación del enfoque ante un material textual que, observándolo bien, trata de problemas que se dejan especificar como epocales y sociales, habría que entenderla, a su vez, históricamente. Por una parte, no hace mucho que se considera válida –si bien no en todos los lugares– la opinión de que la literatura se puede comprender sobre todo en relación con la práctica social de su tiempo. Precisamente en este sentido, la investigación sobre el Siglo de Oro, un periodo que en España fue tan productivo desde el punto de vista literario y que se extiende aproximadamente desde principios del siglo XVI hasta finales del XVII, tiene mucho que recuperar[5].

Por otra parte, últimamente en la investigación aumentan cada vez más los resultados que arrojan luz sobre la conciencia tan diferenciada que, para nuestra sorpresa, tenían algunos contemporáneos a propósito de los problemas que, más tarde, se resumirían por lo general de forma poco diferenciada bajo el concepto, por ejemplo, de la decadencia del Imperio español. Nos referimos al redescubrimiento de economistas y arbitristas del siglo XVII que, basándose en los resultados de la teoría económica de la escolástica española del siglo XVI, se dieron cuenta de que su propia sociedad estaba sufriendo una crisis estructural de su síntesis material y que ésta se debía a las rígidas relaciones feudales, por lo que, para superarla, comenzaron a hacer propuestas que apuntaban a una economía productiva burguesa. Sólo a partir de estos últimos años es cuando se ha empezado a reeditar a alguno de estos autores y a considerar y estu-

---

4   Ibídem, p. 375.

5   Junto a los trabajos que hemos utilizado y que se irán mencionando a continuación, resaltamos los títulos de dos obras que exponen importantes contribuciones sobre una sociología literaria de la época: Noël Salomon, *Recherches sur le thème paysan dans la "comedia" au temps de Lope de Vega*. Bordeaux 1965. Jacqueline Ferreras-Savoye, *La Célestine ou la crise de la societé patriarcale*. Paris 1977. Tomando como base la obra de Fernando de Rojas, Ferreras-Savoye analiza mediante una reflexión literaria la relación de las nuevas actividades económicas que se daban ya a finales del siglo XV, la relevancia cada vez mayor del dinero y una visión moderna del mundo con la crisis emergente de estructuras de la sociedad española, determinadas por el poder feudal y eclesiástico.

diar[6] los grupos a los que pertenecían como perspicaces opositores dentro de la sociedad de su época. El hecho de que no hayan tenido una recepción considerable hasta hace poco –siendo, además, sobre todo en la hispanística francesa donde ésta ha tenido lugar– y de que su retraso se deba a la falta de una perspectiva interdisciplinar es característica de una crítica literaria que solía pasar por alto las cuestiones socioeconómicas en los objetos de estudio de esa época en general; y este estado objetivo de la investigación explica, a su vez, esa indiferencia y prácticamente ausencia de trabajos sobre el tema del dinero en los textos de Quevedo.

El acercamiento a esta tradición tan olvidada demarca las tareas y, al mismo tiempo, los procedimientos de nuestro trabajo. Mediante los escritos de algunos de los autores que, desde un punto de vista crítico, se esforzaron a propagar una política económica y social, intentamos determinar los problemas que, según su opinión, estructuran la situación de la sociedad española de manera central. Ante este trasfondo será posible reconstruir los textos de Quevedo que tratan del dinero como aportación a la discusión de su tiempo, aunque se presenten a sí mismos como atemporales. Lo que nos interesa, dicho con otras palabras, son sobre todo las relaciones sincrónicas que establece su obra y no la exploración diacrónica de un único lugar común. Aunque exponemos la tradición del pensamiento económico y hacemos referencia, por supuesto, a los tópicos a los que recurre Quevedo, no consideramos tales exposiciones como meta en sí misma, sino como medio para hacer visibles las relaciones de esa obra con su propio presente como momento esencial y, así, llegarla a comprender.

2. Sobre el concepto de la identidad

La problemática que se señala en esa época en España mediante el complejo del dinero en su esencia se puede considerar, como veremos, como la crisis de una sociedad feudal que aunque ella misma

---

6   Véanse las referencias bibliográficas al respecto en el cap. III; véase además el cap. VII, nota 2 (Martínez de Mata) y 85 u 89 (Pérez del Barrio).

inaugura la era del comercio internacional, de la producción de mercancías y de la desarrollada economía monetaria gracias a la conquista
de América y los metales preciosos americanos, sin embargo no
adapta lo suficiente su propia estructura a las nuevas exigencias. La
grave crisis en la que cae esa sociedad a partir de finales del siglo
XVI se debe fundamentalmente a que, en aras tanto del mantenimiento de su posición en cuanto potencia internacional como del
inmediato aseguramiento de sí misma, se ve ante la necesidad de
cambiar su praxis, esto es, su síntesis material y social en dirección
hacia una organización burguesa, pero que cuanto más pierde el control sobre su destino histórico tanto más se intenta aferrar a las estructuras feudales.

Pensamos, pues, que mediante la obra de Quevedo –la cual, en
cierto modo, pondremos a debate con voces críticas de su época–
podemos mostrar que la sociedad española experimenta dicha crisis
como crisis de su identidad, por mucho que quiera reprimir esa experiencia. Definamos ahora lo que en este contexto entendemos bajo
el concepto de identidad.

Con esto, entramos en una problemática sobre la que se ha trabajado en la psicología actual especialmente[7]. Por lo tanto, nosotros
sólo podemos dar nuestra breve definición limitada a los objetivos
de este trabajo, con la salvedad de que se trata de un ensayo en el terreno de otra disciplina.

La cuestión sobre qué es la identidad de las personas y qué la
constituye la ha tratado por extenso especialmente Erik H. Erikson[8],
quien la sitúa tanto en un marco ontogenético –esto es, preguntándose
por las estructuras que le permiten al individuo, dentro de su ciclo

---

7   David J. de Levita, *Der Begriff der Identität*. Traducción del inglés de K. Monte
     y C. Rolshausen. Frankfurt/M. 1972². Los orígenes de este problema se pueden
     ver, de todos modos, en la historia del pensamiento. Véase ibídem, pp. 22-66.

8   De Levita ofrece una introducción a la teoría de Erikson, ibídem, pp. 67-68 (la
     importancia que de Levita le atribuye a este autor ya se desprende de la división
     de su libro: I. Dogmengeschichte bis Erikson, II. Erikson, IV. Literatur nach
     Erikson). Para nuestro contexto son importanates los primeros libros de Erikson
     (y que de Levita no considera): *Dimensionen einer neuen Identität*. Traducción
     del inglés de F. Herborth. Frankfurt/M. 1975; título original: *Dimensions of a
     New Identity: The Jefferson Lectures in the Humanities*.

vital, experimentar su mismidad como unidad– como también en un contexto sociohistórico más amplio, esto es, preguntándose por la sociedad y la historia como un marco mayor dentro del cual se transmiten la identidad del individuo y su constitución respectivamente. En este punto consideramos conveniente mencionar las reflexiones centrales del mencionado autor.

La identidad, para Erikson, consiste primero en una "percepción inmediata de la igualdad y continuidad de sí mismo en el tiempo, unida a la percepción de que otros también reconocen esta igualdad y continuidad"[9]. Esta primera característica, aunque perfila el fenómeno a describir, esto es, en cuanto posibilidad de los individuos para comprenderse como unidad constante y afirmada de forma intersubjetiva, sin embargo es todavía insuficiente porque, en definitiva, sólo abarca una identidad basada en roles naturales, atribuidos o asumidos (la edad, el sexo, la raza, el grupo social, la profesión, etc.), sin ofrecer puntos de apoyo que expliquen lo que es la identidad en el caso de que esas marcas exteriores dejen de ser válidas y haya que considerar la igualdad y la continuidad desde otra base más estable. Por lo tanto, para poder declarar de qué forma el *yo* puede permanecer constantemente idéntico a sí mismo, precisamente en roles cambiantes y en el cambio de situaciones, Erikson introduce el concepto de la identidad del *yo*, la cual tendría la función de describir no características sino una capacidad, es decir, una identidad no como algo estático sino como el resultado de una producción continuada de síntesis: "lo que aquí llamamos identidad del *yo* significa más que el mero hecho de existir … es la calidad yoística de esa existencia. Así, bajo tal aspecto subjetivo, la identidad del *yo* reside en el apercibimiento de que en los métodos sintetizantes del *yo* reina una igualdad y una continuidad, y que estos métodos sirven con eficacia para garantizar la propia identidad y continuidad también en la percepción de los otros."[10]

En otro apartado, Erikson formula de forma ilustrativa lo que, a nuestro entender, es lo determinante en esa definición. Apunta: "Pero para lo que trabaja constantemente el *yo* es, sobre todo, para mantener

---

9   Cita tomada de Levita, ibídem, p. 71.

10   Ibídem, pp. 71 s.

el sentimiento de que nosotros (esto es, cada uno de nosotros) estamos en el centro del curso de nuestra experiencia y no perdidos en cualquier periferia; que las acciones que planeamos parten de nosotros y que no se nos manda de un lado a otro; y, finalmente, que somos activos, activamos y nos dejamos activar por otros. Todo esto en su conjunto es lo que crea la diferencia entre un sentimiento (y el actuar correspondiente) de integridad y uno de fragmentariedad"[11]. Por lo tanto, lo decisivo para el logro de la identidad es la capacidad del *yo* de poder organizar de forma autónoma la cantidad de sus experiencias heterogéneas y, con ello, la posibilidad de comportarse y de comprenderse como sujeto de sus relaciones con una realidad cambiante.

La necesidad de un reconocimiento intersubjetivo de la identidad del *yo* –otros tienen que constatar la igualdad y la continuidad del individuo– indica que las capacidades sintetizantes por sí mismas no son suficientes para garantizar la identidad, la cual tiene que consistir, además, en un momento general. Por eso, Erikson no la entiende sólo como armonía del *yo* consigo mismo sino, al mismo tiempo, como su armonía con un conjunto: la igualdad y continuidad personales están en ella "aparejadas con la fe en la igualdad de continuidad de una imagen común del mundo"[12]. La relación con algo general que requiere la identidad consiste, por lo tanto, en más que en su mera aseguración intersubjetiva; dicha relación más bien conecta el *yo* con un sistema social de sentido y valores. Erikson ha investigado en diferentes figuras históricas y grupos (Lutero, Jefferson, Gandhi, el movimiento de protesta americano)[13] la relación que ve entre la constitución de una identidad biográfica del individuo y su necesidad de concebir la propia praxis integrada cada vez dentro de un conjunto con sentido. En su artículo sobre los autores de la declaración de la independencia americana y la identidad de los "founding fathers" apunta una fórmula y escribe que la identidad significa aparte de estar

---

11   Erikson, *Dimensionen...*, ibídem, p. 104.

12   Erikson, *Lebensgeschichte...*, ibídem, p. 16

13   E. H. Erikson, *Der junge Mann Luther. Eine psychoanalytische und historische Studie*. Reinbeck bei Hamburg 1970; sobre Jefferson: *Dimensionen...*, ibídem.; sobre Gandhi y el movimiento de protesta americano: *Lebensgeschichte...* Ibíden, pp. 113-196 y pp. 197-232.

en armonía consigo mismo, también "estar en armonía con el sentido de una comunidad al unísono tanto con su futuro como con su historia o mitología"[14]. El hecho de que para Erikson los contenidos de tales identificaciones abarcadoras deben ser especificados histórica y culturalmente cada uno –la religión, la historia nacional y una ética universalista, son ejemplos de tales modelos sociales de autoconciencia individual– no contradice, sin embargo, su hipótesis de que la necesidad en sí, con la que el individuo aspira a colocarse dentro de una perspectiva que le promete una universalidad, tiene que ser una constante psicológica[15]. En su opinión, resumiendo, la identidad se puede definir como la posibilidad (cumplida) del *yo* de realizar y entender su propia subjetividad dentro de un contexto común de sentido.

Pensamos que esa definición se debería complementar con una teoría materialista de forma más consciente y no tan tentativa como lo hace Erikson[16]. Éste también parte de que se puede hablar de identidad (o de su crisis) enfocando a toda una sociedad, lo que se pone de manifiesto cuando escribe, por ejemplo: "De forma semejante a como el individuo necesita en la pluralidad de sus experiencias una orientación vital, también una cultura tiene que aspirar a integrar todas las ideas en continua transformación dentro de un universo coherente"[17]. También las sociedades, por lo tanto, disponen de una "facultad vital" o identidad que, a su vez, aseguran en un proceso constante de producciones de síntesis. En este punto, no obstante,

---

14 Erikson, *Dimensionen...*, ibídem, p. 29.

15 Jürgen Habermas ha desarrollado la hipótesis de una ontogénesis de la identidad del *yo* correspondiente a la evolución histórica de una identidad social, "Können komplexe Gesellschalten eine vernünftige Identität ausbilden?" En: del mismo y Dieter Henrich, *Zwei Reden* (con motivo del Premio Hegel). Frankfurt/M. 1974, pp. 23-84.

16 Sobre los migrantes que salieron de Europa para EE.UU. por razones políticas y económicas escribe, por ejemplo: "Cuando miró a su alrededor y a lo que se le avecinaba, el hombre nuevo vio un continente intacto con infinitas posibilidades y materias primas que le inspiraban la esperanza de poder hacer realidad un capítulo nuevo, si no incluso el principal, de la historia de la creación"; *Dimensionen...*, ibídem, p. 86; véase también p. 88, en la que Erikson habla de la "factualidad" histórica como contexto condicional de la identidad.

17 Erikson, *Lebensgeschichte...*, ibídem, p. 100.

sería consecuente ir más allá de la reducción del fenómeno a sus aspectos ideológicos, una tendencia que se puede observar en Erikson. El hecho de que la identidad social –con la que se relaciona la individual– tenga que imaginarse como síntesis, remite, finalmente, a la realidad concreta de esa relación: a la producción material, a las formas de comercio social y relaciones de poder y, también, a su estado específico en cada momento histórico[18]. Así pues, la cuestión sobre cada praxis material tiene una importancia central por lo que se refiere al problema de la identidad en general. Por eso, aquí entendemos por identidad un fenómeno, experimentado individualmente pero primordialmente colectivo, dependiente de la síntesis social concreta; en este sentido, la consideramos como el resultado de una praxis social que le permite a esa sociedad –tanto en su conjunto como a cada uno de sus miembros– comportarse como sujeto de sus relaciones con la realidad y considerarse legitimada y asegurada dentro de un sistema de valores común.

Identidad, no subjetividad. En lo sucesivo trabajaremos con una teoría de la identidad psicológica y no histórica. Teniendo en cuenta la época que aquí se trata, una teoría histórica se interesaría por las diferencias entre el modelo identitario feudal y el burgués: el objeto de su reconstrucción sería, con otras palabras, la génesis de la subjetividad moderna. Aquí, sin embargo, concebimos la identidad apoyándonos en Erikson, es decir, en un sentido históricamente no especificado, con el propósito de hacer visible una confrontación de dos formas sociales de praxis material que los contemporáneos la experimentaron a nivel de la problemática de la identidad, como conflicto y competición; pero llevar a cabo tal exposición solo es posible mediante un instrumento conceptual que evidencie la conmensurabilidad de lo que se diferencia históricamente, pues sólo se puede experimentar como alternativa lo que se deja referir a un punto común. El concepto de identidad que aquí proponemos fija este punto de la conmensurabilidad del modelo identitario feudal y burgués, tan importante para la reconstrucción de la experiencia ya mencionada, como si fuera en

---

18   Lo que debería significar identidad según Marx (el cual no utiliza este término), lo reconstruye Jürgen Habermas en: *Erkenntnis und Interesse*. Frankfurt/M. 1973[2], pp. 36-59.

el mismo instante de su cambio histórico; lo que une a un modelo feudal determinado por un sistema de roles social fijo y a uno burgués determinado por la subjetividad es la circunstancia de que, en los dos, se plasma –bien sea intercediendo a través de una jerarquía o delegando en los individuos– la aspiración de una sociedad a poseer el poder de definición sobre lo que debe considerarse como realidad y sobre la praxis que ante tal realidad habría que elegir, es decir, a comportarse como el sujeto de sus correspondientes condiciones y posibilidades. Las sociedades, ya desde siempre, se han esforzado por tener en cuenta los intereses vitales y dirigir el propio entorno para sobrevivir —incluso antes de que se desarrollaran, mediante el proceso histórico, el grado de dominio de la naturaleza y, sobre todo, la conciencia de ese dominio. El correlato específicamente moderno de ese dominio de la naturaleza es la subjetividad; un modelo de identidad, por lo tanto, que en su forma desarrollada incluye no sólo la autonomía sino, además, la autorrealización del individuo y su automediación con la sociedad, de tal manera que el individuo se pueda concebir como una instancia total a la que todo lo dado se le convierte en mero material de su actividad. Pero aquí, por la razón ya mencionada, vamos a tener que prescindir de exponer ese cambio histórico, a excepción de algunas indicaciones[19].

Con tal concepto –si bien todavía es provisional– intentamos describir la situación de la sociedad feudal española[20] según se nos

---

19 Véase pp. 93, 117 s., 229 s., cfr. también el capítulo VIII, nota 64.

20 Es de suponer que el concepto de Erikson de la identitad como producción sintética se constituye a partir de la idea de la subjetividad moderna. Pero considerando, sobre todo en su fundamentación materialista, la correlación entre el individuo y la sociedad, y concibiendo también la identidad de una sociedad como unidad que abarca al individuo, va más allá de lo moderno y posibilita, independientemente de la época de la que proviene el concepto en principio, la descripción de una sociedad pasada que siente amenazada o quebradiza su propia síntesis material y espiritual. Precisamente el ahondamiento materialista del concepto que hace alarde de la relación social como algo ya producido socialmente, consciente o inconscientemente, consigue un nivel que se diferencia de la subjetividad a partir del cual se la puede criticar como mero fenómeno de la conciencia. Lo decisivo es que también el sistema de roles feudal crea, objetivamente, una síntesis social y que su capacidad productiva se ve cuestionada por la praxis burguesa de la primera modernidad.

presenta en los textos elegidos, la cual está determinada por las dificultades de España dentro de los cambios socio-económicos que se
dieron a escala mundial, y en la que los contemporáneos perciben la
ruptura de la tradicional unidad entre praxis y conciencia de sí mismo,
esto es: la vivencia de la crisis de identidad de la propia sociedad.

3. LA TEMÁTICA DEL DINERO EN LA OBRA DE QUEVEDO

Mediante el análisis de la temática del dinero esperamos, finalmente, ganar conocimientos sobre el propio Quevedo como autor.
Éste, en el *Sueño del Infierno* dibuja la imagen de un intelectual que
bien podría tratarse de un autorretrato. Es la historia de un penitente
en el infierno que no necesita a ningún demonio que lo torture, pues
lleva el castigo en su propio y desgarrado pecho. De él se dice:

> Así, mortal, pagan los que supieron en el mundo, tuvieron letras y
> discurso, y fueron discretos: ellos se son infierno y martirio de sí
> mismos.[21]

El intelectual, él mismo su infierno y su martirio: tal es la desgarradura
que transmite al menos la lectura del propio Quevedo, un autor que
parece estar siempre buscando una definición de sí mismo y de su
mundo, definiciones con frecuencia contradictorias, comunicadas en
un tono como si jamás las hubiera cuestionado en otros contextos.
El hecho de que se puedan divisar constantes en lo que se puede de-
nominar su posición frente a la realidad no cambia nada en esa tensión
interior.

En ciertas ocasiones se considera un poeta –más adelante tendremos la oportunidad de abordar más de cerca alguna de esas definiciones– a quien lo que más le importa son los "concetti" chispean-

---

21   Pr. 170 s. En adelante citaremos de las siguientes ediciones: Francisco de Quevedo
     y Villegas, *Obras completas*. Estudio preliminar, edición y notas de Felicidad
     Buendía. Tomo I: *Obras en prosa*. Madrid 1974[6] (= Pr. ...); Francisco de Que-
     vedo, *Obras completas*, I, *Poesía original*. Edición, introducción y notas de José
     Manuel Blecua. Barcelona 1963 (= Poesía núm. ...); *Epistolario completo de D.
     Francisco de Quevedo-Villegas*. Edición crítica de Luis Astrana Marín. Madrid
     1946 (= *Epistolario*).

tes; apenas hay otro literato en su época que se comprometa más con la política, de la que, no obstante, queda bastante marginado. Anhela el feudalismo cristiano del pasado, por eso escribe el espejo de príncipes antimaquiavelista, *Política de Dios*, pero sabe que el poder sólo se puede mantener mediante maniobras maquiavélicas, por lo que imparte consejos que lo descubren como táctico taimado[22]. Quevedo es militante y agresivo, pero lo que propaga es, en realidad, la apatía del alma y la convicción de que el actuar humano es perecedero (*La cuna y la sepultura*). Se le considera uno de los fundadores del neoestoicismo en España[23]; busca, por consiguiente, una ética desprendida de la teología y que pregunte, más que por la verdad, por las posibilidades de la sobrevivencia[24]; no obstante, escribe fervientes tratados apologéticos, como *Providencia de Dios*, en los que hace de la existencia de Dios la piedra angular de la existencia humana. Aunque en su obra no deja de aparecer lo sensitivo, con sus exigencias y carente de tabúes[25], sin embargo reivindica el ascetismo con una radicalidad inusual, ensalza la pobreza y, al igual que San Agustín,

---

22 Véase, por ejemplo: "La hipocresía exterior, siendo pecado en lo moral, es grande virtud política"; Pr. 951 a. "Quien no disimula, no adquiere imperio; quien no sabe disimular lo que disimula, no puede conservarle"; Pr. 979 a.

23 Véase la pág. 229.

24 En *El mundo por de dentro*, la figura del Desengaño, que representa el conocimiento sin estar cegado por la apariencia, le dirige las siguientes palabras a su acompañante, el cual, con ingenuidad, había equiparado las cosas con su apariencia externa y, ahora, ilustrado por aquel, se desespera por su propia ingenuidad: "¿Ahora lloras, después de haber hecho ostentación vana de tus estudios y mostrándote docto y teólogo, cuando era menester mostrarte prudente?"; Pr. 188 b. Aquí la prudencia, que cuenta con los bajos motivos del obrar humano, se considera más conveniente que el estar sujeto a la enseñanza teológico-escolástica.

25 Se lee la siguiente crítica al vigente código de honor: "Oh lo que gasta la honra! ... Por la honra se muere la viuda entre dos paredes. Por la honra, sin saber qué es hombre ni qué es gusto, se pasa la doncella treinta años casada consigo misma"; Pr. 165 b. Y en vista de la crítica que suele hacer al lujo (véase, por ejemplo, el cap. V), a continuación citamos un fragmento de carta que atestigua el gusto por los placeres procedentes de América: "Envióme Pedro Coello ... muy excelentes bollos de chocolate, y un papel grande de tabaco, de olor muy fino, que verdaderamente le he quedado muy reconocido"; Quevedo, *Epistolario*, p. 486.

Lob der Arbeit

considera la riqueza terrenal como una irritación del espíritu[26] y el
hambre del pobre como su medicina curativa[27]. Teniendo en cuenta
tales tensiones que, como notara Juan Luis Alborg[28], se pueden observar no sólo entre los diferentes escritos sino también en cada una
de sus páginas, nos gustaría describir su obra como una lucha per-
mante por una visión de sí mismo y del mundo, una lucha, no obstante, que hay que disimularla siempre y encubrirla mediante una
exhibición de decisión. Dámaso Alonso habla de la dificultad y la
tarea ante las que nos encontramos a la hora de interpretar a Quevedo.
Dice: "Quevedo es un poeta indivisible que solo unitariamente puede
ser entendido"[29]. Así pues, efectivamente, llegar a entender a este
autor es sólo posible si el proceso de comprensión no absolutiza aspectos individuales y si no pierde de vista la unidad de la obra en la
que estos se incluyen. A Quevedo, por supuesto, se le puede calificar
de tradicionalista, como lo ha hecho Doris L. Baum[30], y su postura
política conservadora la vamos a poder definir lo suficente como
constante, pero tal juicio no deja de ser insatisfactorio porque pensamos que hay que interpretar la característica presión bajo la que
formula su polémica, y no digamos ya las fisuras de su argumentación,
que, en ocasiones, afirma precisamente lo que pretende negar. Luego,
si sacamos la consecuencia de la frase de Alonso, habría que preguntarse por la estructura que explica la obra de Quevedo con todas sus
fisuras y contradicciones.

---

26   Pr. 1229 b.

27   Pr. 1439 b.

28   Juan Luis Alborg, *Historia de la literatura española*. Tomo II, Época barroca.
     Madrid 1967, p. 629.

29   Dámaso Alonso, *Poesía española. Ensayo de métodos y límites estilísticos*. Madrid
     1962[4], p. 574.

30   Doris L. Baum, *Traditionalism in the Works o Francisco de Quevedo y Villegas*.
     Chapel Hill 1970 (= University of North Carolina. Studies in the Romance
     Languages and Literatures, 91).
     Bernhard Schmidt ha intentado hacer una valoración diferenciada y habla de las
     contradicciones dentro de la "ideología nacionalista-conservadora" de Quevedo;
     *Spanien im Urteil spanischer Autoren. Kritische Untersuchungen zum sogenann-
     ten Spanienproblem 1609-1936*. Berlin 1975, pp. 53-59 (aquí: p. 56)

La necesidad de identificar tal programa es uno y el de resolverlo, otro. La dimensión y dificultades que implica esta tarea aún no se han resaltado lo suficiente[31]. Aquí, por lo tanto, sólo vamos a intentar elaborar un posible acceso al entendimiento de esa estructura. No obstante, creemos que precisamente el análisis de la temática del dinero brinda la oportunidad de esclarecer un contexto que determine esa estructura de forma relevante y que sin el cual ésta no se podría reconstruir.

El problema que encierra en sí el tema del dinero para la sociedad española en el momento histórico a tratar radica en la cuestión de si, en ella, el dinero se limita a formas que impiden cambiar la praxis económica feudal o si llega a convertirse en capital productivo, fundando así una praxis burguesa como en los otros países europeos. Algunos contemporáneos se dan cuenta de la importancia de esta cuestión y ven incluso que está relacionada con el destino de dicha sociedad. Con tal cuestión se decide tanto si se puede asegurar la riqueza adquirida recientemente como sobre la forma en la que se repartirá, y si desarrolla o bloquea su propia potencia en la ciencia, la técnica y la producción. Y de cómo se resuelve esa pregunta depende hasta qué punto la sociedad sabe valorar sus propias posibilidades históricas. Aquí se trata, formulado de forma un poco drástica, de la alternativa de la autoconfirmación o de la pérdida de realidad de toda una sociedad.

Quevedo será consciente de esta problemática tan sólo a grandes rasgos. No obstante, interviene en el debate sobre una praxis burguesa en España, aunque con observaciones poco objetivas y más bien rechazando lo nuevo de forma polémica. Lo destacable en este caso, y esto es lo que queremos demostrar, es que tanto en su apología de un orden feudal pasado como en su huida de un mundo que pierde cualquier referencia con la realidad, se puede divisar un reconocimiento, apenas perceptible, hacia lo que combate o de lo que huye. La explotación del oro americano y la expansión del comercio mun-

---

31 Habría que integrar, por ejemplo, un enfoque psicoanalítico, lo que en este marco, sin embargo, no nos podemos permitir. Un primer trabajo en esta dirección es el de Celso Arango, *El zumbido de Quevedo*. Con un prólogo de Pedro Laín Entralgo. Palma de Mallorca 1973.

dial las presenta como catástrofes, pero en su argumentación no deja de haber fisuras: no sólo registra las contradicciones de una sociedad que está fundamentalmente mediada por el dinero, pero que se opone a la economía burguesa, y además tiene que concederle cierta razón histórica, sino que también, en contados pero importantes textos, le otorga a la práctica burguesa incluso el rango de garante de la identidad. Así pues, en su obra se refleja el hecho de que la esperanza de ser cuerpo y no sombra –citando al propio autor[32]– se dirige, objetivamente, a un cambio de la praxis social en ese momento histórico.

Con esta susceptibilidad y fragilidad de los argumentos quevedianos ante un proceso histórico general que él mismo condena y desea impedir, pero cuyo sentido se le impone por representar intereses vitales, creemos poder indicar un momento central de la estructura de su obra en general, un momento que puede presentar una sucesión de fenómenos, a primera vista contradictorios, en un contexto explicativo.

4. Sobre la estructuración y la elección de los textos

Daremos comienzo con un panorama general sobre la situación social y política de la época de Quevedo (Capítulo II). En el siguiente capítulo, partiendo de la tradición escolástica, se esbozará la teoría económica de la España de los siglos XVI y XVII; aquí la expondremos como trasfondo para las importantes conclusiones de Quevedo sobre los ya mencionados publicistas críticos, los llamados "arbitristas". En el capítulo IV se indagan las experiencias personales que recoge un miembro de la pequeña nobleza, como es nuestro autor, poeta por más señas, en una época en la que se está gestando la economía monetaria, y se observa la forma en cómo se tratan dichas experiencias.

En los capítulos V-VII se analizarán textos sobre el dinero en calidad de objeto. Su estructura seguirá el camino que recorre el dinero según un verso de la famosa letrilla "don Dinero" (Poesía núm. 669), donde se dice de él:

---

32   Véase p. 212.

Nace en las Indias honrado,
10   Donde el mundo le acompaña;
Viene a morir en España,
Y es en Génova enterrado.

El material lo estructuraremos, de acuerdo con esta ruta geográfica, en tres etapas: en la explotación del oro en el Nuevo Mundo, un hecho que a Quevedo le sirve para reflexionar sobre las trascendentes funciones del dinero (Cap. V); en la circulación del dinero dentro de la sociedad española (Cap. VI) y, finalmente, en la decisiva "etapa", al final de la circulación, en la que se presenta el problema de si aquel permanece en España y se multiplica, en el comercio y la manufactura, o si, tal y como lamenta el citado verso, acaba en los bolsillos de banqueros extranjeros (Cap. VII).

El octavo capítulo indaga la cuestión de cómo se manifiesta la aporía de la posición conservadora, especialmente la observada en la última fase, frente a los problemas económicos contemporáneos en la reflexión sobre la relación entre la praxis social y la posibilidad de identidad.

Nuestro trabajo hace referencia a la obra completa de Quevedo. Considerando la inmensa cantidad de material, nos proponemos hacer una elección de textos que demuestre de la forma más representativa posible, con ejemplos especialmente esclarecedores, cómo trata Quevedo el asunto y cuál es su propia posición. No obstante, aquí no trataremos dos grandes textos. Uno de ellos es el *Chitón de las tarabillas*, un panfleto escrito por Quevedo alrededor de 1630. En él defiende con confusos argumentos y mucha agresividad la política económica del Conde-Duque de Olivares frente a un crítico del mismo que no se nombra. Jean Vilar Berrogain[33] supone que con dicho escrito Quevedo polemiza contra Mateo de Lisón y Viedma, uno de los pocos aristócratas de la época que, a pesar de las dificultades que implicaba[34], era empresario (poseía molinos de aceite y re-

---

33   Jean Vilar Berrogain, "Formes et tendances de l'opposition sous Olivares. Mateo de Lisón y Viedma, 'defensor de la patria'". In: *Mélanges de la Casa de Velázquez*. Vol. VII, Paris 1971, pp. 263-294.
34   Véase p. 21 s.

finerías azucareras en Andalucía), un hombre que destacó también como publicista y que, en contra de la política de la corona, tan corta de miras, intentó defender los intereres de un capital nacional. Berrogain supone, además, que la respuesta al *Chitón*, el anónimo *Tapaboca que azotan* (reproducido por Astrana Marín en su biografía de Quevedo)[35], proviene de este crítico coetáneo. Aquí no podremos investigar este escrito, pues, por un lado, habría que dedicarle a él mismo un estudio detallado y, por otro, no contiene ninguna posición político-económica esencial de la que no nos ocupemos ya en los textos que citamos. El *Sermón estoico*, que trataremos en el capítulo V, ofrecerá además con toda seguridad una toma de posición sobre la misma constelación económica y socio-política de finales de los años veinte del siglo XVII. La existencia de tal escrito no deja de ser, sin embargo, extraordinaria por presentar una intervención directa de Quevedo en una discusión dentro de la cual nosotros queremos reconstruir sus argumentos generales sobre el dinero, argumentos que con frecuencia evitan precisamente hacer referencia a su tiempo.

También tendremos que prescindir de *El Buscón*, la única novela de Quevedo, a excepción de lo que nos parezca oportuno para nuestro estudio. Ésta apenas si contiene opiniones explícitas sobre el dinero que se puedan separar del contexto, las cuales sólo se podrían comprender adecuadamente mediante una interpretación general. De todas formas, habría que preguntarse si nuestro trabajo no ofrece perspectivas para una nueva lectura del mencionado libro como documento de esa crisis de identidad de la sociedad española; pero esto habría que comprobarlo más detalladamente de lo que este marco nos permite.[36]

---

35 Luis Astrana Marín, *La vida turbulenta de Quevedo*. Madrid 1945[2], pp. 583-620.

36 Véase en este sentido mi artículo „La identidad imposible. En torno al Buscón". En: *Nuevo Hispanismo. Revista crítica de Literatura y Sociedad* (Madrid), 1, 1982, pp. 39-54.

II. Breve sinopsis sobre la historia del tesoro americano en la España del Siglo de Oro

No es sorprendente que el dinero ocupe un espacio especialmente amplio en la obra de Quevedo si se tiene en cuenta la época en la que se origina su obra. Si se observa el trascurso de la historia de los metales preciosos americanos de los siglos XVI y XVII, entonces, efectivamente, se comprenden rasgos fundamentales de la historia de la sociedad española de ese período[1].

Colón había buscado la ruta marítima hacia la India y, además, oro[2]; mientras que su primera esperanza fracasa por llegar a otro continente en vez de la India, el segundo se cumplirá superando lo previsible. Pocos años después de su desembarco en Santo Domingo ("Isla Española", 1492) se inicia un flujo de metales preciosos a España que no dejaría de aumentar hasta alcanzar su punto culminante, alrededor de 1600[3]. En los primeros decenios domina la parte del

---

[1] Junto a los trabajos especificados en las notas a pie de página, en este esbozo hacemos referencia a las siguientes historiografías:
John Lynch, *España bajo los Austrias. Vol. I: Imperio y absolutismo (1516-1598).* *Vol. II: España y América (1598-1700).* Barcelona 1975³ (*Spain under the Habsburgs.* Oxford 1965, 1969).
Historia social y económica de España y América. Dirigida por J. Vicens Vives. Vol. III: *Los Austrias. Imperio español en América.* Barcelona 1974² (= Vicens Bolsillo).
Jacob van Klaveren, *Europäische Wirtschaftsgeschichte Spaniens im 16. und 17. Jahrhundert.* Stuttgart 1960 (= Forschungen zur Sozial- und Wirtschaftsgeschichte, 2).

[2] Pierre Vilar, *Oro y moneda en la historia (1450-1920).* Traducción del francés. Barcelona 1974³ (= Colección Demos. Biblioteca de Ciencia Económica), pp. 85 y ss.

[3] Ibídem, p. 199.

oro, después, a partir de mediados de siglo, la plata va adquiriendo
cada vez más importancia y terminará dominando. Una vez saqueadas
las tesorerías de los reyes indios (los indígenas usaban el oro de
adorno y no, como los europeos, de medio de trueque) y tras haber
sido descubiertos en los años cuarenta los grandes yacimientos de
México y Perú (aquí, las famosas minas de Potosí), se procede a su
intensiva explotación. De estas minas provenían las cantidades de
metal precioso durante la segunda mitad del siglo. En el s. XVII, sin
embargo, ese raudal irá disminuyendo poco a poco hasta alcanzar su
nivel más bajo, hacia 1660[4].

¿Qué sucede, entonces, en España con esa riqueza o cómo se reparte? Una parte, el llamado quinto (en realidad, algo más de un
cuarto)[5], va a la Corona. El resto es fortuna privada. Y de ésta, a su
vez, hay que diferenciar las sumas que mandaban los conquistadores,
como botines, a la metrópoli o que devolvían a los que habían prefi-
nanciado sus empresas[6] y, por otra parte, el metal comercial –es
decir, adquirido mediante el comercio– que los grandes comerciantes
enviaban desde las colonias a Sevilla en pago de las mercancías que
habían comprado allí para revenderlas después en el Nuevo Mundo.

Efectivamente, en poco tiempo, la exportación al mercado recién
nacido supone para España un acceso excepcional a los metales preciosos americanos. En 1503 –todavía bajo los Reyes Católicos, quienes procuraban reservarle a Castilla el usufructo de América– se
funda en Sevilla la Casa de Contratación, una organización que debía
aplicar y controlar el monopolio castellano de todo el tráfico y comercio de ultramar. Bajo tal protección este comercio a distancia deviene un lucrativo negocio; en Sevilla, los aristócratas no hacen caso
del menosprecio a la actividad mercantil, usual entre los nobles, y
participan en ella[7]. Aceite, vino, telas, utensilios de hierro y el mer-
curio de Almadén que se necesitaba para la obtención de la plata
eran los productos de exportación más importantes; cualquier pro-

---

4   Ibídem.
5   Ibídem, p. 197.
6   Ibídem, p. 204.
7   Véase p. 48 s.

ducción de las colonias que pudiera entrar en competencia con las mercancías españolas se prohibía sin más[8]. La industria, por consiguiente, experimenta un *boom*, en especial los telares castellanos[9] y los astilleros vascos, que se vieron de repente ante una demanda en aumento.

La creciente llegada de metales preciosos causa, además, un profundo cambio económico que afectará a toda la sociedad, a saber, la implantación de una economía monetaria. El papel central que adquiere ahora el dinero se pone de manifiesto, por un lado, en el cambio funcional de las ferias de Medina del Campo o de Villalón[10]; de lugares de intercambio de mercancías, éstas pasan a ser, progresivamente, centros del tráfico monetario y de sistemas de crédito internacionales. Por otra parte, el dinero transforma también el propio sistema feudal. Los tributos al señor feudal se pagarán ahora de esta forma, la cual posibilita la independencia del poder señorial y de la jurisdicción ajena, lo que será importante para el campesinado en el sentido de que, como consecuencia de un cultivo que se va especializando, se verá cada vez más obligado a proveerse en el mercado de las mercancías necesarias. Este cambio hacia una economía monetaria habría concluido, en gran parte, por el año 1550[11].

Sin embargo, a partir de la mitad del siglo XVI, la historia del tesoro americano transcurre de forma muy diferente a como hubiera hecho suponer el eufórico comienzo. Las causas de los problemas que surgen a lo largo de las siguientes décadas se encuentran ya arraigadas, no obstante, en esa primera etapa de la empresa americana.

Aunque España intenta asegurarse el monopolio, su comercio e industria no estarán a la altura de las enormes necesidades. Los comerciantes sevillanos trabajan desde el principio con créditos genoveses[12]; sin el capital de los bancos de Génova, que gozaban de una

---

8   Lynch, ibídem, vol. I, p. 209.

9   Van Klaveren, ibídem, pp. 177 ss.

10   Cfr. Cristóbal Espejo y Julián Paz, *Las antiguas ferias de Medina del Campo.* Valladolid 1912.

11   José Gentil de Silva, *Desarrollo económico, subsistencia y decadencia en España.* Traducción del francés. Madrid 1967, p. 201.

12   Van Klaveren, ibídem, pp. 111 ss.

larga tradición, no hubieran podido pagar sus flotas. En 1528 se les
concede el indigenato a los genoveses, es decir que, a partir de ese
momento, tienen derecho, como cualquier nativo, a participar en el
comercio de América. Con otras palabras: desde muy temprano ya
hay canales por los que fluyen hacia el extranjero el oro y la plata. Y
esto afecta en muy gran medida a la parte de la corona: Carlos V
(1516-1556) estaba altamente endeudado con los genoveses y los
Fugger, así pues él mismo se ocupará de que el caudal de dinero se
expanda por Europa. Para el curso de la historia española, finalmente,
es importante también un acontecimiento político de esos años, a
saber, la represión de las revueltas de los Comuneros, un movimiento
ciudadano que se manifestó contra la incorporación de Castilla al
imperio Habsburgo y contra el poder de la propia aristocracia (Vi-
llalar 1521). Aunque los Reyes católicos crearon previsoramente los
requisitos administrativos para un Estado imperial absolutista, sin
embargo la burguesía, en cuanto fuerza política, en el fondo quedó
eliminada a partir de la mencionada derrota.

La segunda mitad del siglo muestra que la economía española no
aprovecha la oportunidad que se le brinda a través de América. Es
difícil reconstruir cada uno de los factores en sus relaciones causales
exactas; no obstante, es evidente el carácter general del proceso en
cuyo desarrollo se va reprimiendo a la burguesía o, en concreto, impidiendo que se constituya como grupo, lo que causará la refeudali-
zación de la sociedad española.

A pesar de la creciente demanda, tanto por parte de las colonias
en desarrollo como del exigente mercado interior que empieza a cre-
arse, no se llega a realizar una expansión industrial como en el caso,
por ejemplo, de Inglaterra por esa época. Su estancamiento hace más
bien indispensable el creciente importe de los productos manufacturados en el extranjero. Además, si bien rige la condición de que a los
mercaderes holandeses, franceses o ingleses solo se les puede remu-
nerar mediante productos españoles (casi siempre agrícolas y con
materias primas que, en parte, ya procedían de las colonias), en la
práctica, no obstante, esa directiva no se puede mantener, no solo
porque los extranjeros prefieren dinero sino también porque lo que
se importa supera lo que se podía producir como oferta; además, el
oro y la plata salen en abundancia del país por los vericuetos del

contrabando propiciado por la corrupción de las instituciones. Un indicio de hasta qué punto se dependía del importe extranjero lo revela el hecho de que Felipe II (1556-1598), todavía después de la rebelión de los Países Bajos contra la corona española, permite el comercio con los holandeses, los cuales se estaban encaramando al mercado económico[13]. Aquí se ponen de manifiesto las consecuencias políticas que provocará la incompetencia económica de España: financia, en el sentido estricto, la rebelión contra sí misma.

La burguesía no dispone de la movilidad que requiere para satisfacer las exigencias de la economía. Por una parte contribuyen a ello circunstancias económicas como la inflación de los precios, que afecta en especial a España[14] y reduce considerablemente su capacidad de competencia; por otra parte, las razones político-sociales tienen aquí un papel importante. A las manufacturas se les carga con altos impuestos, que no motivan a aumentar la inversión. En el sector textil se les sigue concediendo privilegios al Concejo de la mesta –que desde la Edad Media defendía los intereses de los pastores– frente a la industria de elaboración de la lana[15]. Los talleres artesanos organizados en gremios, y también de origen medieval, defienden sus rígidas estructuras impidiendo así que se expanda una organización laboral de carácter manufacturero-capitalista[16]. Especialmente el prejuicio frente al beneficio económico, alimentado por la tradición eclesiástica, desacredita las actividades burguesas; y la capa social dominante, sobre todo, no muestra ningún interés por invalidar tal difamación social: el compromiso industrial de los nobles es sancio-

---

13 Ibídem, p. 79.

14 Cfr. la "clásica" explicación de E. J. Hamilton, *American Treasure and the Price Revolution in Spain (1501-1650)*. Cambridge 1934.

15 Lynch, ibídem, vol. I, p. 153.

16 Da Silva, ibídem, p. 150 s. En la época de Carlos V, no obstante, ya se habían realizado los correspondientes cambios en la organización del trabajo: los empresarios contrataban a tejedores asalariados en zonas rurales (*Verlagssystem*), transgrediendo así las fronteras de la economía municipal del gremio de artesanos; van Klaveren, ibídem, p. 182; también (con referencia a R. Carande): José Antonio Maravall, *Estado moderno y mentalidad social (Siglos XV a XVII)*. Madrid 1972, vol. II, p. 201.

nado con la retirada de sus patentes de nobleza, una ordenanza que
seguirá vigente hasta el año 1772[17].

Así pues, bajo tales circunstancias, los ciudadanos, atraídos por
las ventajas de la exención de impuestos y el aumento del prestigio
social, comprarán tierras y adquirirán títulos nobiliarios. Habiendo
medrado de tal forma socialmente, dejan de trabajar e invierten
dinero solo en ámbitos fuera del comercio y la producción: en créditos
que reparten entre agricultores y otras personas en forma de hipotecas
sobre sus terrenos (los censos)[18] o, tratándose de grandes sumas, en
títulos obligacionales del rey (los llamados juros y asientos)[19].

Hay que constatar, pues, que la nueva riqueza se retira, en gran
parte, del ámbito productivo del que procede; visto desde este aspecto,
la estructura de la sociedad feudal queda más anquilosada que transformada. Al mismo tiempo, con tal retirada se produce un derrotero
histórico decisivo. Mientras que en Inglaterra se inventa por esa
época la máquina de tejer, en España, no solo no se muestra ningún
interés por las nuevas tecnologías (en el marco de un general aisla-
miento cultural del país en relación con el exterior, se prohíbe estudiar
en universidades extranjeras, excepto en Bolonia) y no solo no se
podrá prescindir de los productos manufacturados en el extranjero,
sino que incluso, hacia finales del XVI, se tienen que importar alimentos[20]. La población rural huye de la miseria, pero en las ciudades
no encuentra trabajo, a excepción de las masas de sirvientes que au-
mentaban cada vez más alrededor de los nuevos nobles, y forma
toda una capa social de mendigos y vagabundos.

Con este proceso quedan asentadas las condiciones para la historia española de la primera mitad del siglo XVII, esto es, de la
época en la que escribe Quevedo. Las contradicciones iniciadas ya

17   *Historia social y económica* (Vicens Vives), ibídem, p. 22. Alrededor de 1682 se
     promulga una ley que al menos permite a los nobles ser propietarios de manu-
     facturas, siempre y cuando no trabajen ahí ellos mismos; ibídem, p. 264.

18   Sobre el uso de los censos, véase Maravall, *Estado...*, ibídem, vol. II, p. 61.

19   Con respecto a esto, ibídem, p. 64.

20   J.H. Elliott, *La decadencia de España*. En: C. M. Cipolla, J. H. Elliott, P. Vilar
     y otros, *La decadencia económica de los imperios*. Barcelona 1973 (= Alianza
     Universidad, 57) pp. 129-155 (aquí: pp. 143, 145).

en el siglo anterior ahora se agudizan de forma ruinosa para la sociedad española.

De hecho, hace mucho ya que el comercio español no posee el monopolio del tráfico con América; al contrario, el comercio con el Nuevo Mundo lo mantienen ahora, en gran medida, los franceses, holandeses e ingleses, y los comerciantes sevillanos han pasado a ser sus meros testaferros[21]. Además, los mismos americanos empiezan a hacerse cargo de actividades económicas; los llamados peruleros (los comerciantes de Perú) envían sus propias flotas e invierten allí mismo su capital; también de este modo España sufre pérdidas. A lo largo de los primeros cinco decenios del XVII, su tráfico marítimo baja por debajo de la mitad del volumen originario[22]. Este mismo proceso se puede observar también en la producción. En Toledo, alrededor de 1600, funcionaban miles de telares, pero ya antes de finales de siglo se ha convertido en una ciudad de iglesias y conventos, según palabras de Lynch, y su población se ha reducido un tercio[23]. Lo mismo sucede con la producción textil en otras ciudades y también es el caso de los astilleros vascos[24]. Como consecuencia, crece la dependencia de España con el extranjero; hay que importar caros productos manufacturados –hechos muchas veces de materia prima española barata–, telas, barcos e incluso armas[25]. Un autor francés, Antoine de Brunel, que en 1655 realiza un viaje por España, constata asombrado que los únicos que se ocupan de la producción material en este país son extranjeros: no solo se envía lana y seda a Holanda, Francia e Inglaterra para su elaboración, también hasta los más variados artesanos –arquitectos, albañiles, sastres, zapateros, incluso aguadores– son extranjeros, e incluso las simientes y cosechas había que adquirirlas a veces de los agricultores del sur de Francia[26]. Y

---

21 Lynch, ibídem, vol. II, p. 197; van Klaveren, ibídem, pp. 110 ss.

22 Lynch, ibídem, vol. II, p. 265.

23 Ibídem, pp. 208 ss.

24 Van Klaveren, ibídem, pp. 224 ss.

25 Lynch, ibídem, vol. II, p. 210.

26 Escribe Brunel: "Il y a si peu d'artisans en toutes les villes, que les ouvrages en sortent pour estre travaillés ailleurs; ainsi que les laines et les soyes en sont trans-

este viajero ve claramente las consecuencias de la que él considera
una situación increíble ("... on ne sçauroit s'imaginer combien grande
est la perte que fait l'Espagne, faute de manufactures")[27]: la salida a
flujos del oro y la plata de España. Entretanto, las capas sociales que
se hubieran podido comprometer con la industria concentran su interés exclusivamente en la corte, la burocracia y el clero.

Los gobernantes apenas si están a la altura de las circunstancias.
Felipe III (1598-1621) y Felipe IV (1621-1655) dirigen sólo su atención, si no la agotan antes en la ostentosa vida cortesana, en asegurar
militarmente el imperio. Para poder financiar el ejército en los cambiantes escenarios bélicos europeos, ambos retoman la fatal política
económica de sus antepasados. La corona se endeuda altamente sobre
todo con los banqueros genoveses, a los cuales se le conceden, como
amortización, junto con los derechos arancelarios españoles, también
y de antemano el futuro suministro de la plata. Pero tales créditos
no bastan para el inmenso gasto público, y tanto Felipe III como su
sucesor operan con el empeoramiento del metal de las monedas (en
lugar de metales preciosos, se pagará con dinero de cobre, con el vellón) y con la imposición de nuevos tributos (que se le iban cargando
cada vez más a la nobleza) justificados por la situación política, unas
medidas con las que, al menos temporalmente, volvían a aumentar la
hacienda pública. A las exigencias de la economía, por el contrario,
no les dieron importancia. En 1609, Felipe III expulsa de España a
los últimos moriscos, descendientes de los árabes; con esta acción

---

portées toutes creues, et l'on en fait des draps en Hollande, en France, et en An-
gleterre, qu'on leur vend apres bien chere. La terre mesme n'y est pas toute
cultivée par de gens du pays, au temps du labourage, des semailles, et de la
recolte, il leur vient quantité de paysans du Bearn et d'autres endroits de France,
que gagnent beaucoup d'argent, pour leur mettre leurs bleds en terre et pour les
recuellir. Les architectes et charpentiers y sont aussi pour la plûpart estrangers,
qui se font payer au triple de ce qu'ils gagneroient en leur pays. Dans Madrid on
ne voit pas un porteur d'eau qui soit né Espagnol, et la plûpart des cordonniers
et tailleurs ne le sont aussi; et l'on tient que le tiers de ce monde n'y accourt que
pour y amasser une piece d'argent, et puis s'en retourner chez soy..."; cita tomada
de Helga Thomae, *Französische Reisebeschreibung über Spanien im 17. Jahrhundert*. Bonn 1961 (= Romanisches Seminar der Universität Bonn), p. 150.

27 Ibídem.

destruye la estructura de producción agrícola de regiones enteras[28]. Aunque del Consejo de Castilla, cuya consulta en 1619 tiene por objeto la actual crisis económica, surgen al respecto voces críticas que advierten de los peligros de la constante carga que sufre el sector productivo de la sociedad, se va a mantener, no obstante, la política financiera y de impuestos proyectada contra la economía. El desmoronamiento del poder político es inevitable y, precisamente, por estas decisiones equivocadas. La pérdida de la Armada (1588), al igual que el exitoso golpe de mano de los holandeses en las proximidades de Cuba (Matanzas 1628) contra toda una flota cargada de plata, es sintomático para la incipiente pérdida de este imperio mundial. Las derrotas de un ejército cuyo equipamiento iba quedando obsoleto se multiplican; en 1640 Portugal, que había estado casi 60 años sometido a la Corona española, se separa junto con sus colonias; en ese mismo año estalla en Cataluña una rebelión armada.

En estas décadas, el único beneficiario en España es la alta nobleza. Ésta, constituida por un pequeño número de poderosas familias, logra ampliar sus latifundios comprándole tierras a los campesinos endeudados e –ignorando las protestas– terreno municipal al rey, un terreno que hasta entonces había servido de sustento a los más pobres[29]. Así pues, el abismo que separa a la clase dirigente del pueblo se hace cada vez más grande. El duque de Lerma, representante de la alta aristocracia y favorito de Felipe III, se permite gastar un tercio de la suma que se reunía, en todo el reino, mediante los impuestos de un año, para dos fiestas que ofrece con motivo de las bodas del rey[30]. Para los aristócratas –y detalles como éste son muy elocuentes– había ciertas carnicerías en las que se ofrecía carne sin el impuesto añadido[31]; al mismo tiempo, se aplican impuestos sobre el

---

28 Lynch, ibídem, vol. II, pp. 60 ss., en especial las pp. 68 ss. Sobre la política económico-financiera de Felipe IV y su primer ministro, el Conde-Duque de Olivares, véase la monografía de Antonio Domínguez Ortiz, *Política y hacienda de Felipe IV*. Madrid 1960.

29 Lynch, ibídem, vol. II, pp. 201 ss.

30 Alfredo Berumen, *La sociedad española según Quevedo y las Cortes de Castilla*. En: *Ábside* XVI. Méjico 1952, p. 339.

31 Maravall, *Estado...*, ibídem, vol. II, p. 275.

aceite y otros alimentos que abastecían a la mayoría de la población. El hambre, la peste y el continuo descenso de la población[32] son consecuencias, sobre todo, de esta polarización social.

Para la sociedad española, la historia de su tesoro americano se convertirá en una crisis en toda regla. La posibilidad de que se desarrollara una sociedad burguesa que, a comienzos del s. XVI, parecía factible, no llega a cumplirse, bien al contrario, se cae en un círculo vicioso, pues, ante el flujo del oro y la plata que salía al extranjero, se reacciona presionando precisamente a la clase social que podría haber constituido la base de una economía estable en la producción y el comercio. Pierre Vilar formula lo contradictorio de esta restauración social en estos términos: "Así el imperialismo español ha sido en realidad 'la etapa suprema' de la sociedad que él mismo ha contribuido a destruir"[33]. Y añade: "Pero, en su propio solar [...] el feudalismo entra en agonía sin que exista nada a punto para reemplazarle"[34]. El hecho de que España bloquee el desarrollo que ella misma ha abierto en el marco europeo con la conquista de los metales preciosos, pasa a su historia como contradicción, tal y como ya se evidencia simplemente teniendo en cuenta los acontecimientos políticos y económicos.

---

32 Lynch, ibídem, vol. II, pp. 176 ss.; cf. también *Historia social y económica* (Vicens Vives), ibídem, pp. 207 ss.

33 Pierre Vilar, *El tiempo del Quijote*. En: C. M. Cipolla, J. H. Elliott, P. Vilar y otros, *La decadencia...*, ibídem. (véase también el comentario del cap. III, nota 61.

34 Ibídem.

III. Tradición y estado de la teoría económica

El desarrollo económico, antes expuesto, del flujo aparentemente infinito del tesoro americano hasta la decadencia de la economía española, que se inicia y se hace imparable ya en la segunda mitad del siglo XVI, ha quedado registrado y reflejado también en la teoría económica de la época. Lo que aquí nos proponemos es dar a conocer las etapas decisivas y las reflexiones de dicha teoría, de modo que quede claro lo central que resultan las cuestiones económicas para los problemas de la sociedad española en general, en una época que se designa comunmente con el concepto de "Siglo de Oro", concepto que difumina más bien los procesos históricos y sociales. Más tarde veremos que no solo las declaraciones de Quevedo sobre el dinero y los problemas inmediatamente relacionados con él, sino sobre todo su postura respecto a la realidad es lo que se puede comprender únicamente ante el trasfondo de la discusión contemporánea que trataremos aquí.

Empezaremos, pues, con la prehistoria de esa teoría: con Aristóteles y santo Tomás de Aquino[1].

1. La tradición

a) Aristóteles

Se puede decir que, hasta bien entrado el siglo XVI, Aristóteles representa una autoridad obligatoria tanto para la ciencia en general como en cuestiones de teoría económica. Si bien sus análisis e ideas

---

[1] Francesca Schinzinger ofrece un panorama general con una bibliografía escogida en *Ansätze ökonomischen Denkens von der Antike bis zur Reformationszeit.* Darmstadt 1977 (= Erträge der Forschung, 68).

al respecto se ven cada vez más modificados a partir de finales de la Edad Media y comienzos del desarrollo capitalista-burgués, y su influencia se reduce considerablemente, no por ello dejan de representar una tradición con la que se tienen que enfrentar los economistas de la modernidad.

Los capítulos III y IV del libro primero de la *Política* constituyen una base textual para una visión de la concepción económica aristotélica. En estos dos capítulos se encuentra la diferenciación entre dos formas de economía que será retomada más tarde por la escolástica: una que sigue el principio de la cobertura de las necesidades y otra que debe dar prioridad a la adquisición de bienes.

Para Aristóteles, la necesidad del cambio, esto es, del acto que compensa la escasez de los bienes ajenos con la abundancia de los propios, es ya un resultado histórico. Se origina, según explica[2], en un momento en el que la sociedad supera los límites de su estructura "doméstica", familiar, y tiene que abastecerse de bienes indispensables dentro de un complejo sistema que se ha extendido espacialmente y donde hay una división de trabajo. Como ahora una parte de los alimentos necesarios se encuentran en manos ajenas, se tiene la obligación de intercambiar para garantizar, por medio de la regulación recíproca de la abundancia y la escasez, la general satisfacción de los deseos.

Esta etapa de la transmisión de bienes sociales, si bien ya consiste en el cambio, sin embargo no es todavía la del comercio, pues aunque los productores hacen intercambios entre sí, por ejemplo, de trigo y vino para el consumo propio, no se comercia con los bienes; de ahí que no exista todavía el dinero. Pero Aristóteles muestra que el mercado, como forma de circulación de bienes mediada por el dinero, resulta de esa primera etapa del cambio como consecuencia necesaria de la naturaleza[3]. En la medida en que la práctica económica sobrepasa el círculo familiar y se extiende a "miembros separados"[4], la forma

---

2   Patricio de Azcárate, *Obras filosóficas de Aristóteles*,Vol 3: *Política*, Madrid 1873, pp. 28 ss.

3   "Si la naturaleza nada hace incompleto, si nada hace en vano, es de necesidad que haya creado todo esto para el hombre". Ibídem, p. 30.

4   "Para que nazca, es preciso que el círculo de la asociación sea más extenso. En el seno de la familia todo era común; separados algunos miembros, se crearon

del cambio directo de bienes deviene incómoda y tiene que ser sustituida por una organización más flexible y útil. Muchos de los bienes intercambiables no son aptos para un transporte demasiado largo, con lo cual dificultan el cambio o incluso lo impiden. Como solución a tal problema surge el dinero:

> Se convino en dar y recibir en los cambios una materia, que, además de ser útil por sí misma, fuese fácilmente manejable en los usos habituales de la vida; y así se tomaron el hierro, por ejemplo, la plata, u otra sustancia análoga, cuya dimensión y cuyo peso se fijaron desde luego, y después, para evitar la molestia de continuas rectificaciones, se las marcó con un sello particular, que es el signo de su valor.[5]

Al dinero, por lo tanto, se le considera un bien de cambio ideal que todos los interesados aceptan, no solo como una más de las otras tantas cosas útiles, sino como equivalente a todas ellas, y que por su cómodo manejo se puede cambiar en cualquier momento y cualquier lugar por los bienes que escasean. Para el intercambio social, el dinero se convierte en un medio imprescindible. Así pues, su introducción quiebra la limitación del cambio directo de productos y funda una nueva organización que permite la especialización individual en la tarea del tráfico de bienes y de la sociedad en general, para que se pueda controlar el proceso de reproducción, que ha llegado a se tan complejo: la organización de la economía en el mercado.

Pero, para Aristóteles, sin embargo, esta nueva etapa de la economía no es motivo de optimismo. Sus reservas hacia la actividad comercial se apoyan en las observaciones que vienen a continuación. Constata que se da una tendencia inherente al dinero una vez que es usado con el objetivo de facilitar el cambio: la de renunciar a su papel de mero instrumento, para, a la inversa, transformar todo el proceso en mero instrumento de sí mismo. Al comerciante, protagonista de la nueva forma de circulación, ya no le interesa, al parecer, cambiar sus propios bienes por otros, sino canjear por dinero los

---

nuevas sociedades para fines no menos numerosos, pero diferentes que los de las primeras, y esto debió necesariamente dar origen al cambio". Ibídem, p. 32.

5   Ibídem.

bienes previstos para la venta, la mercancía. En cuanto el dinero se introduce en el cambio parece que todas las cosas quieren ser mercancías para transformarse en el equivalente de sí mismas, lo que resulta ventajoso en tantos aspectos:

> El dinero es el que parece preocupar al comercio, porque el dinero es el elemento y el fin de sus cambios.[6]

Con el desarrollo del dinero y el comercio, Aristóteles ve todo el proceso de la reproducción social sometido a un cambio funcional de gran alcance. El sentido que adquieren las riquezas ya no consiste principalmente en el consumo, sino en su conservación y acumulación en forma de dinero. El acto del cambio, que originalmente solo transmitía los bienes de los productores particulares entre sí y "que no tiene otro objeto que proveer a la satisfacción de nuestras necesidades naturales"[7], se ha convertido ahora con el comercio en un medio de adquisición y una fuente de riqueza. La fase en la que el comercio tenía la pura función de servir a la sociedad fue breve, pues éste pronto se independiza y

> Con la moneda, originada por los primeros cambios indispensables, nació igualmente la venta, otra forma de adquisición excesivamente sencilla en el origen, pero perfeccionada bien pronto por la experiencia, que reveló cómo la circulación de los objetos podía ser origen y fuente de ganancias considerables.[8]

El dinero, por lo tanto, posibilita convertir el proceso de la transmisión social de bienes en un instrumento para el enriquecimiento individual.

Partiendo de este análisis de la economía mercantil, Aristóteles separa la organización económica en dos tipos: por un lado, "un modo de adquisición natural que forma parte de la economía doméstica, la cual debe encontrárselo formado o procurárselo, so pena

---

6   Ibídem, p. 33.

7   Ibídem, p. 32.

8   Ibídem.

de no poder reunir los medios indispensables de subsistencia"[9], esto es, la limitadísima economía de subsistencia tradicional de carácter agrario y local, y por otro lado el arte de adquisición especializado y más movible que "se llama más particularmente y con razón la adquisición de bienes, y respecto de la cual podría creerse que la fortuna y la propiedad pueden aumentarse indefinidamente"[10]. Aristóteles no deja dudas de que su simpatía se decanta por una práctica tradicional y no por la nueva, empeñada en la ganancia de dinero:

> Siendo doble la adquisición de los bienes, como hemos visto, es decir, comercial y doméstica, ésta necesaria y con razón estimada, y aquélla con no menos motivo despreciada, por no ser natural y sí sólo resultado del tráfico, hay fundado motivo para execrar la usura, porque es un modo de adquisición nacido del dinero mismo, al cual no se da el destino para que fue creado.[11]

Según Aristóteles, el escaso respeto de la economía lucrativa mediada por el dinero es legítimo por dos razones: por su distancia respecto a la naturaleza y por lo dudosa que es desde el punto de vista moral. Al comercio se le acusa tanto de transgreder las fronteras –consideradas necesarias– de la economía de subsistencia, que tiene carácter agrario y se reduce al espacio de la administración doméstica, como de extraer su ganancia de la transmisión de bienes de forma muchas veces ilegítima.

Precisamente la incomprensión frente a la ganancia –para él el interés supone una acumulación de dinero contranatura, como el de un objeto infructuoso en sí mismo[12]– muestra el particular carácter histórico de la sociedad en la que Aristóteles concibe sus tesis económicas. Por un lado, constata expresamente la necesidad histórica del cambio mediado por el dinero, que lo ve como resultado de una mayor complejidad social y de la división del trabajo; por otro lado,

---

9 Ibídem, pp. 30 ss.

10 Ibídem, p. 31.

11 Ibídem, p. 35.

12 Ibídem. Sobre esta formulación volveremos a hablar cuando analicemos un texto de Quevedo; cf. p. 180.

descalifica la praxis especializada en resolver esa tarea necesaria, considerándola un acto inmoral porque no se conforma, precisamente, con un papel puramente servicial en el ámbito del cambio, sino que reclama el derecho de retribución por haber actuado de intermediario. Pero el hecho de que no se reconozcan como valor ni el trabajo ni la función de intermediario –y en esto es donde se percibe el *specificum* histórico– corresponde a la forma de entender de una sociedad esclavista como era la griega, en la que, por lo general, el trabajo realizado por los esclavos no se consideraba un valor digno de respeto, sino más bien una circunstancia natural que no merecía más atención[13]. Aristóteles, con su crítica contra el comercio –que se practicaba ya desde hacía tiempo en las ciudades griegas–, parece quererse aferrar a esta forma de sociedad y al principio de subsistencia.

b) Santo Tomás de Aquino

Cuando en los siglos XII y XIII se desarrolla, en el contexto de las cruzadas, el comercio con Oriente, y la hasta entonces predominante economía natural comienza poco a poco a quedar solapada por la forma más flexible de la economía monetaria, surge entre los escolásticos, en cuanto teóricos de la dirigente sociedad feudal de la Edad Media, la necesidad de conceptualizar los cambios sociales. El interés que tienen en ello no se restringe al puro conocimiento; en la floreciente industria ven más bien una amenaza contra el orden establecido, la cual quieren evitar mediante la implantación de reglas éticas.

La economía de la Edad Media está determinada por el poder señorial de los nobles y el clero. Los campesinos dependientes están obligados a pagar tributos a sus señores y éstos se encargan de proteger militarmente de amenazas exteriores a la sociedad sometida a ellos y de garantizar su cohesión ideológica. En las ciudades trabajan artesanos que producen para la reducida demanda de su entorno

---

13   Cf. Karl Marx, *Elementos fundamentales para la crítica de la economía política (Borrador) 1857-1858.* Vol 1. Traducción de Pedro Scarón. Edición a cargo de José Arico, Miguel Murmis y Pedro Scarón. Madrid Siglo Veintiuno de España Editores 1972, p. 450. Respecto a Aristóteles véase del mismo, *Das Kapital.* Vol. I, Berlin 1970 (= Marx-Engels-Werke, 23), p. 74; Schinzinger, ibídem, p. 21.

más inmediato y venden ellos mismos también sus productos. En el momento en el que el tránsito de mercancías se expande y crece, el trabajo adquiere un mayor reconocimiento social por un lado y, por otro, el grupo de los mercaderes, sobre todo, gana también poder social mediante la riqueza que va superando la medida de subsistencia, un poder que supone una carga para el equilibrio de la sociedad feudal.

A principios del siglo XIII comienza la recepción de los textos aristotélicos, la cual fue posible gracias a la transmisión de la filosofía árabe[14]. La visión aristotélica de la economía se ajusta de una forma ideal al interés de integrar el comercio y la manufactura en el marco del sistema establecido.

En el caso de santo Tomás de Aquino (1225-1274), que resume el pensamiento escolástico y al mismo tiempo lo establece como sistema, no se encuentran, por lo general, muchas novedades, si se compara con las fuentes de la Antigüedad, en lo que se refiere al trato de cuestiones económicas[15]. Sus comentarios sobre la *Política* y la *Ética a Nicómaco* se adhieren estrechamente a las ideas allí desarrolladas a propósito del dinero y la economía[16]. En los tratados de la *Summa theologica* sobre la cuestión de la ética económica, es decir, ahí donde hay que extraer directrices para la actividad comercial, santo Tomás – a veces apoyándose literalmente en su fuente– establece como fundamento de sus juicios morales la división entre una economía de subsistencia "natural" y un comercio al que hay que condenar porque aspira a una ganancia sin límites. Hay, por lo tanto, un cambio entre una cosa por otra o una cosa y dinero que tiene su finalidad en la satisfacción de los inmediatos deseos, en la garantía de la reproducción de la vida y que se sitúa en el ámbito de las tareas de los administradores domésticos y, en un marco más amplio, de los políticos. Junto a esto se da un tipo de cambio (tanto de cosa y moneda como de mo-

---

14 Constatin Miller, *Studien zur Geschichte der Geldlehre. Erster Teil: Die Entwicklung im Altertum und Mittelalter bis auf Oresmius.* Stuttgart-Berlin 1925, pp. 74 ss.

15 Cf. Edmund Schreiber, *Die volkswirtschaftlichen Anschauungen der Scholastik seit Thomas von Aquin.* Jena 1913; primera parte.

16 Miller, ibídem, pp. 83 s.

neda y moneda) que no fija su atención en *res necessarias vitae*, sino
en su beneficio en metálico, en *lucrum*; un cambio, por lo tanto, como
lo practican los comerciantes y, de un modo especialmente extremo,
los prestamistas cobradores de intereses, y que, según la opinión de
Aristóteles, hay que recriminarlo por su desenfreno amoral:

> Secundum Philosophum (Pol. I, 10)[17] autem, prima commutatio
> laudabilis est: quia deservit naturali necessitati. Secunda autem
> juste vituperator: quia, quantum est de se, deservit cupiditati lucri,
> quae terminum nescit et in infinitum tendit. Et ideo negotiatio, se-
> cundum se considerata, quamdam *turpitudinem* habet: inquantum
> non importat de sui ratione finem honestum vel necessarium.[18]

Santo Tomás, con el término de la infamia (*turpitudo*), recoge el reproche aristotélico contra una economía cuyos agentes hacen de ella
el medio para el enriquecimiento individual. Solo si la economía se
restringe a la función de crear las condiciones materiales de la sociedad
humana, proveyendo de bienes imprescindibles, estaría en sintonía
con los preceptos morales; sin embargo tiene que ser criticada moralmente una vez que deje de tener ese carácter servicial e imponga
como meta de su actuar los bienes materiales mismos o el dinero,
como su forma equivalente, cómoda y, en gran medida, aparentemente independiente de los nexos sociales.

Al contrario que Aristóteles, santo Tomás cosidera en cierto
modo el trabajo como un momento en el establecimiento del precio[19].
Así pues, acepta la ganancia siempre y cuando sea *stipendium laboris*,
es decir, una remuneración justa por el trabajo realizado[20]. Con lo
cual, reconoce, sin duda alguna, el rendimiento de los artesanos y
los comerciantes. Pero lo decisivo es que la posibilidad de ganancia
queda claramnte limitada mediante el ideal de subsistencia. Al co-

---

17   Santo Tomás se refiere aquí al cap. 7 del libro I de la *Política*.

18   Thomas de Aquino, *Summa theologica*. Edición completa, latino y alemán, Vol.
     18. Salzburg-München-Heidelberg 1953, p. 360 (II-II, Quaestio 77,4). La cursiva
     de la cita y las que siguen a continuación son del autor del presente libro.

19   Cf. Schreiber, ibídem, pp. 75-88.

20   Thomas, ibídem, p. 361.

merciante se le permite, pues, un *lucrum moderatum* sólo a condición de que emplee su moderada ganancia para el mantenimiento de su propia casa o para alguna obra benéfica, o cuando su pequeña empresa alcanza un papel imprescindible dentro del Estado[21].

En la interpretación que hace santo Tomás del concepto de necesidad se puede observar el carácter ideológico de su concepto económico, el entrecruzamiento entre la objetividad de su crítica y el interés subjetivo en la defensa de un determinado estado social. En primer lugar, la reivindicación formulada tanto por santo Tomás como por la escolástica en general de constituir en meta de la actividad económica la satisfacción de las necesidades naturales, representa un correctivo racional de la organización capitalista de la economía, esto es, orientada al valor de cambio y su acumulación. Mientras el proceso vital social esté mediado por el dinero y el mundo se adquiera sobre todo en forma de mercancía, se pone en duda, ciertamente, la satisfacción de las necesidades concretas, sensitivas, mediante la primacía de la riqueza abstacta que determina dicho proceso[22]. Los productores orientados al mercado, como es el caso de los comerciantes, consideran el valor de uso de los bienes un mero momento transitorio de su transformación en valor de cambio, y es para la adquisición de éste por lo que actúan. El mito de Midas, a quien su ansia de oro lo mata al convertírsele los alimentos en el metal precioso, caracteriza con su exageración las deformaciones en las que ha caído una sociedad obsesionada por el dinero.

La definición de lo que santo Tomás quiere que se entienda bajo necesidad natural muestra, sin embargo, que esa crítica al beneficio no va dirigida en defensa de los intereses comunes, como pudiera parecer, sino más bien en defensa de los privilegios sociales. Léase su definición:

> ... necesse est, quod bonum hominis circa ea (sc. bona exteriora) consistat in quadam mensura, dum scilicet homo secundum aliquam mensuram quaerit habere exteriores divitias, prout sunt necessariae

---

21 Ibídem, pp. 360 s.

22 Cf. Ernest Borneman, *Psychoanalyse des Geldes. Eine kritische Untersuchung psychoanalytischer Geldtheorien.* Frankfurt/M. 1973, pp. 446 ss.

ad vitam eius secundum suam conditionem. Et ideo in excess huius
mensurae consistit peccatum…[23]

El individuo, por lo tanto, tiene que sentir y satisfacer una necesidad
de bienes materiales solo en la medida (*mensura*) que corresponda a
la condición social (*conditio*) predeterminada desde su nacimiento;
lo que pretenda y adquiera más allá de esto es incluso pecado. Del
mismo modo que la sociedad está jerarquizada, así también la legitimidad de las necesidades materiales de cada miembro debería estar
graduada socialmente. Pero mediante esta interpretación clasista, el
propagado concepto de la necesidad natural cae objetivamente, en
cuanto norma del actuar económico, en contradicción consigo
mismo. La idea de la *naturalis necessitas* apela a una universalidad
natural común a todos los hombres a causa, precisamente, de su
constitución natural, pero hay que entenderla como la justificación
de una desigualdad basada en lo social. Aquí se hace patente que la
crítica escolástica del beneficio, posible gracias a la economía monetaria y que va más allá de una subsistencia (conforme al rango social), está al servicio de los privilegios de los señores feudales y el
clero, a quienes el sorprendente acceso que tienen los mercaderes a
la riqueza les parece, por lo visto, una amenaza para su propia autoridad dentro de un sistema en el que, hasta ahora, la riqueza se consideraba un privilegio social.

Esta concepción clasista evidencia que la crítica escolástica del
beneficio no se dirige tanto contra el dinero en cuanto forma abstracta de riqueza, sino contra una aspiración a obtener bienes materiales que excede la medida impuesta por la jerarquía. Y tal medida
no está determinada solo por el sistema social, sino también por el
estado histórico de los medios de producción que, hasta el momento,
se habían restringido a la agricultura y al trabajo artesanal local y
que podían garantizar no mucho más que la subsistencia. Pero hay
que aferrarse a los dos, a las relaciones tradicionales de producción
y a las de poder, y no dedicarle más atención al proceso vital material
de lo que requiere su mantenimiento, socialmente diferenciado. En
correspondencia con esto, santo Tomás incluye los bienes econó-

---

23   Thomas, ibídem, vol. 20 (1943), p. 228 (II-II, Quaestio 118, I).

micos en los "bona utilia", que tienen la mera función de proveer al
ser humano la base corporal para poder obtener los bienes verdaderos, no materiales (*bonum honestum, bonum delectabile*), los cuales
consisten en una forma de vida de acuerdo con los ideales morales
y espirituales[24]. Una economía, sin embargo, dirigida a la acumulación de riqueza material va en contra de este ideal.

Es por ello comprensible que santo Tomás no les conceda a los
protagonistas de la praxis económica temprano-burguesa ningún atributo que pueda atribuirles lo que aquí entendemos como identidad: la
posibilidad de los individuos de experimentarse a sí mismos como
una unidad dentro de todo un conjunto general con sentido. Al contrario, cuando a los comerciantes y prestamistas no se les puede someter
al orden establecido, entonces, en su opinión, tienen que tener, irre-
mediablemente, *turpitudo*, una maldad y deshonra que muestra precisamente que se mueven fuera de un contexto vital con sentido.

Así pues, aquel que ansía beneficio rompe con todo: con la sociedad, con el orden universal y, por ende, también consigo mismo.
La opinión de que al comerciante le gustaría defender más, de forma
irresponsable, su propio interés que su tarea social, está en correlación
con el temor de que, con su actuar, destruye el equilibrio en general
de un mundo dispuesto según las leyes divinas[25]. Al aspirar al dinero
prioriza la eternidad de Mammón sobre la de Dios, a pesar del
consejo de la palabra bíblica (Mt. 6,24). Por eso, santo Tomás define
la avaricia como un *peccatum in Deum*, un pecado contra Dios en el
sentido de que el avaro invierte la prioridad entre el bien temporal y
el eterno, al que debe estar destinada la voluntad humana ante todo[26],
y simplemente menosprecia este último[27]. Y no solo el vicio de la
avaricia peca contra Dios, también en la actividad comercial está in-

---

24 Schreiber, ibídem, p. 54.

25 Cf. Hedwig Brey, *Hochscholastik und „Geist" des Kapitalismus*. Dissertation
München. Leipzig 1927, pp. 12-40.

26 "Principaliter nostra sollicitudo esse debet de spiritualibus bonis, sperantes quos
etiam temporalia nobis provenient ad necessitatem, si fecerimus, quod debemus"
(*Summa theol.*, I-II, Q. 55 ad 6); cita tomada de Brey, ibídem, p. 39.

27 "… inquantum homo propter bonum temporale contemnit aeternum"; Thomas,
ibídem, vol. 20, p. 229 (II-II, Q. 118, 1 ad 2).

trínseco ese peligro por enredar al espíritu en lo terrenal y apartarlo de la espiritualidad[28].

Si se interpretan las ideas escolásticas de forma consecuente, la ruptura fáctica del hombre de negocios con la comunidad social y religiosa tiene como resultado, finalmente, la incapacidad de armonizar consigo mismo. Al alejarse de Dios ha desaprovechado, al mismo tiempo, la oportunidad de cumplir adecuadamente con su propia condición humana. Esta condición se basa, según santo Tomás y en general la teología cristiana, precisamente solo en aquel Absoluto que existía ya desde el principio y *in quo solo mens nostra debet quiescere sicut in ultimo fine*[29]. Por eso, el hombre solo puede alcanzar la dicha perfecta en la contemplación de Dios[30].

Dentro de esa visión que acerca la adquisición de dinero al pecado, a los que la persiguen apenas se les puede imaginar, en esa actividad tan osada, como sujetos activos de sus relaciones con el mundo, y aparecen más bien débiles: no pueden resistirse a la tentación que, en última instancia, les debería hacer perder su propio destino; esto alcanza todavía más validez cuando santo Tomás, por regla general, considera garantizada la sintonía armoniosa entre los impulsos humanos y la razón a causa de la constitución racional de los hombres[31]. Si en la iglesia de la Edad Media impera la opinión común de que un comerciante apenas si puede evitar pecar (*mercator sine peccamine vix esse potest*)[32], entonces esto se basa en la imagen de una figura que no solo está al margen de la sociedad y del orden salvífico sino que también está quebrada en sí misma.

Con otras palabras, para santo Tomás no cabe ninguna duda de que lo que nosotros llamamos identidad solo es concebible dentro de

---

28   "... negotiatio nimis implicat animum saecularibus curis, et per consecuens a spiritualibus retrahit"; ibídem, vol. 18, p. 362 (II-II, Q. 77, 4 ad 3).

29   Ibídem, vol. 20, pp. 178 s. (II-II, Q. 112, 2 ad 3).

30   "Ultima et perfecta beatitudo non potest esse nisi in visione divinae essentiae"; cita tomada de Brey, ibídem, p. 17, nota 20.

31   Franz Borkenau, *Der Übergang vom feudalen zum bürgerlichen Weltbild*. Reproducción fotomecánica de la edición Paris 1934, pp. 25 ss.

32   Cita tomada de Georg Simmel, *Philosophie des Geldes*. München-Leipzig 1930⁵, p. 250.

una práctica que corresponde al orden cristiano-feudal. Así, por una parte manifiesta la concepción que tiene de sí misma una sociedad cuyas formas de vida y estructuras aún no están amenazadas por una crisis inmediata. Por otra parte, la separación que establece entre la economía orientada al beneficio y la de la subsistencia revela un interés apologético ya muy marcado. Lo que todavía se puede presentar como yerro, la expansión de la práctica humana en un espacio secular, ya se teme como un proceso que desmorona los límites que circunscriben la sociedad y el pensamiento[33]. Cuando santo Tomás redacta sus tesis ha comenzado el florecimiento de las ciudades mercantiles de Italia del norte, donde medio siglo más tarde surgirá el Renacimiento.

2. EL SIGLO XVI: LA ESCUELA DE SALAMANCA (TOMÁS DE MERCADO)

a) La legitimación del capital mercantil

Con un abierto entusiasmo observa Cristóbal de Villalón el desarrollo del comercio a nivel mundial tras el descubrimiento de América y lo plasma así en un tratado de 1542:

> Y así ahora hay gran comunicación y unión en las mercaderías y negocios en todos los reinos y provincias del mundo, los unos con los otros, y con mucha facilidad se comunican por vía de estas industrias y agudezas todas aquellas cosas preciadas y estimadas de que los unos abundan y faltan a los otros; así todos las poseen con menos coste y trabajo y las gozan con gran alegría y placer.[34]

La realidad de esos decenios en los que España se había convertido en centro mundial del comercio y la economía se observa aquí con

---

33 En el dinero, que encierra en sí la posibilidad de la totalidad de los bienes sensuales, santo Tomas tiene que reconocer, al fin y al cabo, una cierta semejanza con una dicha que se define normalmente como espiritual: "... inquantum tamen utilis est ad omnia sensibilia acquirenda, continet quodammodo virtute omnia. Et ideo habet quamdam similitudinem felicitatis, ut dictum est"; Thomas, ibídem, vol. 20, p. 247 (II-II, Q. 118, 7 ad 2). Cf. al respecto el art. "felicitas", en: Ludwig Schütz, *Thomas-Lexikon*. Reproducción facsímil de la segunda edición, Paderborn 1895, Stuttgart 1958.

34 Cita tomada de J. A. Maravall, *Estado moderno...*, ibídem, vol. I, p. 195.

optimismo. Surge una creciente red de comunicación, se inventan y ponen en práctica nuevas técnicas económicas ("industrias y agudezas") para efectuar el intercambio de bienes por todos los continentes; el resultado es la posibilidad, cómoda y al alcance de todos, de apropiarse placenteramente del mundo.

Esta situación del comercio en expansión que se acoge aquí de una forma tan entusiasta supone en un principio, no obstante, una difícil tarea para la teoría económica. Los fenómenos de una realidad que se está transformando tan rápidamente ya no se pueden analizar mediante las rígidas categorías de la economía tradicional. Ahora de lo que se trata es, por un lado, de describir las prácticas comerciales tan variadas y muchas veces difíciles de comprender para los contemporáneos –con el comercio a distancia se ha hecho necesario sobre todo un sistema de pago y de crédito internacional que funcione bien– y de elaborar teorías independientes para problemas tan graves como la fluctuación de precios y la inflación. Por otro lado, los tradicionales reparos morales ante la actividad empresarial sigue constituyendo un peso; toca aquí también encontrar una posición respecto al desarrollo burgués que se adapte a la realidad.

De esta labor pendiente de la teoría económica se ocuparán en España, a mediados del siglo XVI, una serie de autores que, desde el fundamental estudio de Marjorie Grice-Hutchinson[35], se han dado a conocer por lo general bajo el concepto genérico de la Escuela de Salamanca. A ella pertenecen, por mencionar tan solo algunos nombres importantes, Luis Saravia de la Calle, Juan de Medina, Diego de Covarrubias y Leiva, Martín de Azpilcueta Navarro[36] y Bartolomé de Albornoz; teólogos dentro y fuera de la universidad salmantina que se dan cuenta de la necesidad de cambio de la teoría económica y que llegan a conclusiones considerables[37].

---

35   Marjorie Grice-Hutchinson, *The School of Salamanca. Readings in Spanish monetary theory 1544-1605*. Oxford 1952.

36   Azpilcueta Navarro, *Comentario resolutorio de cambios*. Introducción y texto crítico por A. Ullastres, J. M. Pérez Prendes y L. Peña. Madrid 1965 (= Corpus hispanorum de pace, Vol. IV).

37   Véase también de Wilhelm Weber, *Wirtschaftethik am Vorabend des Liberalismus. Höhepunkt und Abschluß der scholastischen Wirtschaftsbetrachtung durch Lud-*

El mérito de esta "escuela" reside en haber descubierto y reconocido –salvando ciertas limitaciones– las leyes de mercado que, para poder ser formuladas, suponen observaciones detalladas de la realidad contemporánea y el desprendimiento de las rígidas concepciones del pasado. Pero en nuestro estudio no nos podremos ocupar de los logros teóricos específicos de los salmantinos. Habría que mencionar la teoría cuantitativa, según la cual se pueden poner en relación los precios y la cantidad de dinero que se encuentra en circulación y explicar la inflación de los precios mediante el creciente flujo de los metales nobles americanos que acrecienta la circulación nacional[38]. Esto está en correlación con un concepto "subjetivista" (Grice-Hutchinson) del valor, tanto de la mercancía como del dinero, que remplaza la idea medieval del "pretium justum", de un valor inherente a las cosas de forma objetiva y, de este modo, estable, y explica la fluctuación de precios como un reflejo de los movimientos de oferta y demanda, legitimándolos, al mismo tiempo, ante las aspiraciones dirigistas de las autoridades.

En estos contextos que estamos analizando aquí lo decisivo es la función de la legitimación teórica que, sin lugar a dudas, desempeñan estos autores de la praxis comercial de esa época. Si el uso del dinero en la alta escolástica está todavía muy restringido a su papel de mediador de bienes, ahora el uso del dinero como capital, esto es, como medio de su autoacumulación, parece la cosa más natural del mundo. Sin embargo, este modo de entender el dinero solo funciona ante el capital comercial; el sistema crediticio como empresa propia sigue estando sujeto al veredicto aristotélico-eclesiástico. Pero, en algunos casos concretos, incluso las transacciones con ganancia, puramente financieras, experimentan también una liberalización. El cambio extranjero, por ejemplo, que santo Tomás aún lo prohibía por ser fuente de beneficio no permitido, ahora a los salmantinos no les parece pro-

---

wig Molina S. J. (1535-1600). Münster 1959 (= Schriften des Instituts für christl. Sozialwissenschaften der Westfäl. Wilhelms-Universität Münster, Vol. 7), así como también *Geld und Zins in der spanischen Spätscholastik*. Münster 1962 (= Schriften…, Vol. 13).

38 Esta teoría será formulada también en Francia por Jean Bodin doce años después de que lo hiciera Azpilcueta Navarro (1556); cf. Grice-Hutchinson, ibídem, p. 61.

blemático desde el punto de vista moral. Esos "cambios" tan discutidos representaban originariamente, según su nombre indica, un mero cambio de divisas, pero entre tanto funcionaban también, de hecho, como un sistema de crédito a través del cual los comerciantes se podían proveer de dinero en las ferias internacionales, dinero que se podía devolver más tarde y en otros lugares o restituir a otros socios con los intereses añadidos. La aceptancia del cambio extranjero por parte de la nueva teoría clerical correspondía simplemente a las exigencias de la realidad, en la cual el enorme tráfico entre los diferentes centros mercantiles europeos no se hubiera podido llevar a cabo sin un sistema de crédito rápido y que funcionara en cualquier lugar. Con lo cual, el dinero superó su mera función de cambio y, como constata Azpilcueta, se convirtió él mismo en mercancía:

> El dinero, en cuanto cosa vendible, trocable o conmutable por otro contrato, es mercadería.[39]

El dinero se había convertido en capital y como tal era reconocido. Ahora, además, la ganancia de los cambistas, por su mediación de la mercancía dinero, se puede justificar, puesto que en esta operación no se convierte la necesidad del prójimo en fuente de ganancia –tal y como argumentaba la ética económica conservadora– sino que se puede explicar el beneficio desde el punto de vista de la teoría del valor "subjetivista", según la cual el dinero adquiere diferente valor dependiendo de las épocas y los lugares —una diferencia que, naturalmente, favorece al cambista, quien gestiona el dinero en efectivo cuando hay carencia de él. La ganancia producida por el cambio de dinero no hay que entenderla, por lo tanto, como pecaminosa, pues no se debe a la avaricia individual sino a circunstancias objetivas, por lo que es legítima.

Luis de Alcalá, autor de un tratado sobre negocios de préstamo "que pasan entre mercaderes y tratantes" (Toledo 1543), llega incluso a legitimar el "interés" como restitución del dinero prestado, es decir, un interés del crédito que, hasta entonces, había estado estrictamente prohibido por considerarse usura[40]. No obstante, el negocio presta-

---

39 Cita tomada de J. A. Maravall, *Estado moderno...*, ibídem, vol. II, p. 61.
40 Cf., ibídem, p. 77.

mista, tal y como admite Alcalá, no se debe practicar para ganar el pan. En general, todos estos autores todavía prohíben el sistema de crédito profesional. Sin embargo, las transacciones financieras al servicio de un comercio lucrativo son consideradas necesarias por los economistas de esta escuela y se las liberará completamente del defecto de la usura que soportaban desde siglos.

El comercio, que todavía tenía una relación evidente con los bienes concretos, se presenta como una ocupación cada vez más natural, e incluso como un proyecto capitalista en toda regla. La aceptación de la praxis burguesa-mercantil ya tan generalizada, si bien todavía con una actitud moral, se hace especialmente evidente en el caso de Tomás de Mercado. Él mismo fue el que popularizó las reflexiones de la Escuela salmantina en su escrito titulado *Suma de tratos y contratos*[41]; por lo tanto, hay que considerarlo como representante de ésta.

En su libro, publicado en 1569 y vuelto a editar dos veces más en poco tiempo, Mercado se dirige directamente a los comerciantes con preocupaciones morales –los cuales eran conscientes de la distancia que existía entre la doctrina eclesiástica tradicional y su propia praxis diaria[42]–, para demostrar, examinando prácticas particulares de negocios, cuáles y bajo qué circunstancias son las moralmente aceptables y cuáles no. Su deseo es que el hombre de negocios consiga la dicha terrenal y al mismo tiempo la salvación de su alma; es a él a quien le escribe "para que pueda ganar de tal modo su vida, que no pierda la futura"[43].

Pero, por mucho que Mercado arremeta implacable contra la pura operación de crédito por considerarla usura pecaminosa y, en general, aconseje seriamente que se tenga moderación en la aspiración al oro y la plata, lo decisivo es lo que tolera y, a diferencia de santo Tomás, lo que incluso considera bueno: el beneficio en el comercio.

El cambio de posiciones se puede observar mejor en los detalles concretos que en las explicaciones generales. Sobre la fijación de un precio justo para las mercancías –una aspiración todavía muy esco-

---

41 Tomás de Mercado, *Suma de tratos y contratos*. Edición y estudio introductorio de Restituto Sierra Bravo. Madrid 1975.

42 Véase Mercado, ibídem, p. 125.

43 Mercado, ibídem, p. 138.

lástica– Mercado, como factores de precio, añade junto a los diferentes costes y una ganancia moderada, lo que ya había sido aceptado por santo Tomás, también los costes de capital que tienen los comerciantes, una consideración que resulta nueva:

> Débese considerar lo que a ellos les cuesta, las costas que hacen en traerlo, el riesgo a que lo exponen, por mar o por tierra, el tiempo que tienen ocupado en ello su dinero, hasta que se saca, ya junto esto, añadiendo un moderado interés, se hallará y pondrá el precio justo.[44]

Aquí, bajo "dinero" hay que entender, evidentemente, capital: su interés crece proporcionalmente al tiempo, y el capital que el comerciante ha invertido tiene también que producir intereses y ser considerado como un factor de precio. Este reconocimiento se aleja ya mucho de la tradición aristotélica-escolástica, en la que la ganancia de intereses se consideraba un acto contra natura, pues el dinero, en su calidad de cosa muerta, no puede crear dinero[45].

Para Mercado, en definitiva, el acto de practicar un negocio como medio para acumular dinero ya no supone ningún objeto de discusión. La prohibición de los intereses por parte de la iglesia, a la que no puede oponerse directamente, la elude al interpretarla como una mera prohibición de créditos, tal y como lo expone en la cita que sigue a continuación. Acepta las formas de producción capitalista poniendo como condición que se realicen exclusivamente mediante el comercio y no dentro del abstracto sistema de crédito. Condenando el puro negocio del dinero alaba el comercio que aporta beneficio:

> Es menester para granjear la vida con él (sc. el dinero), emplearlo en ropa, en mercería, en bastimentos, que le puedan ser fecundos, y dar algún interés con su empleo, si se echó en trigo a la cosecha, y costó a cinco reales por marzo, y abril vale a ocho y a nueve ... Do pueden ver a la clara cuán ninguna cosa se puede ganar con solo dinero. Es necesario emplearlo en alguna suerte de ropa para que interese.[46]

---

44   Ibídem, p. 167.
45   Véase anotación 12.
46   Mercado, ibídem, p. 458.

El dinero trae beneficio solo si se invierte en mercancía, esto es, como capital comercial. El uso lucrativo del dinero no es, en realidad, nada objetable, sino, al contrario, deseable. Solo hay que advertir algo a propósito de la forma de inversión. Mercado, hábilmente, puede sujetarse así, de forma verbal, a la tesis tradicional de la esterilidad del dinero y, sin embargo, propagar de este modo el capital comercial como riqueza fecunda y reproductora. A él le resulta obvio el hecho de que la función de la economía no sea meramente la del intercambio de los diferentes bienes sino, más allá de esto, de la "multiplicación" de la riqueza[47]. Su sentido no es la garantía de subsistencia, sino el crecimiento. Y más aún: la economía no se reduce a estar únicamente al servicio de la sociedad en su totalidad, de la "comunidad", como pretendía la escolástica, sino que, en determinadas circunstancias, se permite que sea un medio de enriquecimiento personal.

Este paso de una economía medieval limitada a otra moderna, expansiva y realizada por personas privadas, es el que exige implícitamente Mercado cuando trata el problema de la prescripción de los precios por parte de las autoridades. De acuerdo con la gestión medieval, piensa que los precios de las mercancías imprescindibles pueden estar sujetos al control público, es decir, de la autoridad feudal, pero advierte –y es aquí donde radica la novedad– que no por estas medidas dirigistas se debe olvidar que el bienestar público general sólo se puede garantizar si se sigue garantizando también el "cebo del interés", el estímulo de beneficio privado, en la realización de la reproducción social:

> Digo que las mercaderías necesarias se ha de tener respecto principalmente al bien común, y también secundariamente, a la ganancia de los mercaderes: para que con el cebo del interés, y gusto, insistan, y trabajen mejor en proveer la ciudad.[48]

Mercado y los teóricos antecesores de la Escuela de Salamanca representaron y, al mismo tiempo, propagaron con tales demandas el paso

---

47 Véase su observación: "Mientras cien ducados están al canto del arca, ninguna cosa aprovechan ... es menester se saquen, y enajenen, para que multipliquen, dándose, cambiando (!) o mercando", ibídem, p. 435.

48 Ibídem, p. 167.

de una economía del cambio regulador, concebida estáticamente, al crecimiento capitalista que estaban observando en la realidad de su medio ambiente. Sin romper explícitamente con las ideas morales tradicionales, estos autores se pusieron así, en gran medida, a la altura del desarrollo burgués-mercantilista de la época. Sin llevar a cabo una teoría genuinamente burguesa, intentaron adaptar la del pasado a la praxis social transformada, un logro que Grice-Hutchinson resume de la siguiente manera: "The merchants thus received back their own theory in a form that made it intellectually and morally acceptable"[49].

b) El burgués como "hombre universal"

El resultado de las variadas ocupaciones burguesas era, en palabras de Villalón, "alegría y placer". De esta expresión del placer vital mercantil, por así decir, se desprende claramente que la nueva economía representa, con mucha probabilidad, una circunstancia en la que el hombre puede encontrar una identidad. También, y precisamente en esto, se revela un alejamiento de la praxis medieval y su visión del mundo.

Un autor como Mercado no se parará, como tendremos ocasión de ver, en la descripción y justificación de las operaciones capitalistas, sino que se esforzará, al mismo tiempo, en legitimar al burgués como una figura que adquiere identidad precisamente a través de tales operaciones.

En el capítulo titulado "Del principio, origen, y antigüedad de los mercaderes" (II) del libro citado, Mercado ofrece una explicación sobre el origen del oficio de mercader e intenta exhibir ostensiblemente la dignidad del comercio, señalando su larga tradición. El oficio mediador de los comerciantes se hizo necesario, según este autor, a partir del pecado original; mientras que en el paraíso, antes de todos los tiempos, reinaba la abundancia y ésta pertenecía a todos, con el pecado los bienes se dispersaron y lo disperso pasó a ser propiedad privada de los individuos[50].

---

49   Grice-Hutchinson, ibídem, p. 57.

50   "... tuvo principio, y origen la propiedad, y comenzóse a introducir este lenguaje tan común de mío y tuyo"; Mercado, ibídem, p. 127.

Con esa pérdida de la unidad original, los individuos empezaron a sufrir privaciones antes desconocidas, de lo que resultó la necesidad social de abastecer, mediante el cambio, las respectivas necesidades que se dieron por la carencia de bienes, esto es, la necesidad de comercio.

Pero ahora lo importante es el hecho de que Mercado no ve solo la legitimación del comercio en esa necesidad originada por la indigencia de un mundo en pecado, sino que lo que le importa es presentar el comercio como una actividad valiosa en sí y noble. Merece la pena citar aquí por extenso, pues en el siguiente pasaje se exponen razones contundentes a favor de una rehabilitación del burgués frente al rechazo o la mera tolerancia escolástico-tradicionales:

> Volviendo a nuestro propósito consta, que los mercaderes es una gente muy antigua, que cuasi comenzaron luego que el mundo se crió, aunque como su ocasión fue el pecado, así siempre con la malicia lo han ido multiplicando. Verdad es, que en tiempos antiguos (como dice Plutarco) cuando deseaban y buscaban los hombres lo que es digno de desear, que es ver y saber, en gran reputación fue tenida la mercancía, especialmente el ejercitarla en partes remotas como hacen los de España. Y hubo entonces eminentísimos hombres, que se aplicaron al trato, tomando por ocasión, llevar a otros reinos mercaderías curiosas y costosas: por ver gentes y ciudades, y por adquirir privanza con grandes príncipes y reyes, que por obligarles a que trajesen de sus tierras joyas y preseas exquisitas, los honraban y acariciaban mucho. Solón, y Talete, los dos más sabios de los siete de Grecia, fueron toda su juventud mercaderes, y después grandes filósofos, y el Solón muy poderoso príncipe y prudente gobernador.
>
> Hesiodo autor antiquísimo, y Plutarco afirman que en aquellos tiempos ningún género de vida que el hombre siguiese, ni ejercicio ninguno en que se ocupase, ni trato, ni oficio en que se ejercitase, era tan estimado y tenido entre las gentes como la mercancía, por la gran comodidad y provecho que causa, así en los tratantes, como en todo el cuerpo de la república. Lo primero esta arte provee las ciudades y reinos de infinita variedad de cosas que ellos en sí no tienen, trayendo las de fuera, tales que no sirven sólo de regalo, sino muchas veces necesarias para la misma conservación de la vida. Lo segundo hay gran abundancia de toda suerte de ropa, así de la propia de la tierra, como de la extranjera, que es gran bien.

Los particulares tratantes también enriquecen entera y perfectamente en el cuerpo, y en el alma. Porque conversando con muchas
gentes, estando en distintos reinos, tratando con varias naciones,
experimentando diferentes costumbres, considerando el diverso
gobierno, y policía de los pueblos, se hacen *hombres universales*
cursados y ladinos para cualesquiera negocios que se les ofrezcan.
Adquieren y aumentan una gran prudencia y experiencia para guiar
y regirse, así en los sucesos particulares, como generales. Son útiles
a su república, por la gran noticia de varias cosas que han visto y
oído en su peregrinación.

Vemos haber salido de mercaderes varones muy excelentes que
con su prudencia y potencia escaparon muchas veces su patria de
graves males en tiempos muy peligrosos, y aun edificaron ciudades
muy populosas y ricas. El primer Messalia fue mercader y fundador
de una ciudad principal en Francia, Tales, e Hipócrates Matemático,
ambos varones ilustres, que con su filosofía y estudio alcanzaron
en todo el mundo gran nombre, ejercitaron primero la mercancía ... También Solón reformador de los atenienses, hombre generoso, tuvo por acertado consejo seguir la mercancía para ganar de
comer...[51]

Parece como si Mercado tuviera en mente en este texto la realidad
de los ricos mercaderes sevillanos a los que les dedica su libro[52], y a
los que, como apunta en otro pasaje, pertenecían tanto los nobles,
que no se perdían el negocio con el Nuevo Mundo en cuanto inversión de capital[53], como sobre todo, por supuesto, los burgueses que
habían alcanzado su ascenso social gracias al trabajo y que, con la
adquisición de tierras, podían conseguir el estatus de nobleza[54]; y
como si estuviera escuchando el despectivo comentario de santo
Tomás de que la actividad mercantil suponía, ni más ni menos, un

---

51 Ibídem, pp. 132 s.

52 Ibídem, pp. 81 ss.

53 Ante la posibilidad de enriquecerse en Sevilla, escribe: "que convidó y atrajo a
    algunos de los principales a ser mercaderes, viendo en ello cuantísima ganancia";
    ibídem, p. 124.

54 " ... y los mercaderes con apetito de nobleza, e hidalguía, han trabajado en
    subir, estableciendo y fundando buenos mayorazgos"; ibídem, p. 125.

cierto "turpitudo". Pero de deshonor ya no se habla. Mercado se decanta en contra de los viejos prejuicios feudales y a favor de sus contemporáneos comprometidos con la bolsa, a los cuales —"tan pagados y contentos de su estado"[55]— su forma de existencia, por cierto, no les suponía prácticamente ningún problema, a no ser por los mencionados prejuicios.

Mercado demuestra la dignidad del comercio presentándolo como una praxis con la que el hombre gana, de una forma muy general, subjetividad y universalidad, una conexión que antes la habíamos definido como identidad.

El verdadero sentido del comercio lo ve Mercado no tanto en la adquisición de oro y plata cuanto en sus logros culturales y civilizadores. Sirviéndose hábilmente de la tradición para defender lo nuevo, remite a los autores de la Antigüedad entre los cuales, según escribe, el comercio a distancia gozaba de gran prestigio por representar un instrumento útil para conocer el mundo; a través de él los exportadores conocen países remotos y gentes, y los importadores bienes extranjeros valiosos. El hecho de que Solón y Tales practicaran este oficio en su juventud y más tarde llegaran a ser grandes filósofos, eleva el comercio, en su opinión, al rango de instancia educadora por excelencia. Ocupado con la transmisión de bienes a través de países, el burgués conoce muchos pueblos con sus diferentes costumbres y formas de organización política, conocimiento universal —en el que está incluido también el de los idiomas (los viajeros son "ladinos")— a través del cual puede formar juicios que, por consiguiente, aspiran a ser universales. Al coetáneo formado así mediante el contacto con la realidad, que cuenta con "prudencia y experiencia", Mercado le atribuye como a ningún otro la capacidad fundamental de resolver cualquier problema que se le presente; es capaz de solucionar y ocuparse tanto de "los sucesos particulares, como generales" y está en condiciones de responsabilizarse y marcar el curso tanto de su biografía personal como la de su sociedad; en definitiva, está llamado a ser político. Cuando Mercado llama a los burgueses con énfasis "hombres universales",

---

55 Ibídem, p. 137.

quiere resaltar con ello los logros de la subjetividad humana que se despliegan en su praxis y que son válidos y útiles no solo para el individuo, sino también para la sociedad en general.

Es importante resaltar que la relación con el mundo que se expone aquí realmente aparece como relación con el mundo, esto es, unida a una relación positiva con la riqueza material. La dignidad del estado burgués, y esto es lo que quiere mostrar Mercado, no consiste, por ejemplo, en una nueva posición espiritual o en una voluntad abstracta de subjetividad; la relación con el mundo desplegada es más bien real y se debe precisamente al despliegue de la riqueza material producida gracias al comercio. El exceso de mercancías diversas, la "infinita variedad de cosas", la describe Mercado como un gran bien. Luego, el mercado contemporáneo en expansión no solo cumple la meta propuesta por la escolástica de un abastecimiento general con bienes imprescindibles, sino que lleva sobre todo a valorar mucho más un mundo material que se ha hecho imprevisiblemente plural. Mercado, aunque se esfuerza por señalar que la abundancia de mercancía no satisface solo el deseo de lujo ("regalo") sino también la necesidad de lo imprescindible para vivir, sin embargo presenta precisamente la abundancia y la variedad de mercancías autóctonas y extranjeras, es decir, el acceso sin límites a la abundancia universal de la producción material, como el verdadero mérito del comercio. Si de los negociantes, los "particulares tratantes", se dice expresamente que mediante su actividad "enriquecen entera y perfectamente en el cuerpo, y en el alma", en esta sorprendente frase queda formulada, pues, la conciencia de sí mismos que tienen los comerciantes, cuyo portavoz viene a ser Mercado en todo este pasaje, concretamente en cuanto conciencia de una praxis que logra una unidad de dimensiones históricamente relevantes: la unidad de intereses no solo individuales y sociales, sino también la de una satisfacción material y espiritual.

Es interesante constatar que Mercado confirma a la figura del burgués también dentro del marco teológico y salvífico. Esto se evidencia en el pasaje introductorio del capítulo sobre el origen del comercio, de donde hemos extraído la cita. Allí consta que el hombre antes del pecado original, por mandato divino, dominaba la tierra y era "señor absoluto de este orbe inferior, y de todos los tesoros y frutos que en él hay y produce"[56]. Por lo tanto, en su origen, el destino del hombre predestinado por Dios consistía en ser dueño de la faz de la tierra y de los bienes, tanto los naturales como los producidos por él mismo. Si se compara este pensamiento teológico con la idea recién citada sobre la función del comercio de recuperar, tras el pecado original, la paradisíaca satisfacción de las necesidades, por muy aproximativa que sea, y, sobre todo, si se compara con la caracterización del burgués como "hombre universal" que se apropia y utiliza la variedad de la tierra, entonces, hilvanando las declaraciones de Mercado, se podría llegar a la tesis de que el hombre, precisamente como burgués promotor del comercio, cumple a la perfección el mandato de Dios. Por mucho que le deba este oficio también al pecado original y por muy cerca que opere de lo pecaminoso, solo así, comerciando, es como el hombre parece convertirse activamente en sujeto de la faz de la tierra y, de este modo, encontrar su condición más propia y, al mismo tiempo, correspondiente a la voluntad de Dios. Posiblemente Mercado no hubiera formulado explícitamente esta legitimación tan radical de la burguesía, ya que estaba profundamente arraigado todavía al pensamiento escolástico. Estas ideas no las expone, pero al menos sí las sugiere. Lo relevante es que, con esta argumentación teológica, intenta dejar de lado el tradicional recelo de ver al burgués como el que destruye más que como el que conserva la integridad del sentido religioso. Al otorgarle a éste un papel muy central en la historia de la salvación, más bien documenta que ya apenas se le puede discutir la identidad que resulta de su praxis.

En la medida en que Mercado ensalza la dignidad de la praxis burguesa (mercantil), se perfila ya el conflicto con la sociedad feudal tradicional, cuyo marco era donde se podía concebir únicamente la identidad hasta entonces. Este conflicto tampoco se hace explícito, pero sí se deja reconstruir, concretamente en dos puntos.

Primero (en la cita, en segundo lugar) el autor advierte que una figura como Solón, tan extraordinaria en la historia, considera sensato adquirir ganancia mediante el comercio, y además era, al mismo

---

56 Ibídem, p. 127.

tiempo, un "hombre generoso", es decir, de descendencia noble[57]. Adonde apunta Mercado con esta observación es a disolver la jerarquía feudal en beneficio de una mayor movilidad social, tal y como la conoce de la realidad sevillana: no solo tiene que ascender socialmente el burgués, también el noble tiene que poder enriquecerse con el compromiso capitalista; pertenecer a un determinado estatus parece tener mucha menos importancia que el rendimiento aportado a los intereses públicos.

La crítica a los privilegios feudales que se insinúa aquí se resalta de forma más marcada en el segundo punto. Mercado propone abiertamente al comerciante como el político ideal; la experiencia y mundanidad ya casi lo predestinan a ello. Esto significa que al burgués le hace reclamar un derecho manifiesto al poder social y una responsabilidad que, por entonces, compartían entre sí la aristocracia y el clero, y lo coloca a su lado con igualdad de derechos. La reivindicación de unir la experiencia real y la habilidad polifacética del burgués con influencia política debería arrojar luz, de hecho, sobre la objetiva crisis de legitimación de la sociedad feudal en general. En el momento en el que, de forma tan convincente, el nuevo grupo social deviene sujeto de su mundo mediante una praxis, si bien tradicional, sin embargo desarrollada en una dimensión hasta ahora desconocida, y puede resolver problemas tanto individuales como generales, ya no se puede sostener a la larga una legitimación convincente del poder haciendo referencia a un linaje sanguíneo noble o al deber de mantener la tradición de la ideología eclesiástica, sino, cada vez más, a la experiencia y a la praxis que corresponde a una realidad en transformanción.

Mercado, claro está, no percibe él mismo estas consecuencias radicales. Lo que le importa es el equilibrio. Para tal fin, quiere liberar al burgués del veredicto escolástico de la "turpitudo", pues no ve en ello en absoluto infamia ni un comportamiento asocial. No obstante, en su texto anuncia una crisis próxima de la sociedad feudal, en el

---

57 "GENEROSIDAD. En su riguroso sentido significa nobleza heredada de los mayores... GENEROSO. Noble y de ilustre prosapia"; *Diccionario de Autoridades* (1726 ss.). Edición de la Real Academia Española, edición facsímil. 3 vols., Madrid 1963 (en adelante se citará como *Autoridades*).

sentido de que se evidencia que esta misma sociedad echará a perder su universalidad y, por ende, su identidad, si no consigue integrar la praxis burguesa.

3. Los albores del siglo xvii. Dos arbitristas: Martín González de Cellorigo y Sancho de Moncada

a) Los "arbitristas"

La siguiente aportación a la teoría económica en España, la cual se puede considerar como una unidad, surge de una amarga experiencia. Hacia finales del siglo XVI se advierte del hecho de que los metales nobles que entran en cantidandes tan inmensas del Nuevo Mundo no garantizan un estado de bienestar duradero. Al contrario, la conquista de América parece haber llevado al desastre a la madre patria española. Constantes inflaciones, devaluaciones, el comercio y la manufactura en una desesperada lucha por la sobrevivencia, una agricultura baldía, pobreza en una población que se va reduciendo cada vez más, tal es el balance de un imperio secular.

A diferencia de los salmantinos, los autores que intentan dar una respuesta a esta situación ya no formarán una escuela en el sentido estricto. Son personas individuales que analizan el estado de su sociedad y ofrecen propuestas para remediarlo, y que se dirigen con sus escritos a un deseado público, pero especialmente al rey. Es significativo que estos individuos críticos se han mantenido largo tiempo en la conciencia histórica no tanto por sus aportaciones reales, sino como figuras distorsionadas por la sátira contemporánea —como en el caso también de Quevedo[58], por cierto. Jean Vilar Berrogain ha mostrado cómo estos autores, los llamados "arbitristas", fueron considerados, en su propia época, bien ridículos hombres de proyectos, bien intrusos peligrosos en el campo político reservado al rey, y que, en las mencionadas sátiras, se hizo una deformación de su carácter, aunque eran representantes sensatos de una alternativa social[59]. Hasta

58 Véase p. 114 (nota 54).

59 Jean Vilar Berrogain, *Literatura y economía. La figura satírica del arbitrista en el Siglo de Oro* (Trad.). Madrid 1973 (= Selecta de Revista de Occidente, 48).

el siglo XIX no se produce el verdadero descubrimiento de estos economistas españoles[60]; y hasta la segunda mitad del XX no se había considerado, verdaderamente, la posibilidad de acercarse a sus obras para entender la literatura de aquella época[61].

Para nuestro propósito, elegimos a dos autores que tienen ideas muy precisas sobre los problemas de su sociedad: Martín González de Cellorigo y Sancho de Moncada[62].

Para estos autores –como también, por ejemplo, para Gabriel Pérez del Barrio o Francisco Martínez de Mata, a los que volveremos cuando llegue la ocasión[63]– hay una relación entre los diversos fenómenos de la crisis que acosa a la sociedad, y una raíz común: la negligencia de la sociedad española a la hora de convertir la riqueza del

---

Vilar Berrogain investiga el complejo concepto del "arbitrista", las diversas actividades de estos autores y, especialmente, el eco que tuvieron en la literatura de su época.

60 Manuel Colmeiro, *Biblioteca de los economistas españoles de los siglos XVI, XVII y XVIII*. Publicaciones de la Real Academia de Ciencias Morales y Políticas. Madrid s.a. (Reimpresión de la tercera edición 1903). Aquí Colmeiro ha reunido y comentado brevemente unas 400 obras.
Entre las investigaciones sobre la aportación teórica de esta generación de economistas que estamos tratando aquí hay que mencionar, especialmente, a Pierre Vilar, *Les Primitifs espagnols de la pensée économique. "Quantitativisme" et "Bullionisme"*. En: *Mélanges offerts à Marcel Bataillon par les hispanistes français*. Bordeaux 1963 (= Annales de la Faculté des Lettres de Bordeaux, Bulletin hispanique, 64, 2), pp. 261-284, esp. 269 ss.

61 Junto al trabajo de Vilar Berrogain hay que mencionar aquí también el orientador artículo de Pierre Vilar: "Le temps du Quichotte". En: *Europe*, XXXIV, 1956, pp. 3-16. La traducción española ("El tiempo del Quijote") se puede ver en el estudio, del mismo, *Crecimiento y desarrollo*. Barcelona 1966; reimpresión en: C. M. Cipolla, J. H. Elliot, P. Vilar y otros, *La decadencia económica...*, ibídem, pp. 113-127 (se cita de esta edición).
Sobre el *Guzmán de Alfarache* de Mateo Alemán, véase la introducción, muy informativa, de Michel Cavillac a la obra de Cristóbal Pérez de Herrera, *Amparo de Pobres*. Edición, introducción y notas de Michel Cavillac. Madrid 1975 (= Clásicos Castellanos,199).

62 Sancho de Moncada, *Restauración política de España*. Edición e introducción de Jean Vilar Berrogain. Madrid 1974 (= Clásicos del pensamiento económico español. Instituto de Estudios Fiscales, Ministerio de Hacienda).

63 Véase pp. 15 (nota 2), 181, 185 s., 204 ss.

Nuevo Mundo en capital productivo y a España en una nación manufacturera que haría prosperar amplias capas sociales.

b) Un nuevo concepto de riqueza y la necesidad de manufactura

Con su *Memorial de la política necesaria y útil restauración a la República de España*, publicado en 1600, González de Cellorigo es uno de los primeros en hacer un amplio diagnóstico de la crisis española y en nombrar sus causas sociales y económicas[64]. La tesis a la que llega es tan breve como extraña e incómoda para la sociedad dominante: el imparable flujo de dinero que sale al extranjero y la creciente pobreza de la población derivan de un uso incorrecto del tesoro americano. Cellorigo sólo necesita describir la forma de reproducción española contemporánea para poder ya resaltar con claridad las causas de la catástrofe social:

> La diminuición y falta de gente, ha muchos años que se siente en estos reinos, la cual no procede tanto de las guerras, cuanto de la necesidad y falta en todas las cosas, causada por la flojedad de los nuestros, que es la que los ha desterrado de su patria y les causa las enfermedades con que se disminuyen: y todo procede de huir de lo que naturalmente nos sustenta. Y emprender lo que destruye las repúblicas, cuando ponen su riqueza en el dinero y en la renta del que por medio de los censos se adquiere, que como peste general ha puesto estos reinos en suma miseria, por haberse inclinado todos, o la mayor parte a vivir de ellos, y de los intereses que causa el dinero, sin ahondar de donde ha de salir lo que es menester para semejante modo de vivir. Esto es lo que tan al descubierto ha destruido esta república, y a los que usan de estos censos: porque atenidos a la renta, se han dejado de las ocupaciones virtuosas de los oficios de los tratos de la labranza, y crianza, y de todo aquello que sustenta los hombres naturalmente ... De suerte es esto y se puede muy bien decir, que la riqueza que había de enriquecer, ha empobrecido, porque se ha usado tan mal de ella, que ha hecho al mercader que no trate, y al labrador que no labre, y mucha gente

---

64 A propósito de Cellorigo (y sus "predecesores", como Luis Ortiz), véase Pierre Vilar, *Les primitifs...*, ibídem.

ociosa y perdida de que han venido las necesidades, y tras ellas las enfermedades que tanto nos acosan.[65]

Cellorigo advierte que la forma de reproducción más apreciada y difundida ha llegado a ser la de los arrendatarios, es decir, la del que se quiere comprar precisamente la libertad del proceso reproductivo, entregando una determinada suma de dinero a un campesino y adquiriendo como compensación el derecho a una renta indefinida, los censos[66]. Pero lo malo de esta forma de inversión de capital ("peste general") que quiere asegurar una continua riqueza es que se basa, en su opinión, precisamente en el abandono de la riqueza, esto es, de su fuente natural: la productividad. Luego, sobre todo si los censos se convierten en la meta social generalizada, y si también los mercaderes y los campesinos acaudalados aspiran a esta forma de vida, la repercusión para la economía nacional es desastrosa. El número de los que trabajan realmente de forma productiva disminuye cada vez más —de cada treinta personas, apunta Cellorigo en otro pasaje[67], trabaja actualmente solo una, el resto parasita a costa de ese trabajo en calidad de propietario, arrendador, administrador, controladores de rentas e impuestos ... De esta forma, no solo se arruinan la agricultura y los negocios burgueses, no solo se le carga cada vez más con nuevas exigencias a la parte productora de la población que aún queda (según los datos de Cellorigo, ¡un tres por ciento, aproximadamente!) y se diezma; también la nobleza, al final, se arruina a sí misma. Pues, donde no haya más "ocupaciones virtuosas" que produzcan riqueza, se seca la fuente de los censos y mengua la base de la nobleza parasitaria. Pronto los censos no se podrán pagar con regularidad y, finalmente, se acabarán; el arrendatario se enreda en juicios para reivindicarlos y tiene que pedir créditos él mismo que, después, no podrá volver a pagar. El resto es harto conocido por la literatura

---

65 Martín González de Cellorigo, *Memorial de la política necesaria y útil restauración a la República de España*. Valladolid 1600. Citamos, modernizando la ortografía, según el ejemplar de la Biblioteca Nacional, Madrid. Ibídem, fol. 4 b f.

66 Cf. p. 22.

67 "... de la poca gente que trabaja, a la que huelga, sale a razón de uno por treinta"; ibídem, fol. 23 a.

de la época: muchísimos hidalgos empobrecidos abandonan sus propiedades y se convierten, junto con los desempleados, en los vagabundos de la capital[68].

En España, el oro del Nuevo Mundo no llega a ser la garantía de un estado de bienestar duradero. Cellorigo, partiendo de la observación de que la riqueza americana resulta engañosa, saca conclusiones para el concepto mismo de dinero y riqueza. Evidentemente, no se debe confundir dinero con riqueza; más bien hay que considerar como verdaderas riquezas las que –"dependientes de la industria humana"[69]– son capaces de seguir atrayendo constantemente más dinero. A raíz de esta observación que hace de la realidad, Cellorigo llega a comprender el carácter dialéctico de la riqueza[70], la cual solo se puede identificar con los metales preciosos cuando no sea idéntica a ellos y consista en la producción de bienes concretos. Sólo un concepto dialéctico de la riqueza puede explicar el empobrecimiento de un país que fue rico en metales nobles, de ahí que, ahora, la formulación de tal concepto sea la primera regla de la teoría económica, aunque a Cellorigo le resulte evidentemente difícil exponer esas relaciones dentro de la lógica que le era familiar, una dificultad que expresa sin ambages:

> Y el no haber tomado suelo procede, de que la riqueza ha andado y anda en el aire, en papeles, y contratos, censos, y letras de cambio, en la moneda, en la plata, y en el oro: y no en bienes que fructifican y atraen a sí como más dignos, las riquezas de afuera, sustentando las de adentro. Y así el no haber dinero, oro ni plata en España, es por haberlo, y el no ser rica, es por serlo: haciendo dos contradictorias verdades, que aunque no pueden caber debajo de una formalidad, dar las hemos verdaderas en nuestra España, y en un mismo sujeto, según las diversas formalidades que hay en el cuerpo de toda la república.[71]

---

68 Recuérdese aquí tan sólo el encuentro del Buscón, de Quevedo, con uno de esos hidalgos empobrecidos que intentan, por todos los medios, sobrevivir en la corte; Pr. 357 b-361.

69 Cellorigo, ibídem, fol. 15 b.

70 Cf. Pierre Vilar, *Les primitifs...*, ibídem, p. 281.

71 Cellorigo, ibídem, fol. 29 b.

La riqueza no se garantiza, precisamente, mediante las formas con las que intenta mantenerla la sociedad feudal de la época, ni con rentas ni títulos obligacionales, y menos aún como oro y plata "muertos", formas todas estas con las que la riqueza se esfuma rápidamente en el aire, como se dice en la imagen citada. Más bien al contrario, solo mediante la producción continuada de bienes concretos que se pueden intercambiar por dinero en el mercado internacional, se creará la verdadera base de una riqueza duradera. Solo cuando el dinero abandona su propia forma y entra en un proceso continuo de producción de mercancías y de cambio, se mantiene idéntico a sí mismo en cuanto forma de riqueza, por mucho que esta idea rompa radicalmente con la lógica inequívoca acostumbrada. Lo que este arbitrista describe aquí de forma tentativa y lo que postula como necesidad apremiante para la economía de su tiempo es el paso consecuente del dinero hacia un capital productivo, esto es, su entrada en un proceso en el que se invierte en producción de mercancías y, a través de esa inversión, tras el cambio de lo producido, regresa en su forma monetaria y, aumentado por el valor del trabajo, además multiplicado.

En ocasiones, Cellorigo parece estar abocado a seguir otra vez la corriente de la crítica monetaria escolástica, cuando considera el dinero como un simple medio que facilita el cambio y no lo admite como resultado del acto de cambio, con lo que, en rigor, estaría condenando el beneficio. Este peligro se hace evidente en la siguiente definición:

> ... sólo fue inventado (sc. el dinero) para el uso de los contratos, no es sino causa de la permutación, pero no el efecto de ella, pues sólo es para facilitarla, y no para otra cosa.[72]

Cellorigo, en su esfuerzo por liberar la riqueza del inmovilismo que la aquejaba y entenderla como proceso, no se da cuenta en este pasaje de que, en una economía monetaria, la riqueza tiene que presentarse necesariamente como dinero en determinados momentos del movimiento que la produce.

---

72   Ibídem, fol. 22 b.

Pero lo que tiene en mente, y lo que en general defiende, es la economía del capital, el cual representa un proceso homogéneo en el que la riqueza se basa completamente en la productividad y, al mismo tiempo, también por entero en la permutabilidad de los productos en dinero. Por eso, el dinero es tanto una mera función, que desaparece, como el efecto de las operaciones.

En la cita que sigue a continuación, este movimiento recíproco que aspira al beneficio se evidenciará como el objetivo de Cellorigo. En ella habla de la "saca de la moneda", del flujo interminable y, al parecer, inalterable del dinero hacia el extranjero, uno de los temas más tratados por los arbitristas y un hecho ante el que la mayoría de los españoles se encontraban desamparados por no entender la verdadera, es decir, la dialéctica estructura de la riqueza:

> Y esto (sc. el sacarse el oro y la plata de España) procede de no querer advertir, que la verdadera riqueza no consiste en tener labrado, acuñado, o en pasta, mucho oro, y mucha plata, que con la primera consumición se acaba: sino en aquellas cosas, que aunque con el uso se consumen, en su género se conservan: por medio de la subrogación, con que se puede sacar de las manos de los amigos, y enemigos, el oro y la plata, que de las suyas los nuestros por no atender a esto sueltan, y se lo dejan llevar.[73]

El dinero, por ser susceptible de gastarse totalmente, no es idéntico a la riqueza duradera; tan solo la continua producción de bienes equivale a una riqueza permanente que podrá ser representada una y otra vez en forma de dinero —en el intercambio ("subrogación"), ante el amigo y el enemigo, en el mercado tanto nacional como internacional. Solo en el proceso productivo, el dinero se convierte en representante de una riqueza inagotable. De acuerdo con el autor, el enunciado: "el dinero no es la riqueza verdadera"[74] se debe formular también así: el dinero es verdaderamente riqueza solo en cuanto capital productivo.

Collorigo piensa que, en realidad, la relación aquí señalada entre comercio, manufactura y riqueza social, por experiencia, les debería

---

73 Ibíden, fol. 22 a.
74 Ibídem.

haber resultado muy conocida a sus coetáneos. Al fin y al cabo, escribe, ha llegado al país una gran parte del tesoro americano por el intercambio de mercancías españolas —"cosas naturales e industriales"[75]; al fin y al cabo, los extranjeros extraen grandes cantidades de oro y plata gracias a sus productos manufacturados, de los que carecen los españoles, aunque ellos mismos los podrían frabricar ("que en estos Reinos podrían gozar por sus manufacturas hechas y labradas")[76]. Pero la ceguera de la sociedad dominante ante este mecanismo económico, ante la necesidad de invertir el tesoro americano en manufactura y comercio para conservarlo como riqueza, la ceguera ante la necesidad del momento conducirá a la inevitable catástrofe social, tal y como lo indica Cellorigo.

La actividad publicista de los arbitristas no se reduce al análisis de la situación económica; estos autores, al mismo tiempo, se dirigen más bien al monarca con propuestas políticas concretas. Cellorigo, en el texto citado, defiende expresamente la construcción de la agricultura, el comercio y la manufactura nacionales; además, ante la rápida disminución de la población, sugiere una política que fomente a la familia[77].

Sancho de Moncada defiende con más determinación aún los requerimientos de un capital productivo español. Aunque él mismo era clérigo –ocupaba la cátedra de Sagrada Escritura en la Universidad de Toledo– tenía un estrecho contacto con las familias de mercaderes de la ciudad, de las que posiblemente provenía[78] y con las que comparte, sobre todo, las preocupaciones de su tiempo. Teniendo en cuenta como síntoma general a todas luces la decadencia de la industria de paños toledana, tan importante en el pasado, sabe por propia experiencia que España tiene la posibilidad de sobrevivir sólo como nación manufacturera. Por eso, Moncada, con más urgencia que Cellorigo, cuyo trabajo conoce[79], convierte en el objetivo central la

---

75 Ibídem, fol. 22 b.
76 Ibídem.
77 Ibídem, fol. 17 ss.
78 Véase la introducción de Vilar Berrogain a Sancho de Moncada, *Restauración...*, ibídem, p. 75 ss.
79 Sancho de Moncada, ibídem, p. 23.

protección de la manufactura española en un escrito, publicado diecinueve años más tarde, sobre la "Restauración política de España".

Dos leyes son las que presenta, explica, y de cuya necesidad intenta convencer a Felipe III: la prohibición de la exportación de las materias primas propias y la prohibición de la importación de mercancía manufacturada extranjera. Moncada formula su terapia sin rodeos: "Es remedio de España no sacar de ella materiales de mercaderías"[80], y "El radical remedio de España es vedar en ella las mercaderías labradas extranjeras"[81], en definitiva: "Todo el remedio de España está en labrar sus mercaderías"[82]. Moncada ve en estas medidas proteccionistas-mercantilistas la condición previa indispensable para una recuperación del comercio español y la industria manufacturera. Podrían impedir que los extranjeros adquirieran materia prima española barata ("materiales en crudo")[83], que elaboran para revender a España productos fabricados caros, tal y como estaba sucediendo; así, dichos extranjeros, por el contrario, tendrían que comprar el material español y mercancías fabricadas en las manufacturas españolas. Pero según el derecho vigente, denuncia Moncada, está prohibida, precisamente, la importación de la seda sin tratar, por ejemplo, y se admiten los paños elaborados —una práctica que tal vez corresponda a los intereses de algunos productores de seda sin tratar, pero que supone la ruina de la industria textil autóctona. Dada esta situación, la propuesta de ley que él expone vendría a ser un remedio en interés de las potencias productoras del país.

Las medidas que Moncada espera del Rey no consisten, en absoluto, solo en la protección de un grupo social particular, la burguesía, sino que, en su opinión, presentan nada menos que "el radical remedio de España", es decir, el único medio de sacar a toda la sociedad de la miseria. Pues, el oro y la plata que pasa ahora España, como mera estación en el camino hacia las naciones mercantiles europeas, solo se podrá recuperar mediante la reconstrucción de la producción autóctona. Moncada advierte expresamente de que la elaboración es,

---

80 Ibídem, p. 103.
81 Ibídem, p. 107.
82 Ibídem, p. 121.
83 Ibídem, p. 105.

en gran parte, la que determina el precio de las mercancías, esto es, que el trabajo manufacturero supone el momento decisivo que crea valor en una economía:

> ... todas las mercaderías labradas tienen gran porte de obraje, y fábrica, unas tienen la mitad de obraje, y mitad de material, como las sedas, otras tienen uno de material, y diez o doce de obraje, como lanas, linos, cáñamos, hierros, algodones, telas de oro, y plata, y otras muchas; otras tienen todo el valor por la fábrica, porque el material vale poco ..., y todo este aprovechamiento chupan y sacan extranjeros de España, y lo pierde el Español, que es con lo que se había de sustentar la mayor parte del Reino.[84]

Por pura experiencia sabe que la riqueza se debe, esencialmente, gracias al intercambio con el trabajo; con otras palabras, que la riqueza americana solo se puede salvar si aprovecha el valor de la fuerza del trabajo. Con este reconocimiento del trabajo social como momento decisivo de la creación de valor se marca, definitivamente, el abandono de la economía tradicional, en la que la riqueza era considerada ante todo como algo natural. El valor de los bienes consiste en el trabajo invertido en su producción, el cual habría que reconocerlo por completo como fuente de riqueza. Si la economía española se encargara de la producción de sus mercancías, tal y como calcula Moncada, podría tanto ahorrarse la sangría financiera al extranjero como beneficiarse ella misma del mercado internacional. De este modo, se crearía una ganancia, no solo parcial, sino precisamente para toda la sociedad: la mayor parte de la población tendría la posibilidad de alimentarse de su propio trabajo, pues con la sociedad manufacturera desaparecerían la pobreza de las masas y los vagabundos —dos fenómenos que, objetivamente, se tienen que dar a la fuerza, porque, como resalta este autor, no hay trabajo: "no hay en qué ganar de comer"[85]. Es por haber comprendido que la beneficiencia pública y la supervivencia de toda una sociedad dependen, en este momento, de una praxis económica burguesa, por lo que Moncada exige con tal insistencia una política mercantilista.

---

84 Ibídem, p. 110.
85 Ibídem, p. 100.

c) Sobre la crisis de identidad de la sociedad feudal

En vista del momento histórico y de las claras posiciones de Cellorigo y Moncada, parece casi superfluo lanzar la cuestión de si estos también tematizan, al igual que Mercado, la relación entre praxis social e identidad. El hecho de que adviertan de que por la negligencia económica se ve amenazada directamente la existencia de todo un pueblo, habla por sí mismo; el burgués –entendido no en el sentido de un grupo social existente en España, sino en el sentido, por así decir, de una desiderata[86]– ya se perfila, *ex negativo*, ante el trasfondo de la situación analizada como representante de la razón social.

No obstante, es importante observar los escritos de ambos arbitristas desde este punto de vista. Primero, porque se hace patente la continuidad del problema de cómo se relacionan determinadas formas de la práctica social con la posibilidad de la identidad —y esto incluso cuando las reivindicaciones económicas hayan sido resumidas tan rápidamente, como en el caso de Moncada. Segundo, porque se perfila una crisis de la sociedad feudal –lo que en el caso de Mercado sólo se podía prever– de tal forma que la cuestión de si el burgués tiene identidad y en qué medida, ahora se dirige contra esta misma sociedad.

Concentrémonos primero en Moncada. Aunque el programa económico que expone brevemente apenas deja espacio para más reflexiones, en dos pasajes aclara la distancia que hay entre la relación social dominante con la realidad y de la nueva por la que él mismo apuesta y que considera, además, de larga tradición.

En el cuarto capítulo de su "Discurso primero" reúne las diferentes explicaciones, expuestas en general por sus contemporáneos, de la situación histórica de España, pero que, en su opinión, "no descubren la raíz del daño"[87]. Junto a insuficientes intentos de explicaciones socioeconómicas como, por ejemplo, las referencias a una moda excesivamente lujosa o a una supuesta esterilidad del suelo del país, Moncada menciona también la argumentación de muchos

---

86 Los arbitristas, en definitiva, solo pueden tener esperanza apelando al sentido común del rey o a la voluntad de reforma de algunos nobles.

87 Ibídem, p. 98.

coetáneos de que la crisis se debe a la propia expansión del imperio, que ya no puede controlar las crecientes tareas y se hunde por su propio peso. Ese difundido intento de explicación por el peligro de la extensión lo ve apoyado en la idea de una limitación natural de las cosas humanas, también aplicable a la sociedad, un concepto que tiene por representantes a Séneca, Livio y el neoestoicista belga Justo Lipsio (1547-1606)[88]. Según estos, los imperios tienen que sucumbir necesariamente,

> ... porque unos piensan que la providencia de Dios puso coto a la grandeza de las Monarquías, de modo que en llegando a la raya han de volver atrás, como en el mar las olas, y se vió en el Imperio Romano...[89]

Ya sea por la providencia divina ya, como sugiere la imagen de las olas del mar, por el poder de una naturaleza cíclica, para muchos contemporáneos, apoyándose en la autoridades, la historia de la humanidad forma parte de un conjunto de azares al que no se puede escapar y cuya destructividad la está experimentando obviamente la sociedad española en estos momentos.

En efecto, a comienzos del siglo XVII, el mito de la caducidad natural de los humanos por voluntad divina, como parece enseñarle la historia de Roma, es un recurso usual para interpretar las dificultades de la propia época[90]. Moncada, no obstante, rechaza tal inter-

---

88   Ibídem, anotación (d). Quevedo en su juventud intercambió correspondencia con Lipsio; véase *Epistolario*, pp. 1 ss.

89   Moncada, ibídem, p. 98.

90   Esto lo prueba, de forma impresionante, incluso un arbitrista como Jerónimo de Zevallos (Ceballos), quien presenta un diagnóstico económico sorprendentemente claro, que desemboca en una amarga denuncia de la "vanitas" (*Arte real para el buen gobierno de los Reyes...*, Toledo 1623). Resignado, constata un curso natural de las cosas entre las que se encontraría también la economía: "toda esta vida está llena de accidentes que la mudan, de mocedad en vejez, de riqueza, en pobreza" y le atribuye al orden divino esa impotencia humana: "porque esta vida es un destierro de la patria celestial..." (ibídem, fol. 186; Ejemplar de la Biblioteca Nacional de Madrid).
     Véase el soneto de Quevedo "Miré los muros de la patria mía" (Poesía núm. 29) y su referencia a la historia de Roma: Pr. 278 a, 721 b.

pretación. Aunque en la frase siguiente de la cita parece admitir, de todas formas, una cierta posibilidad de esa interpretación de la historia que le muestra a los hombres sus límites ("y en esto había mucho que considerar")[91] –no en vano él mismo es clérigo–, lo decisivo es que considera el argumento teológico-mítico parte de las difundidas equivocaciones, de los intentos de explicación que, precisamente, no descubren la raíz del mal. El título de este capítulo reza: "No acusan el daño de España las causas que comúnmente se dan"[92]. En su opinión no hay que hacer responsables de los acontecimientos del momento ni a la providencia ni al curso natural, aunque como *loci communes* se presten para ello, sino más bien a la todopoderosa competencia económica extranjera y a la falta de un mercantilismo nacional propio, circunstancias estas hacia las que le gustaría dirigir la atención.

Al proponer la creación de una universidad que se debería especializar en el estudio de los problemas políticos, Moncada persigue también el objetivo de liberar la actividad humana derivada de las estructuras obsoletas de la realidad y de la conciencia que impiden la posible actividad. El abandono de los modelos interpretativos míticos que se vislumbra en el mencionado pasaje y el giro hacia un mundo que puede ser influenciado conscientemente experimentarían aquí, en cierto modo, una institucionalización.

El último discurso de su *Restauración política* está dedicado por entero a este proyecto. Moncada piensa que en la corte se debería crear algo como una universidad para los directivos: una universidad propia para las ciencias políticas a la que deberían asistir obligatoriamente todos los nobles que participen en el gobierno –en esa época, solo este estamento entra en consideración para tales tareas– e incluso el rey[93]. ¡Nada más deseable en estos tiempos que un "rey inteligente"[94]! Junto a la imprescindible formación de los responsables

---

91 Moncada, ibídem, p. 98.

92 Ibídem.

93 Esta reivindicación crítica encontrará resonancia, como veremos, en la obra de Quevedo; véase p. 219.

94 Ibídem, p. 239.

–como subraya Moncada– tal institución adoptaría también la función de una instancia asesora del gobierno para los problemas de actualidad. La necesidad de reaccionar a una realidad política extremadamente compleja y en constante cambio es un importante argumento para la fundación de tal universidad, "porque cada día se ofrecen a un reino casos nuevos, con infinitas combinaciones de circunstancias"[95].

Los problemas nuevos y específicos exigen también un nuevo método con el que poder reflexionar la realidad en cuanto realidad específica. Por eso, la política de Moncada adquiere precisión como ciencia prioritariamente empírica. Aunque enumera una serie de autores, "de lo antiguo y moderno"[96], que podrían ser leídos en la escuela planeada, sin embargo añade lacónico: pocos le serán de utilidad a la política española. Los consejos de las autoridades antiguas, en especial, podrían ser perjudiciales si se quieren aplicar a una situación actual distinta. Por eso, lo que podría llevar a cabo la universidad proyectada sería un análisis propio de la específica y compleja situación del país: "hacer una breve y clara Recopilación conservativa individualmente de esta Monarquía"[97], esto es, un análisis empírico que, gracias a sus conclusiones, podría actuar al mismo tiempo como programa de rescate para la sociedad española.

Con estas ideas críticas se confirma también en el caso de Moncada la relación que estableció Tomás de Mercado entre un desarrollo universal de las capacidades humanas de subjetividad y la praxis burguesa. El rescate burgués de la sociedad significa al mismo tiempo, en su caso, el intento de liberar la conciencia de los mitos transmitidos y de las obligaciones de autoridades espirituales, los que ahora considera límites que se han hecho disfuncionales, por lo que el rescate se revela como salvación de los intereses vitales en un sentido lato. En la perspectiva desde la que él observa la realidad contemporánea, tanto la razón es burguesa, como el burgués[98] el que afirma la razón contra todo lo que limita sus posibilidades.

---

95 Ibídem, p. 230.
96 Ibídem, p. 238.
97 Ibídem.
98 Sobre el uso hipotético del término "burgués", véase p. 63.

Precisamente en el proyecto de la nueva universidad se hace patente que la voluntad que tiende a la independencia intelectual es también la voluntad de querer controlar más el destino social mediante la propia sociedad. Moncada quiere entender la política como ciencia secular, orientada nada más que en la realidad; dice apodíctico: "el gobernar es ciencia, y toda ciencia es cierta e infalible"[99]. Reivindicando empirismo,[100] se separa de la práctica científica escolástica todavía vigente en España; y así también, colocando la política sobre la base de una generalidad objetiva y haciéndola, con ello, socialmente comprensible y, en definitiva, también demandable, reduce la arbitrariedad del soberano absolutista, a quien quiere encargarle, por decirlo de algún modo, la gestión de los intereses de toda la sociedad.

Estas observaciones e ideas de Moncada también documentan lo que atestigua su argumentación económica casi de forma abrumadora: que en su perspectiva la praxis burguesa no solo permite subjetividad y universalidad, sino que ahora, incluso, es su única garantía.

Lo que esta circunstancia significa para la sociedad feudal de la época lo explica Cellorigo. Mientras que, para él, la actividad burguesa es ya desde hace mucho una "legítima ocupación", considera que, entretanto, habría que legitimar la forma de vida feudal, aunque no duda de que tal justificación ya es imposible. Esa extrañeza ante la propia sociedad la expresa en su *Memorial* con las siguientes palabras:

> Lo que más ha distraído a los nuestros de la legítima ocupación, que tanto importa a esta república, ha sido poner tanto la honra y la autoridad en el huir del trabajo: estimando en poco a los que siguen la agricultura, los tratos, los comercios, y todo cualquier género de manifactura: contra toda buena política. Y llega a tanto, que por las constituciones de las órdenes militares, no puede tener hábito mercader ni tratante: que no parece sino que se han querido reducir estos Reinos a *una república de hombres encantados*, que vivan fueran del orden natural.[101]

---

99 Ibídem, p. 233.
100 Cf., pp. 222 ss.
101 Cellorigo, ibídem, fol. 26 a.

Pocas veces se ha formulado de forma tan escueta y precisa la relación entre el comportamiento económico de la sociedad española y su carácter, cada vez más alejado de la realidad y más soñador. Dicha sociedad, al establecer una distancia tan tajante entre el ámbito productivo y sus ideales sociales, de tal modo que a los comerciantes y negociantes no se les permite acceder a las órdenes militares y, con ello, a los círculos sociales relevantes, y al querer posicionarse contra cualquier razón política, como dice, más allá de sus propios modos de subsistencia, de la agricultura, el comercio y la manufactura, se caracteriza por un terrible enajenamiento de la realidad que la convierte en una "república de hombres encantados".

Por eso, Pierre Vilar ha visto en ese pasaje el fundamento de la interpretación histórica del mayor documento literario de la época, aparecido por los mismos años, la del *Quijote*: la huida de la realidad que emprende el caballero de la triste figura es la de la propia sociedad española[102].

Además de la metáfora del encantamiento, Cellorigo utiliza otro término para describir a sus contemporáneos:

> … tan llevados de tanta *vanagloria*, que los hace despreciar la justa ocupación de sus personas, y no es tenido por honrado, ni principal sino es el que sigue la holgura y el paseo, a que todos aspiran por ser estimados, y más respetados del vulgo, contra lo que las demás naciones siguen y profesan.[103]

Qué duda cabe de que es identidad lo que busca, en esa huida del trabajo, la nobleza contemporánea y todo aquel que vea en ese estamento su ideal social. Cellorigo menciona la "autoridad" y la "honra" (en la cita anterior a ésta), es decir, la unidad de la calidad personal y su reconocimiento social, como la meta que se alcanzaría mediante

---

102 Vilar apunta: "A este 'hombre encantado que vive fuera del orden natural', Cervantes, en 1605, va a darle un nombre inmortal. Pero lo admirable es que Cellorigo haya vinculado con tal fuerza la superestructura ilusoria, mítica y mística de su país y de su tiempo, al carácter parasitario de la sociedad, al divorcio entre su manera de vivir y su manera de producir". Vilar, *El tiempo del Quijote*, ibídem, p. 122.

103 Cellorigo, ibídem, fol. 15 b.

el cese de una confrontación activa con la realidad. Esa aspiración al valor personal y a la honra (ser "honrado" y "principal") sin estar mediada ya por praxis alguna, la desvela el autor, sin embargo, como "vanagloria", porque precisamente ya no se puede justificar mediante ninguna realidad. Solo en la "holgura" y en su manifestación pública, el "paseo" es donde la sociedad feudal española quiere asegurarse todavía de su identidad, pero precisamente por eso –al contrario que el resto de las naciones–, por no ser capaz de vincular su pretensión en la actualidad realmente con sus problemas específicos como la economía monetaria, destruye ella misma lo que espera mantener y asegurar.

Con este desenmascaramiento de una sociedad que emprende, en cierto modo, orgullosamente el camino hacia la propia irrealidad, queda señalado la consecuencia más extrema del desarrollo histórico que lleva desde el feudalismo medieval hasta el de principios del XVII, y desde la escolástica hasta los arbitristas. Para observadores críticos como Cellorigo y Moncada, se ha invertido, como predijo Mercado, la relación de los burgueses y de la sociedad feudal establecida por santo Tomás. Mientras que el último le otorga al burgués una posición meramente marginal y lo priva, en definitiva, de identidad por cuestiones morales, los otros autores citados consideran ahora al burgués como una figura de cuya praxis depende la relación universal con el mundo, la autoafirmación y la responsabilidad social, en una palabra: la identidad; mientras que la sociedad feudal vigente, en su existencia parasitaria, ni actúa a nivel universal de forma responsable ni logra autoafirmarse de forma duradera[104], de ahí que ahora aparezca al margen de la realidad y afectada por una pérdida de identidad. En el momento en el que la nueva sociedad –como la que se ha constituido en Europa, fuera de España– consigue tener realmente una abundancia, hasta ahora inimaginable, de relación con el mundo y resolver en mayor medida sus problemas, la pretensión de la antigua sociedad de ocupar el centro de su mundo, pretensión

---

104 Cellorigo considera que esto, al fin y al cabo, ya se ha comprobado hace tiempo y comenta: "esta soberbia y vana presunción ha destruido esta república, y de rica y poderosa más que otra ninguna, la ha hecho pobre y falta de gente…"; ibídem.

que le había correspondido en el pasado y que sigue manteniendo
todavía, se desintegra en un gesto hueco; como mucho, experimenta
aún su identidad en la escenificación artificial de ésta misma, al intentar ostentar una ociosidad que confunde con una praxis garanti-
zadora de identidad.

IV. El dinero, la pequeña nobleza y el problema de la identidad; "soy poeta"

> No hay dinero que jugar,
> Y juégase del vocablo.
> Lope de Vega[1]

Antes de analizar de qué forma la obra de Quevedo refleja, en la temática del dinero, los problemas específicos desde el punto de vista social, queremos plantear la cuestión de cómo vive el autor el tema del dinero en relación con su situación personal. La sensibilidad que muestra al respecto, ¿no se debe acaso a un latente sentimiento de inferioridad de un señor feudal con un estatus relativamente, rodeado de una sociedad marcada por la economía monetaria? Veremos, además, cómo se conectan ya, dentro de este marco personal, el dinero y el problema de la identidad.

1. Una ojeada a la biografía de Quevedo

Una ojeada a la biografía de nuestro autor (1580-1645) revela que tuvo una situación social insegura durante toda la vida y poco satisfactoria[2]. El padre, Pedro Gómez de Quevedo, era un hidalgo sin recursos materiales del norte de España que se las había arreglado

---

1   Cita tomada de Ernest Hall Templin, *Money in the plays of Lope de Vega*. Berkeley 1952 (= University of California Publications in modern philology. 38, I), p. 1.

2   J. M. Blecua en la introducción a su edición de *Poesía original*, ibídem, ofrece un conciso pero útil panorama sobre la vida de Quevedo. Por el contrario, el estudio de Luis Astrana Marín, *La vida turbulenta de Quevedo*, Madrid 1945², es más extenso, pero hay que tratarlo con cierta cautela (Blecua, ibídem, p. X). Más reciente y completa es la biografía de Pablo Jauralde Pou (ver Bibliografía).

buscando su sustento en la corte, donde ocupó un puesto subalterno
como secretario de Doña Ana, la esposa de Felipe II. La madre,
María de Santibáñez, descendiente también de muy vieja nobleza,
desempeñó la función de dama de la corte hasta que se casó. Con la
muerte de los padres el hijo hereda la vieja residencia familiar y
ciertas rentas[3], pero esta propiedad es ciertamente modesta y está ya
casi en ruinas, como advierte burlón el propio Quevedo[4]; y por la
mayor parte de sus bienes, provenientes de los censos, tendrá que
pleitear durante toda su vida[5]. La madre había prestado una suma
importante como crédito al Concejo de la Torre de Juan Abad, una
población en el sur de La Mancha, para que éste pudiera librarse de
la jurisdicción de la villa vecina; sin embargo, no se realiza el reem-
bolso de esa inversión de capital, un tanto desafortunada, y hay que
recurrir una y otra vez a enredosos juicios.

Quevedo, ciertamente, abriga esperanzas de que su situación
económica y social pudiera mejorar y estabilizarse cuando el Duque
de Osuna lo lleva a Palermo en 1613 y pocos años más tarde, nom-
brado ya virrey, a Nápoles. Esta época, en la que nuestro autor es,
en cierto modo, la mano derecha de Osuna, es en la que cumple diferentes misiones diplomáticas, la que más se ajustaría a sus ambiciones y, seguramente, la más libre de preocupaciones. En 1617,
como reconocimiento a su actividad política, se le concede el hábito
de Caballero de Santiago, lo que supone más prestigio social que
ventajas económicas, y una renta real relativamente modesta[6].

Tras regresar de Nápoles (1618) –a Osuna se le ordenó regresar
dos años más tarde y muere, despreciado en la cárcel, en 1624– y
después de haber estado exiliado de la corte por algún tiempo se esfuerza por acercarse también a los nuevos gobernantes, Felipe IV y
Olivares, dedicándole obras al ministro y afanándose en defender su

---

3   Astrana Marín, ibídem, p. 30, 183 s.
4   "… Que es mi casa solariega/ diez puntos más que las otras,/ pues que, por falta
     de techo,/ le da el sol a todas horas"; poesía núm. 741, 25-28. Cf. Astrana Marín,
     ibídem.
5   La historia de estos litigios la documenta Ángel González Palencia, *Quevedo
     pleitista*. En: del mismo, *Del "Lazarillo" a Quevedo*. Madrid 1946, pp. 305-418.
6   Astrana Marín, ibídem, pp. 227 s.

política económica en *El Chitón de las Tarabillas*. Sin embargo, ya no consigue cambiar su estatus social y queda marginado. En 1631 se le nombra secretario real, pero, en realidad, ese título no conlleva ninguna función ni importancia. En 1634 se casa; de ese matrimonio se sabe poco más que se deshizo dos años más tarde después de los litigios por la dote que Quevedo no pudo cobrar[7]. Aunque se había comprado una casa en Madrid durante su época italiana, en los últimos años se retira cada vez con más frecuencia a la del campo de la Torre de Juan Abad. Esta retirada se debe también a los costes de la vida, como anota Quevedo en una carta: "Yo, señor, me hallo tan pobre y falido, que, por no poder sustentarme en otra parte, vivo en este retiro" (1635?)[8]. Tras cuatro años de prisión en San Marcos de León (1639-1643), por una causa que aún no ha sido aclarada lo suficiente[9], muere en 1645, en Villanueva de los Infantes, un pueblo vecino a la Torre de Juan Abad.

La vida de Quevedo, si bien tiene mucho de extraordinario, por lo que respecta a sus conflictos se puede resumir como la de un típico representante del grupo de los hidalgos. Orgullo por una nobleza generalmente centenaria, pero sin la base material que pueda garantizar una vida conforme al estrato social; marginado en la corte, este grupo se caracteriza por el abismo doloroso que se abría entre la conciencia social de sí mismo y su existencia real. "Sus componentes", advierte Serrano Poncela poniendo la mirada en Quevedo, "tenían plena conciencia del conflicto que produce la inadecuación entre lo que se es y lo que se pretende ser"[10]. La agresividad, la ironía y también una sensible conciencia del *yo*, todas ellas características de Quevedo como autor, se deberían esencialmente, de acuerdo con Serrano Poncela[11], a su tensa situación social.

---

7   Ibídem, pp. 449 ss.

8   *Epistolario*, ibídem, p. 284.

9   Cf. P. 212; Blecua, ibídem, p. LIV ss. Véase también Pablo Jauralde Pou, *Francisco de Quevedo* (1580-1645. Madrid: Castalia 1999, pp. 761 ss.

10   Segundo Serrano Poncela, *Estratos afectivos en Quevedo*. En: del mismo, *El secreto de Melibea*. Madrid 1959, pp. 37-54 (aquí: p. 38).

11   Sobre Quevedo como representante de una "especie intermedia" social dividida en sí misma, comenta: "De aquí una obra y una conducta personal en Quevedo

2. Las dificultades de definirse a sí mismo y una posible función de la poesía

Queremos presentar aquí cuatro textos en los que, con diferentes acentos, se reflexiona la repercusión del problema material sobre el concepto que tiene de sí mismo el señor feudal, y en los que, al mismo tiempo, el papel y la actividad del productor literario se presenta como una salida que puede sacar de la inseguridad de ese concepto que tiene de sí mismo. Un quinto texto, intercalado entre los otros (apartado c), servirá de contraste y mostrará las condiciones que aseguran que no se produzca tal inseguridad.

a) El primer ejemplo lo constituyen las *Epístolas del Caballero de la Tenaza*. El contenido de esta obra temprana[12] se anuncia en el subtítulo como "muchos y saludables consejos para guardar la mosca y gastar la prosa"[13]. Mérimée ha llamado la atención sobre el hecho de que Quevedo, con los consejos de su caballero sobre cómo guardarse mejor de las exigencias de los acreedores y mantener su dinero, recurre a ejemplos que habían aparecido en España y en Italia hacia finales del siglo XVI[14]. Sin embargo, las epístolas muestran que Quevedo podía entender muy bien el problema del "Arte de conservar el dinero en la bolsa" –según el título de uno de los precursores– y presentarlo convincentemente como conflicto.

Los problemas económicos que sufre su caballero se deben, sobre todo, a la relación de éste con una dama, que parece abrumarlo con reclamaciones por los favores prestados. Una vez quiere que le prepare una merienda (epístola VII), otra tela para un vestido (IX), luego diferentes "niñerías" (XIII) que a él le resultan desconocidas, y, al final, exige que le pague su alquiler (XV).

---

cargadas de agresividad, ironía, audacia, resentimiento, conciencia singular de la persona, escepticismo y al final, esa actitud desengañada y estoica de quien está de vuelta de tantas cosas deseadas y no conseguidas"; ibídem.

12 Sobre la datación, véase la anotación de Felicidad Buendía, Pr. 85.

13 Pr. 85.

14 Ernest Mérimée, *Essai sur la vie et les œuvres de Francisco de Quevedo*. Paris 1886, p. 142, nota 2.

Por cierto, este tipo de relación amorosa a la que aquí se refiere Quevedo era una costumbre muy difundida en la corte. Entre las favoritas y las simples prostitutas ("tapadas") estaba el grupo de las "mancebas", mujeres que, como amantes, eran mantenidas durante largo tiempo por hombres acaudalados[15]. Estas damas tenían conciencia de su elevado rango social y, por lo tanto, no se frenaban en sus exigencias: dejaban que sus amantes les alquilaran una casa y las proveyeran de delicatessen, vestidos, joyas y, por supuesto, de dinero.

Para el caballero de la Tenaza, una relación con una manceba, al parecer, lo sobrepasa. Se niega a satisfacer las peticiones de la dama y le pide incluso amor gratis ("Yo soy un amante mendigo"; VI). La reclamación de los cien ducados para el alquiler le produce tal pánico que amenaza con huir al desierto y buscarse una bella salvaje y campestre (XV). Si bien maldice el descaro y la avaricia de su dama, y también la de sus parientes, –pues aunque quiera dormir con la nieta no piensa pagar a toda la parentela– el verdadero problema es que "todo se acaba, y el dinero más presto, si no se mira por él" (XX).

Esta conclusión nos deja perplejos por su simpleza, sin embargo hace suponer consecuencias de hondo calado. El hecho de que el hidalgo tenga dificultades con sus ingresos, los que al parecer no llegan con regularidad y amenazan constantemente con agotarse, no solo conlleva restricciones materiales sino también un resquebrajamiento del concepto de sí mismo. Cuando su amante quiere encargarle la compra de diversos regalos, él le escribe que, al parecer, lo ha tomado por otro: "sin duda me ha juzgado por un Fúcar" (XIII). Un Fugger[16], un hombre acaudalado, no es. Pero, entonces, ¿quién es?

Una posible identificación es la que ofrece la tía (V). Él se queja de que las dos juntas se mofaron de su pobreza ("hicieron vuesa merced y su tía burla de mi miseria"), además de "apodarme y reírse". Pero incluso a él mismo le ha parecido gracioso cómo lo ha caracterizado la vieja:

---

15 Helga Thomae, *Französische Reisebeschreibung*…, ibídem, pp. 135 s.

16 "FUCAR. s.m. El hombre rico, hacendado, y que tiene grandes conveniencias. Tomóse la voz de los Condes Fúcares Alemanes, que adquirieron mucho caudal"; *Autoridades.*

> "¡Qué caraza de estudiantón! ¡y qué labia! Hiede a perros, y no se
> le caerá un real si le queman." (V)

Ciertamente, esta imagen que ofrece la vieja de nuestro caballero no
tiene nada que ver con la de un cortesano cosmopolita; a ella le
parece un ratón de biblioteca ("estudiantón"), cuya "labia"[17] se nota
tanto como su tacañería. En cuanto al mal olor que se le atribuye[18],
haciendo referencia a su avaricia, el caballero replica que se tapen la
nariz, pues le da completamente igual lo que los demás piensen de él
mientras nadie le eche mano a su monedero: "Yo confieso que lo parezco todo, como mi dinero no padezca" (V). Más que el aspecto fí-
sico que presenta y la valoración social que los otros puedan hacer al
respecto, lo que le parece importante, según sus propias palabras, es
la salvación de su propiedad amenazada.

La indiferencia con la que el autor de las cartas presenta el des-
concierto de su autodefinición aparece, no obstante, como mero impulso de protección contra una experiencia amarga. Lo que se desprende de la cita tan plástica que sigue a continuación es más
desvalimiento que orgullo:

> ¡Qué figura quiere vuesa merced que haga un estudiantón entre
> Julios y Octavios, hablando dineros y escupiendo reales? Pues
> entre todas las naciones, sólo el pobre es el extranjero, y ha menester
> ser un mohatrón para que le entiendan esos señores. (VIII)

En resumen, se diría que lo que se bosqueja aquí es la situación de
un representante de la pequeña nobleza dentro de la sociedad cortesana de su época. Lo que desearía es poderse contar entre ellos, pero

---

17   "LABIA. s.f. El modo de hablar suave, persuasivo y afluente"; *Autoridades*.

18   Covarrubias anota un uso parecido: "Heder a perros muertos, es oler muy mal";
      Sebastián de Cavarrubias, *Tesoro de la lengua castellana o española*, según la
      impresión de 1611, con las adiciones de Benito Remigio Noydens publicadas
      en la de 1674, Barcelona, edición de Martín de Riquer, 1943 (en adelante se
      citará como "Covarrubias"). Además, en este contexto, también se alude a "pe-
      rra" en el sentido de moneda: "Soltar la perra. En Aragón vale gastar dinero";
      Autoridades. Por lo tanto, parece lógica la interpretación de que aquí se estaría
      aludiendo a la avaricia del caballero: se supone que tiene dinero (al que apesta),
      pero no suelta un ápice.

por su estrechez económica no experimenta más que la propia marginación. Entre la *High Society* internacional de Madrid, en medio de comerciantes y banqueros genoveses ("Julios y Octavios")[19], el hidalgo, culto pero con hacienda limitada, aparece como una figura fuera de lugar e incluso ridícula. Constata que, en los círculos entre los que se mueve, la comunicación no se basa en absoluto en palabras, sino en dinero. Como él mismo no puede participar en tales discursos –pues, al fin y al cabo, no es ningún "mohatrón"– descubre que en su propio ambiente social es un extranjero y un excluido, mientras que los que él considera los verdaderos extranjeros se mueven como pez en el agua.

Al preguntar qué se podría esperar del comportamiento de un "estudiantón" entre tantos genoveses ricos, el autor de las cartas acepta la identificación propuesta por la tía de la amante: la del intelectual pobre. Así pues, el caballero realmente quiere intentar también compensar su dolorosa escasez monetaria mediante la ingeniosa producción lingüística. En su opinión, "lo que cuesta es feo, y no hay donaire donde hay perdidura", de ahí que, en lugar de dinero, prefiera poner en circulación lo verbal: "Dejemos el dinero como si tal no hubiera sido, y anden finezas y requiebros por alto" (XII). Con su riqueza lingüística promete incluso ser gastador:

> Estése quieto el pedir, y anden los billetes por alto: que yo ofrezco escribir más que el Tostado. (XVIII)

Que se acaben, pues, las constantes exigencias materiales, y se darán en exceso las pruebas de amor por escrito. Él ofrece una productividad tan enorme que sus cartas, dice bromeando, superará en volúmenes

---

19 En Madrid, a los genoveses se les contaba entre la gente más acaudalada. Si Quevedo habla aquí de extranjeros ricos mencionando nombres que son más típicos en Italia que en España, es seguramente porque se refiere así a ellos. En otro pasaje, esos dos nombres los relaciona con la noción de riqueza: "Naciera yo Octavio o Julio, / y conociera dineros…"; poesía, núm. 805, 9-10 (cf. también núm. 639). Uno de los grandes banqueros genoveses que surgieron en el siglo XVII al servicio de la corona española fue Octavio Centurión; A. Domínguez Ortiz, *Política y hacienda de Felipe IV*, ibídem, p. 111; tal vez se refiera a él Quevedo. Véase además, poesía núm. 674, que trata explícitamente sobre la rivalidad con un genovés ("Yo la quiero como debo,/ y un ginovés como paga"; 2-3).

a la obra de Alonso de Madrigal ("El Tostado"), un teólogo y polí-
grafo del siglo XV que más tarde llegaría a ser proverbial[20].

Con lo cual, el Caballero de la Tenaza ha convertido, conscientemente, en patrimonio personal la elocuencia ("labia") que le atribuían los otros de forma burlona y a la vez aprobatoria, un patrimonio con el que espera ocultar su miseria económica y protegerse de
la pérdida del rango social. El hecho de que se le asigne, en concreto,
los atributos de estudioso y retórico, es lo que hace suponer, precisamente, que Quevedo –quien no sólo fue poeta sino que ejerció
como filólogo humanista[21]– estaría integrando en estas epístolas sus
propios miedos y experiencias.

b) En el segundo texto nos encontramos con un modelo argumentativo o de comportamiento parecido. Nos referimos al "Romance burlesco", poesía núm. 799, que trata de los intentos de acercamiento de un amante a su dama, el cual pretende evitar ya desde el
principio malentendidos, pues a él no le sacará dinero. Con esto, el
poeta da a entender aquí que escribe sobre una relación personal, sin
invenciones: "no hay aquí nombres fingidos / de Filis, ni de Belardo,/
que ella es Juana y yo Francisco"[22]. Al galantear a la cortejada le
aclara, sin pelos en la lengua, lo que de él puede esperar:

> 25   Si no me pidieras nada,
>   y me dieras lo que pido,
>   tuviera yo más dineros,

---

20   "Aludiendo a Alonso Tostado (o Alonso de Madrigal) se dice: HA ESCRITO
      MAS QUE EL TOSTADO: loc. con que se designa a una persona que ha
      escrito mucho, bien como autor, bien como copista, aunque más frecuentemente
      en el primer sentido"; *Enciclopedia ilustrada europeo-americana (Espasa-Calpe)*.
      Madrid 1928, Art. "Tostado".

21   Por los años en los que probablemente escribe las *Epístolas del Caballero de la
      Tenaza*, establece correspondencia en latín con el humanista belga Justus Lipsius
      sobre problemas filológicos (*Epistolario*, pp. I ss.) y traduce a Anacreonte, Fo-
      cílides y las elegías de Jeremías (*Lágrimas de Hieremías castellanas*. Edición,
      prólogo y notas de Edward M. Wilson y J. M. Blecua. Madrid 1953).

22   Filis y Belardo son nombres que Lope de Vega utilizó para su propia historia de
      amor; nota, Blecua, *Poesía*, p. 1120.

y menos voces contigo.
No sé cómo se dan agnus,
30   ni cómo se dan vestidos,
que por mí, aunque andes en cueros,
no se me dará un comino.
Si quieres dientes de perlas,
ojos de cielo y zafiros,
35   tu boca será medida,
porque en versos soy un indio.
Si quieres manos de plata,
y pies de diamantes finos,
un Fúcar soy de poesía,
40   daréte de oro un abismo.
Tendrás el tierno soneto
recién sacado del nido,
la redondilla sabrosa,
romances como brinquiños.

Aunque aquí el ambiente es mucho más sencillo que el del salón en el que el caballero de la Tenaza se tenía que confrontar con ricos extranjeros –es invierno, están sentados envueltos en mantas, beben vino y comen castañas junto a un brasero– al parecer, también ahora el autor se encuentra con el problema de tener que volver a definir su papel social. Las expectativas que se suelen tener del amante –regalos como joyas ("agnus"; "brinquiños")[23], ropa, oro y plata– él no las puede cumplir y, en su lugar, presenta riqueza literaria casi como lo haría un comerciante con su mercancía. No solamente quiere utilizar los objetos y metales preciosos como metáforas de la belleza de la amada, citándolos generosamente, sino sustituirlos en general por su arte: los sonetos, tiernos como un pajarillo, las sabrosas redondillas y los brillantes romances son los manjares y tesoros que puede ofrecer como amante. El hecho de que se llame a sí mismo un Fugger de la poesía y un indio de los versos –con indio se refiere a los que se habían enriquecido en América– no se debería sólo a la consecuencia de la imagen poética, expuesta de una forma tan atractiva. Lo que se

---

23   "Agnus o agnusdei, relicario que las mujeres especialmente llevaban al cuello. Brinquiños, alhajas pequeñas que colgaban de las tocas y con el movimiento parecían brincar"; nota de Blecua, ibídem.

expresa con esto también es que, el autor, con su papel de poeta, quiere llenar un vacío en su propia persona[24], en una época en la que los tratantes, banqueros y nuevos ricos hacen tambalear las definiciones sociales tradicionales, y en la que no ser uno mismo un "Fúcar" supone una amarga experiencia, como hemos visto en las epístolas.

c) En este pasaje es recomendable intercalar un texto que puede servir, en cierto modo, de contraste a lo presentado hasta ahora. En él se trata también el problema de las aspiraciones sociales y su realización, pero aquí se celebra una situación en la que, excepcionalmente, no se presenta ese problema.

Nos referimos al poema núm. 725, que se ha transmitido con el título de "Responde a la carta de un médico". Desde Sierra Morena (1), en concreto, seguramente, desde la Torre de Juan Abad, Quevedo le escribe a un médico las razones por las que se ha ido de la corte y retirado al campo. De este modo, si bien utiliza un tópico literario –*Menosprecio de corte y alabanza de aldea* (1539) se titula el famoso libro de Antonio de Guevara– lo que expone se puede interpretar, con buenas razones[25], como un testimonio en gran medida autobiográfico (aquí sí parece recurrir a experiencias personales). El autor menciona los años que tiene, treinta y tres, cuando escribe el poema (15-16), de lo que se deduce que corre el año 1613. Ciertamente, desde 1612 se había instalado en la Torre de Juan Abad, donde se dedicaba al estudio de la lírica religiosa y de la filosofía estoica[26].

Tras la típica alabanza a la naturaleza, que se opone a la artificialidad de la corte y a los "cortesanos laberintos" (26), se revelan de

---

24 Pero tampoco se hace ilusiones respecto a la eficiencia de la poesía como medio de prestigio social, en comparación con la eficacia del dinero. En la poesía núm. 674 se pregunta a quién apreciará más la dama cortejada por dos pretendientes, al poeta con su "letra" (= una forma poética) o a un genovés con dos "letras" (un tipo de cheque) de Besanzón: "Cuál tendrá más opinión/ con ella en la poesía,/ yo con una letra mía,/ y él con dos de Bizanzón?" (21-24), a lo que contesta resignado: "la letra de cambio traga:/ no escucha la que yo llevo" (25-26).

25 Astrana Marín incluso incluye el poema como documento autobiográfico en su edición del *Epistotario* (Carta IX).

26 Cf. Cartas VI-VIII; Quevedo, *Epistolario*.

forma más clara las razones por las que esa estancia le resulta tan agradable. Cuando escribe:

> Por acá Dios sólo es grande,
> porque todos nos medimos
> 35   con lo que habemos de ser,
> y ansí todos somos chicos,

está lanzando, ciertamente, una crítica moral: en la corte los hombres olvidan que ante Dios son insignificantes y que nadie puede vanagloriarse de la propia importancia, por lo que crean diferencias sociales y aspiran a un ascenso; sin embargo, con esto, estaría expresando al mismo tiempo el alivio que le produce poder disfrutar en el campo de una situación en la que no siente la presión de tener que asegurar y defender su estatus de señor feudal frente a los poderosos y advenedizos.

Especialmente en su relación con las mujeres del campo queda claro el aprecio que le tiene Quevedo a la naturalidad ("deseo/ vivir en el adanismo"; 142-143). Mientras que en Madrid siempre hay que invertir algo para el amor, aquí todavía es gratis, tal y como lo formula drásticamente en sus versos: "A las que allá dan diamantes,/ acá las damos pellizcos"; 106-107. Y en alabanza a las "mujeres de esta tierra", continúa diciendo de forma inequívoca:

> Si nos piden, es perdón,
> 115   con rostro blando y sencillo,
> y si damos, es en ellas,
> que a ellas es prohibido.

La alabanza a la vida campestre natural se refiere, con otras palabras, a un estado social en el que las relaciones humanas están a disposición y al alcance de uno como la naturaleza. Esto corresponde totalmente a las ideas que podía tener un señor feudal con respecto a sus relaciones sociales. Antes de pedirle algo por sus servicios, las mujeres le expresan sentimientos de culpabilidad. La reivindicación de la igualdad a la que aspiran las cortesanas insistiendo en los pagos, parece no haber llegado aún al campo, por lo que el hidalgo aquí refugiado ya no se siente acosado.

Su satisfacción bucólica, por lo tanto, tiene razones materiales y sociales muy concretas:

> 126 Esta en fin es fértil tierra
> de contentos y de vicios,
> donde engordan bolsa y hombre
> y anda holgado el albedrío.

La forma de vida que él busca, en el campo es todavía barata; aquí un representante de la pequeña nobleza aún puede vivir alegre y por su cuenta, sin costarle mucho y, además, se recuperan él y su monedero, ahorrándose la experiencia de verse limitado en sus posibilidades.

En un pasaje de esta carta-poema, Quevedo habla explícitamente de cómo vive su retirada en relación al concepto que tiene de sí mismo. A la pregunta de su corresponsal sobre si se encuentra en su dulce retiro, contesta con un juego de palabras:

> Si me hallo, preguntáis,
> en este dulce retiro,
> y es aquí donde me hallo,
> 20 pues andaba allá perdido.

Quevedo hace uso de los dos significados de "hallarse": estar en un lugar y lo contrario de perderse, encontrarse. Ahí donde se halla también se ha encontrado a sí mismo. Mientras que en la corte ve a su *yo* desavenido y perdido, la estancia en el campo le ofrece, como indica el poema, la confirmación de su identidad como señor feudal. Aquí, al parecer, se consigue todavía escapar de la contradicción social en la que está enredado el hidalgo y llegar a un equilibrio entre el concepto que tiene de sí mismo y la realidad.

En comparación con los dos textos anteriores llama la atención que, en esta situación, no parece necesario referirse a la producción literaria como medio de trueque personal. Donde la pretensión de poder del caballero no se cuestiona, como es el caso en el trato con las mujeres del campo, resulta superflua la presión de convertir la literatura en una cualificación social sustitutoria que ayudaría a superar los problemas personales de estatus.

Pero no es sólo el carácter idealizante del texto el que, al fin y al cabo, muestra que esa armonía con el propio *yo*, reducida al enclave rural, de la que goza Quevedo, parece limitada y quebradiza. En el otoño del mismo año el autor acepta la oferta de Osuna y se va a Palermo.

d) Quevedo raramente expresa satisfacción con su propia situación social; uno se podría preguntar, además, si también la alabanza de la pobreza, de la que se ocupa en sus tratados ascéticos, no estaría reflejando, en el fondo, la racionalización de un déficit inalterable[27]. En un texto en el que el autor traza un autorretrato satírico, convierte la ruptura entre la pretensión y la existencia en la forma más acertada de caracterizarlo a él y a su situación.

El breve texto lleva por título "Memorial que dio Don Francisco de Quevedo y Villegas en una academia pidiendo una plaza en ella" (según Astrana Marín, alrededor de 1608 o 1609)[28]. En los años por los que se habría escrito había en Madrid un gran número de academias, círculos literarios que se formaban normalmente alrededor de un mecenas y en los que se celebraban, entre los poetas, certámenes sobre temas prefijados[29]. Es posible que Quevedo haya querido ingresar en uno de esos círculos con el "Memorial". Pero para nosotros ya es suficientemente interesante cómo se presenta a sí mismo en esas líneas ("Don Francisco de Quevedo, hijo de sus obras y padrastro de las ajenas, dice que..."):

> ... es hombre de bien, nacido para mal, hijo de algo para ser hombre de muchas fuerzas y de otras tantas flaquezas; puesto en tal estado que de no comer en alguno, se cae del suyo el hambre ... es rico y

---

27 En la cita que sigue a continuación de *Cuatro fantasmas de la vida* (1635), parece desconfiar él mismo de que con la alabanza de la pobreza no esté acaso racionalizando su propia precariedad. No obstante, descarta después tal sospecha e insiste en el sentido del ascetismo que él propaga: "Muchos presumirán digo mal de la riqueza, porque no la alcanzo; y de verdad yo digo bien de la pobreza porque me la aparta"; Pr. 1428 b.

28 Véase la nota de Felicidad Buendía a la Pr. 98.

29 José Deleito y Piñuela, *...también se divierte el pueblo. Recuerdos de hace tres siglos*. Madrid 1966³, pp. 164-169.

tiene muchos juros, de por vida de Dios; señor del valle de lágrimas;
que ha tenido y tiene, así en la corte como fuera de ella, muy
grandes cargos de conciencia ... es corto de vista, como de ventura;
hombre dado al diablo y prestado al mundo y encomendado a la
carne ... blanco de cara y de todo, falto de pies y de juicio ... y poeta, sobre todo, hablando con perdón, descompuesto, componedor
de coplas, señalado de la mano de Dios. (Pr. 98)

Este autorretrato se compone de una única hilera de antítesis y de
dobles sentidos. El autor se enfoca a sí mismo con la luz del desengaño
y se revela, implacablemente, como una contradicción viviente entre
el ser y el aparentar, dedicando mucha atención a su contradictoria
existencia social. Es "hombre de bien" e hidalgo, proviene de una
honorable nobleza, sin embargo, parece que esta proveniencia ya no
es suficiente para definirse a sí mismo, pues falta la base material
para llevar una vida de acuerdo con el título nobiliario. Se encuentra
en tan elevado estado, dice mofándose, que se morirá de hambre si
no encuentra un cargo que lo alimente (como el "estado eclesiástico"
en el que, por ejemplo, Góngora encontró su sustento). Menciona
tres importantes fuentes de ingresos a las que podían recurrir los
nobles de la época, pero a las que él no tiene acceso. En primer lugar,
los "juros", esto es, o bien las rentas que concedía el rey por algún
servicio prestado o bien el dinero invertido en forma de créditos a la
corona. Nuestro autor asegura ser rico y poseer muchos de tales
juros, pero los define como una clase muy particular, a saber, "de
por vida de Dios". Con esta fórmula de juramento[30] hace resonar en
los "juros" la palabra "jurar", con lo que viene a decir que, en realidad,

---

30 A pesar de las reservas, citamos de un diccionario moderno: "JURAR POR.
    Fórmula de juramento que, seguida de 'Dios, honor', o el nombre de una cosa
    de gran valor para el que jura, significa que se pone a Dios o al propio honor
    por testigo a garantía ... La fórmula de los juramentos solemnes es 'juro por
    Dios y por mi honor...'": María Moliner, *Diccionario de uso del español*. Madrid
    1971. Cf., también Moliner, Art. "Por vida de", y Autoridades, Art. "por vida".
    También habría que tener en cuenta aquí el giro de "de por vida" ("Modo ad-
    verbial, que vale Siempre, y por el tiempo de la vida"; *Autoridades*), que señalaría
    el derecho, para siempre, a los juros; pero el añadido "de Dios" remite a la fór-
    mula del juramento, con lo que ya no se sobreentiende una renta, aunque sea a
    tiempo limitado.

no participa en esa clase de riqueza propia de la época. Al contrario, a él lo que le quedan son juramentos. Luego se alude a las propiedades inmobiliarias y los derechos de los feudales ("señor del valle de..."), que para los señores constituyen, por así decir, la clásica fuente de ingresos. Pero Quevedo se considera sólo señor del valle de lágrimas, pensando, seguramente, en los disgustos que le causó la Torre de Juan Abad. Por último menciona los puestos dentro y fuera de la corte; pero aquí tampoco tiene acceso ni ninguna responsabilidad ("cargo"), sólo "cargos de conciencia".

La dolorosa contradicción entre el estatus heredado y la precariedad real se vuelve a resaltar cuando el autor da a entender que les tiene apego a los placeres terrenales. Mediante una drástica formulación confiesa haberse entregado al demonio, al mundo y a la carne. El disfrute de tales placeres es amargo para alguien que cree tener un derecho especial a ellos, pero que casi siempre está sin blanca ("blanco ... de todo"). Como en otros pasajes[31], aquí también se podría afirmar que Quevedo está seguro de ser un representante de los hidalgos que experimenta con especial pasión la contradicción de su grupo.

Por cierto, en el texto también llama la atención sobre sus defectos físicos. Menciona la miopía que sufre ("corto de vista"; los anteojos que lleva se llamarán más tarde "quevedos") y sus pies algo impedidos ("falto de pies"); padecimientos de los que sus coetáneos se burlaron muchas veces[32]. Sus estigmas físicos han contribuido, indudablemente, a una preocupación excesiva hacia su persona y agudizado aún más el sentimiento de marginación social.

---

31 También en la letrilla poesía núm. 676 ("Después que me vi en Madrid,/ yo os diré lo que vi"), Quevedo se coloca a la misma altura que otros respetables, pero hambrientos, hidalgos: "Vi de pobres tal enjambre,/ y una hambre tan cruel,/ que la propia sarna en él/ se está muriendo de hambre;/ vi, por conservar la estambre,/ pedir hidalgos honrados/ al reloj cuartos prestados,/ y aun quizá y los pedí"; 21-28. Cf. también la poesía núm. 750 (de nuevo una negativa a una mujer exigente): "Y aunque la parezco pobre,/ tengo razonable hacienda:/ un castillo en un ochavo,/ y una fuente en una pierna ... y de mil torres de viento/ es señora mi cabeza" (149-156) y 125-144.

32 Serrano Poncela, ibídem, pp. 53 s. El mismo Quevedo a propósito de un adversario: "Dice que soy cojo y ciego; si lo negase, mentiría de pies a cabeza..."; Pr. 498 a.

Quevedo concluye su retrato presentándose como poeta, la única definición positiva que se ofrece aquí.

Observamos que la forma en la que el poeta se presenta como tal está caracterizada por una reveladora tensión que se manifiesta doblemente. El atributo "descompuesto" que se le asigna al "poeta" se opone a dos atributos más, tanto a "señalado de la mano de Dios" como a "componedor".

Primero se llama a sí mismo poeta desvergonzado e irrespetuoso con las normas sociales ("sobre todo, hablando con perdón, descompuesto")[33], pero, no obstante, se siente "señalado de la mano de Dios" y afirmado por Él para su profesión. Su existencia personal es tan poco coherente y armoniosa como su arte conciliador, comedido y moderado; pero como artista también puede expresar su rebeldía y experimenta una legitimación, cuya importancia resalta haciéndola provenir de la más alta instancia. En el papel de poeta que, cuando escribe, no está obligado a respetar nada y puede vivir según su gusto, parece poder afirmarse a sí mismo y deja de verse sólo como una víctima de su contradictoriedad social (y sus defectos físicos). El hecho de que en su producción literaria se haga destacar de los demás por el juez supremo no carece de autoironía, sin embargo, en comparación con la caracterización que hace de sí mismo, por lo general desesperada, sí que revela un abierto orgullo por sus propias capacidades.

Con lo cual, la función que tiene la poesía para el poeta, tal vez se resalte aún más en la oposición entre "descompuesto" y el "componedor" que se añade inmediatamente como contraposición. El verbo "componer" se utiliza dos veces, una vez en forma de participio, negado mediante un prefijo, y otra sustantivado. Mediante esta relación de los dos atributos, el autor se presenta objetivamente como un *yo* dividido, desavenido, que logra, no obstante, una unidad componiendo coplas. Tal y como lo muestra el autorretrato, a Quevedo, en calidad de hidalgo, apenas le es posible tener una relación activa y de superioridad con la realidad; esta fisura interna se refleja también en el

---

33 "DESCOMPONERSE. v. r. Faltar a la mesura y modestia debida, alborotarse, exceder o salir de la regla que prescribe el juicio y cordura ... DESCOMPUESTO. Vale también immodesto, atrevido, osado"; *Autoridades*.

primero de sus atributos como poeta. Pero la autocalificación de "componedor" que se opone a ese primer atributo indica que, en el acto de la producción literaria, él mismo se experimenta y realiza como sujeto que proporciona unidad. La composición de poesía es un pequeño momento, y precisamente el único en este texto, que le permite ser activo y disponer con independencia de la realidad.

e) El último texto –cuatro versos de la poesía núm. 678– resume y lleva al extremo la conciencia del propio *yo* bosquejada en el "Memorial". El autor discute con la diosa Fortuna y se queja ("Es tu firmeza tan poca...") porque se siente mal tratado por su caprichoso gobierno. Pero, al final del poema, está seguro de poderse independizar de las influencias inconstantes de ella, y precisamente a su manera:

> 36   Ya no tengo que perder:
> que soy poeta en efecto,
> y por decir un conceto
> deshonraré una mujer.

Quevedo hace aquí expresamente de su producción artística un bastión al que se retira huyendo de su propia relación inestable con la realidad. Como él ya no tiene nada que perder –Fortuna es conocida por repartir bienes materiales– prefiere injuriar a una mujer, acaso la propia Fortuna, que prescindir de una formulación ingeniosa ("conceto"). Antes se juega sus relaciones reales que dejarse quitar otra vez la posibilidad de demostrar su capacidad de inventar relaciones artificiosas — Gracián más tarde definirá el "concepto" como la "artificiosa conexión de los objetos"[34]. Al poeta, en su situación, esto le parece la única posibilidad de experimentarse todavía como un *yo* auténtico consigo mismo y activo.

---

34   Baltasar Gracián, *Agudeza y arte de ingenio* (1642). En: del mismo, *Obras completas*. Estudio preliminar, edición, bibliografía y notas de Arturo del Hoyo. Madrid 1673³, p. 242. Véase también: "De suerte que se puede definir el concepto: Es un acto del entendimiento, que exprime la correspondencia que halla entre los objetos"; ibídem.

3. RESUMEN

Resumamos ahora lo que nos parece digno de destacarse de los textos citados para el contexto que estamos tratando. Quevedo registra de una forma muy susceptible los problemas que se le presentan a un representante de la pequeña nobleza en la sociedad de su época. Partiendo de la discrepancia entre la autoconcepción del hidalgo como señor feudal por una parte y, por otra, de la precariedad material –lo que, en una sociedad mediada por el dinero, equivale a la marginación social–, explica la crisis de identidad en la que éste cae. La cohesión de su existencia se desintegra en el intelectual cortesano empobrecido, burlado y rechazado, y en el señor feudal que disfruta aún, nostálgico, de sus privilegios en el campo, pero que, de ese modo, se aisla a sí mismo y, al final, restringe sus exigencias. Así como es difícil su reconocimiento social, también se ve expuesto a los golpes que le depara una situación contradictoria; sufre por no poder casi actuar como un sujeto de sus relaciones con el mundo. El tono burlesco con el que Quevedo transmite todo esto insistentemente, habría que considerarlo no tanto como una relativización de lo que expone sino más bien como la distancia necesaria que le permite formular las amargas experiencias de su clase.

En los textos que hemos tratado aquí, Quevedo reacciona a la inseguridad de la conciencia de sí mismo exponiendo lo inagotable que es su producción literaria. Ofrece sus escritos, especialmente los conceptistas, burlonamente como una forma de pago compensatoria, y, de hecho, la escritura tendría para él la función de compensar el déficit que le suponía el problema de su identidad en cuanto señor feudal. Serrano Poncela ha advertido que, en varios prólogos, Quevedo expone ostentativamente la conciencia que tiene de su superioridad artística[35]; también la agresividad con la que ataca a su coetáneo Góngora[36], hace

---

35 Serrano Poncela, ibídem, pp. 49 s. Entre otros, Serrano cita pasajes que apuntamos a continuación. De la dedicatoria a Osuna en *El mundo por de dentro*: "Estas son mis obras ... que siendo tales no me han de llevar al cielo: mas como yo no pretendo dellas más de que en este mundo me den nombre ... se las envío...", Pr. 181. Y del prólogo de la edición de *Sueños y discursos* (Pamplona 1631): "... pues ellas propias (sc. las obras) se traen consigo la recomendación y alabanza y el 'Quevedo me fecit'; porque son tales, que sólo tal autor podía

suponer que aquí creía tener que defender su terreno. No es que como poeta esté determinado por las circunstancias, pero la práctica poética sí adquiere funciones que hay que explicar por tales circunstancias. Más aún –y ya tan sólo esto tiene importancia para la comprensión de los textos–, habría que preguntarse en qué medida la situación señalada en la que el autor se ve obligado a reaccionar ante la pérdida del dominio de la realidad mediante una nueva definición de sí mismo y comportarse "sólo" como sujeto del idioma, en qué medida, repetimos, esta situación explica el juego con las contradicciones, el cual representa una característica central en la obra literaria de Quevedo –si bien no tanto en sus escritos políticos, teológicos o filosóficos, en los que puede recurrir a papeles ya dados como los del gobernante, el creyente o el estoico–, un juego brillante que, a menudo, ya no parece tratarse de la propia realidad contradictoria y de la relación con ella, sino sólamente de su formulación ingeniosa, de modo que, como ha observado Lázaro Carreter, la realidad se convierte en mero pretexto para desplegar[37] una "densa red de conceptos".

4. Visión general: La objetividad del problema

Si se observa de forma objetiva, la crisis que sufre Quevedo personalmente es la misma que la de la sociedad feudal española en ge-

---

hacer obras de tanta erudición y agudeza; y ellas, por tener tanto de entrambas, sólo podían ser hijas de tal y tan raro ingenio"; cita tomada de Quevedo, *Los sueños*. Edición, introducción y notas de Julio Cejador y Frauca. Vol. I, Madrid 1967 (Clásicos Castellanos, 31), p. 16.
Serrano Poncela llega a una conclusión semejante: "De modo que con la orgullosa inteligencia como tesoro, compensó su pobreza..."; ibídem, p. 50.

36   Cf. poesía núm. 837-854.

37   Fernando Lázaro Carreter, *Originalidad del "Buscón"*. En: *Estudia Philologica. Homenaje a Dámaso Alonso*. Vol. II, Madrid 1961, pp. 319-338 (aquí p. 337). Sin duda alguna, Fernando Lázaro Carreter, al caracterizar al *Buscón* como "novela estetizante" (ibídem), está considerando esa importante tendencia de la escritura quevediana. Piensa que, precisamente en este libro, al autor no le interesa lo expuesto sino tan solo la forma artística de exponerlo, y, en este sentido, habla de una "charla sin objeto, dardo sin meta, fantasmagoría" (p. 335). Nosotros, no obstante, dudamos de que esta observación particular –muy acertada por lo demás– sea suficiente como base para una interpretación general del *Buscón*.

neral. El problema constatado con una perplejidad ingenua por el Caballero de la Tenaza –a saber, el dinero es vital, pero no se sabe cómo llegar a un aprovisionamiento que se renueve constantemente[38]– es en esa época, según hemos visto en la lectura de los arbitristas, el problema del orden mismo de la producción feudal. En este sentido, también es un fenómeno general la ruptura, debida a la deficiente base material, entre la apariencia social y el ser de los individuos, sobre los que Cellorigo llama la atención. El ejemplo de Quevedo nos enseña, además, que es la pequeña nobleza la que se muestra más susceptible ante ese abismo entre autodefinición y realidad. Por su posición social intermedia está predestinada a ser al mismo tiempo testigo y víctima de esa crisis generalizada de la sociedad de su época.

Esto, por supuesto, no significa que los representantes de este grupo se den necesariamente cuenta también de la objetividad de su situación. Lo que aquí todavía no hemos tratado, sin embargo, es la cuestión de cómo Quevedo reflexiona en su obra sobre el complejo de problemas, abordado en el tema del dinero, como algo objetivo que en ese momento histórico le atañe a la sociedad feudal en general; esto lo analizaremos en los siguientes capítulos.

No obstante, para terminar este capítulo queremos esbozar ya el trasfondo general ante el que hay que tratar la situación de Quevedo como hidalgo y sus dificultades para autodefinirse. Existe un texto en el que se cuestiona implícitamente, aunque solo sea con un juego de palabras, una inteligencia literaria y erudita que se define, en cierto modo, contra la realidad social, por lo que, lógicamente, hay que mencionarlo en este contexto.

Una escena del extenso sueño *La Fortuna con seso y la hora de todos* –escrito alrededor de 1635[39]– está dedicada a los holandeses como potencia mundial en auge. Estos, que ya competían con éxito contra los portugueses en el comercio con el lejano oriente, en el tercer decenio del siglo XVII intentan también apoderarse, en el norte de Brasil, de una posesión portuguesa que, por entonces, per-

---

38   Véase p. 75.
39   Nota, Felicidad Buendía, Pr. 253 b.

tenecía a la corona española; con el paso del tiempo se apropian allí
de casi la mitad de la floreciente y lucrativa producción de azúcar[40].
A esta conquista americana de los holandeses es a la que Quevedo se
refiere al escribir:

> ... se han apoderado de la mejor parte del Brasil, donde, no sólo
> tienen el mando y el palo, como dicen, sino el tabaco y el azúcar,
> cuyos ingenios, si no los hacen doctos, los hacen ricos, dejándonos
> sin ellos rudos y amargos. Pr. 277 b.

El concepto central en este discurso consiste en el doble sentido de
la palabra "ingenio". Bajo este término hay que entender una capacidad intelectual que puede sobresalir tanto en el terreno de las artes
liberales como en el de las mecánicas[41]. Quevedo especifica la versión
técnica de esa capacidad intelectual aludiendo con "ingenios" a los
"ingenios de azúcar", es decir, a los molinos en los que se prensaba
la caña de azúcar y se refinaba el jugo extraído[42]. A ella le opone la
inteligencia humanista-literaria cuando escribe que, tales ingenios,
no hacen a los holandeses "doctos", pero sí ricos; y, por otra parte, a
los españoles (en realidad, a los portugueses) ignorantes e incultos
("rudos")[43] y, al final, "amargos", con lo que se hace referencia a su
falta de azúcar tanto en sentido literal como, en sentido metafórico,
a su amargura por la repentina pobreza.

Lo interesante de este juego de palabras es que relaciona la posibilidad de una vida intelectual de una sociedad con su producción
material, que descubre la cultura intelectual y material como una conexión y, en el fondo, hace depender incluso a la primera de la se-

---

40 Lynch, Vol. II, ibídem, p. 154.

41 "INGENIO. s. m. Facultad o potencia en el hombre, con que sútilmente discurre
o inventa trazas, modos, máchinas y artificios, o razones y argumentos, o percibe
y aprehende fácilmente las ciencias"; *Autoridades*.

42 "INGENIO DE AZÚCAR. Es una máchina compuesta de tres ruedas grandes
de madera ... con que se muele o aprieta la caña, cayendo el zumo o liquor en
unas calderas grandes, en que después se cuecen para depurar el azúcar"; *Autoridades*.

43 "RUDO. El hombre de ruyn ingenio y tardo, que no está labrado..."; Covarrubias.

gunda. Pues, el hecho de que los holandeses se apoderen de las refinerías azucareras –y también de las tabacaleras, por cierto– no los hace más cultos, pero tampoco les dificulta el camino a la cultura; para los españoles, por el contrario, la pérdida de su riqueza va unida también a la de su opinión sobre su cultura —no sólo se empobrecen, sino que retroceden a un nivel inferior en el desarrollo cultural.

Veremos que, en su obra, Quevedo no es en absoluto un defensor de la praxis económica burguesa. En el apologético panfleto *España defendida* (1609) escribe arrogante: "son pocos (sc. los pueblos) los que en copia y fama y elegancia de autores en el propio idioma y en el extranjero nos han igualado, y que, si en alguna parte han sido más fértiles sus ingenios, ha sido en la que, por indigna de plumas doctas, capaces de mayores estudios, hemos despreciado gloriosamente"[44]; para él, la técnica y la ciencia unidas a intereses económicos, tal y como se están desarrollando en ese momento fuera de España, figuran, al parecer, muy por debajo de la teología y la literatura. Sin embargo, en el juego de palabras citado, en un texto tardío, parece tener una premonición: que la arrogancia con la que se dedica a la teología o al arte una gran parte de los intelectuales españoles, que se cerraba en banda a la realidad histórica, era fatal para el país, y que, en lugar de eso, habría que utilizar la brillantez y la riqueza de ideas también para los problemas relacionados con la producción material o reconocerlos y fomentarlos allí donde se habían articulado ya en este sentido, como en el caso de los arbitristas. Esta sociedad, podría preguntarse uno, ¿no se habría podido ahorrar amargura si se hubiera identificado más con el comercio y la técnica?

Al menos queda claro que, también en el papel de poeta, Quevedo, a quien le gustaría en cierto modo arrendar para sí el ingenio y hacerlo fuente de su estabilidad, no está libre de las contradicciones que determinan la realidad social de su época en general. En el espacio del idioma tiene la posibilidad de disponer continuamente de la realidad y de estar en el centro de su experiencia, y con ello la posibilidad de tener una identidad. Sea como fuere, no se resuelve el problema de sustituir la dudosa identidad de una sociedad por una nueva.

---

44 Ibídem, Pr. 563 b.

Desde la perspectiva de la historia de las identidades, la experiencia que vive Quevedo como autor o, más concretamente, como autor conceptista, ya llevaba trazas de ser una experiencia de subjetividad. En el momento en el que su rol social, determinado por nacimiento, apenas puede seguir garantizando el acceso a la realidad, con lo que pierde en funcionamiento, él experimenta que, una vez desprendido de ese sistema social, puede disponer del material, a saber, como autor. Es decir, al escribir se experimenta a sí mismo como individuo y como sujeto que hace del idioma su material y crea incluso realidades constantemente en conceptos, en juegos de palabras y neologismos. La autoconciencia del individuo como sujeto constituye precisamente la subjetividad. En el caso de Quevedo, se añade como un momento heterogéneo a otros modelos identitarios no subjetivos a los que él se aferra –como una partícula moderna y señal de la disolución del modelo de identidad feudal. Más adelante veremos que busca la experiencia de subjetividad no sólo como conceptista sino también como estoico[45]; por el contrario, en la economía, sobre todo, defiende el modelo anterior a la subjetividad.

---

45 Véase p. 189.

V. El "sermón estoico". El oro del Nuevo Mundo y el ciudadano burgués como sujeto

Quevedo escribió un extenso poema, en forma de silva[1], en el que observa la historia del tesoro americano directamente desde sus orígenes. En él se imagina al navegante que se echa intrépido al océano, llega a América, arranca allí del interior de la tierra el oro con el que, acuñado en moneda, acabará llenando sus arcas.

Como ya se deduce del título del texto, "Sermón estoico de censura moral" (poesía núm. 145), parece que Quevedo, en principio, no tuviera otra intención que la de escribir una crítica al lujo y exhortar a un estilo de vida modesta y natural, de acuerdo con las ideas estoicas. A través de esta posición ético-moral se hará pronto visible, no obstante, la particular realidad, a la cual se apela recurriendo a tópicos. Veremos que con la explotación del oro americano se reflejará la praxis burguesa y la relación social, en transformación por dicha praxis, con el mundo.

1. El texto

En primer lugar, expondremos la argumentación de Quevedo en la medida en que trate concretamente del tesoro americano y su origen (es decir, hasta el verso 138).

Quevedo ve la causa del momentáneo estado social que critica en el "Sermón" en el desenfreno de la codicia y la avaricia; de ahí que comience con una retórica de indignación moral:

---

1 Silva: "composición formada por endecasílabos solos o combinados con heptasílabos, sin sujeción a orden alguno de rimas ni estrofas"; véase Tomás Navarro

> ¡ Oh corvas almas, oh facinorosos
> espíritus furiosos!
> ¡Oh varios pensamientos insolentes,
> deseos delincuentes,
> 5   cargados sí, mas nunca satisfechos;
> alguna vez cansados,
> ninguna arrepentidos,
> en la copia crecidos,
> y en la necesidad desesperados!

El interés de los hombres que se está imaginando aquí el autor apunta constantemente al mundo material[2]. Persiguen sin cesar la satisfacción de sus deseos, que no se calman ni siquiera en la abundancia, más bien al contrario, se multiplican (8). La consecuencia de esta codicia desenfrenada es un control y apropiación de la naturaleza global, y cada vez con más desconsideración:

> 10   De vuestra vanidad, de vuestro vuelo,
> ¿qué abismo está ignorado?
> Todos los senos que la tierra calla,
> las llanuras que borra el Oceano
> y los retiramientos de la noche,
> 15   de que no ha dado el sol noticia al día,
> los sabe la codicia del tirano.
> Ni horror, ni religión, ni piedad, juntos,
> defienden de los vivos los difuntos.
> A las cenizas y a los huesos llega,
> 20   palpando miedos, la avaricia ciega.
> Ni la pluma a las aves,
> ni la garra a las fieras,
> ni en los golfos del mar, ni en las riberas
> el callado nadar de pez de plata,
> 25   les puede defender del apetito;

Tomás, *Métrica española. Reseña histórica y descriptiva*. Madrid-Barcelona 1974[4], p. 254.

2   En el primer verso, Quevedo recoge una frase de Persio: "o curvae in terris animae..." (Persio, 2ª Sátira, verso 61); véase la anotación de González de Salas, citada en la edición de Blecua de *Poesía*, p. 130.

Ningún rincón, ni de la tierra ni del mar, está a salvo de la codicia, ningún secreto de la naturaleza le es inescrutable, la mirada interesada acecha lo más oculto. Pero, al mismo tiempo, la avaricia, según el poeta, está ciega (20) en el sentido de que, sin que la asusten ni los vivos ni los muertos, pasa por alto, indiferente, los obstáculos que ponen la naturaleza y las piadosas costumbres (17). Entretanto, al transgredir tales fronteras, ha cambiado el mundo por lo que se refiere a la geografía o, más bien, a la técnica de los transportes:

> 26   y el orbe, que infinito
> a la navegación nos parecía
> es ya corto distrito
> para las diligencias de la gula.

Con el entrometimiento humano, que ha llegado a ser universal, el mundo, que parecía infinito, se ha empequeñecido y convertido en una unidad limitada. El proceso de la apoderación del mundo —no es difícil reconocer en ese verso un reflejo de la última época del Descubrimiento y del comercio global— se presenta como el resultado de la caída en el pecado: el motivo que lo incitaría sería la gula (29), un placer por el engullir desmesurado que, en los casos más graves, la moral teológica escolástica lo clasificó como pecado capital[3].

Tras hacer otras observaciones sobre la gula y una exhortación a un estilo de vida ascético (30-47), Quevedo considera importante advertir que la predisposición a someter la naturaleza a la voluntad humana que ha observado entre sus contemporáneos, tiene una tradición que, en su opinión, es fatal y terrible. Ya desde siempre, de hecho, el hombre, impulsado por su propio deseo, ha intentado tener acceso a la inaccesible lejanía y forzar los límites que le ha impuesto la naturaleza. La mitología clásica, con la figura de Ícaro, ofreció un temprano ejemplo de *hybris* humana, la de querer cambiar las condiciones de índole natural.

> El hombre, de las piedras descendiente
> (¡dura generación, duro linaje!),

---

3   Cfr. *Enciclopedia Espasa-Calpe*, ibídem, Art. "gula".

50   osó vestir las plumas;
        osó tratar ardiente
        las líquidas veredas; hizo ultraje
        al gobierno de Eolo;
        desvaneció su presunción Apolo,
55   y en teatro de espumas
        su vuelo desatado,
        yace el nombre, y el cuerpo justiciado,
        y navegan sus plumas.

Ícaro ("el hombre", 48)[4], en un intento de dejar atrás su origen terrenal (48), penetra en el terreno ajeno del viento y el sol, con lo que desafía a poderes naturales míticos, el demonio de los vientos y el dios del sol (Eolo y Apolo), quienes castigarán también duramente el sacrilegio de haber mezclado las dos esferas. La caída en el mar que sufre Ícaro de una manera espectacular en un "teatro de espumas" (55), como se expresa plásticamente, por haber negado su origen humano, debe convertirse también en poema didáctico para el presente; pues, según la enseñanza que le da el autor a sus oyentes, el fracaso es siempre la consecuencia que tiene que sufrir el hombre por haber transgredido el orden impuesto por la naturaleza:

        Tal has de padecer, Clito, si subes
60   a competir lugares con las nubes.

Los versos que siguen a continuación se refieren a la navegación. Se podría decir que la desgracia de la figura mitológica no ha servido mucho de ejemplo para la historia, pues no ha evitado que se siguieran haciendo expediciones. Al contrario, con el barco el hombre se ha creado un instrumento que le permite expander su dominio. Un instrumento que aunque es tan escandaloso como el aparato de plumas de Ícaro, sin embargo es indudablemente más eficaz:

        De metal fue el primero
        que al mar hizo guadaña de la muerte:

---

4   Con la imagen del origen pétreo del hombre, Quevedo alude a la saga de Deucalión y Pirra; véase la anotación de González de Salas sobre el verso 221, *Poesía*, p. 136.

    con tres cercos de acero
    el corazón humano desmentía.
65   Éste con velas cóncavas, con remos,
    (¡oh muerte!, ¡oh mercancía!),
    unió climas extremos;
    y rotos de la tierra
    los sagrados confines,
70   nos enseñó, con máquinas tan fieras,
    a juntar las riberas;
    y de un leño, que el céfiro se sorbe,
    fabricó pasadizo a todo el orbe,
    adiestrando el error de su camino
75   en las señas que hace enamorada
    la piedra imán al Norte,
    de quien, amante, quiere ser consorte...

Con la navegación, Quevedo retoma un tema tratado con frecuencia desde la Antigüedad. La tradición literaria ofrece argumentos tanto en contra, fundamentados mitológicamente, como también en defensa, de forma "ilustradora", de las ventajas de la navegación (la prosperidad, el entendimiento entre los pueblos)[5]. Quevedo se refiere aquí únicamente a la tradición negativa[6]. Es también un conocido motivo la advertencia de los peligros del mar[7] –el navegante convierte a éste en guadaña de la muerte (62; Quevedo evoca por extenso la tempestad y el naufragio en los versos 91-98)–, así como el del "amor sceleratus habendi"[8], la funesta codicia que se menciona ya en los versos introductorios como fuerza motriz que impulsa a los hombres a conquistar la tierra y el mar. Al adoptar las reservas que se tenían en la Antigüedad, Quevedo no deja duda de que el origen de la navegación está en el comercio: a la muerte y la mercancía (66) las apostrofa juntas para

5   Titus Heydenreich, *Tadel und Lob der Seefahrt. Das Nachleben eines antiken Themas in der romanischen Literatur.* Heidelberg 1970, cf. cap. 1.

6   Véase también poesía núm. 107 y 138.

7   Heydenreich, ibídem, p. 31.

8   Ibídem, pp. 32-34; cf. también, en el caso de Horacio, la relación entre el motivo material, el comercio a distancia y las fatigas de los viajes: "inpiger extremos curris mercator ad Indos,/ per mare pauperiem fugiens, per saxa, per ignis..." (*Epistulae*, liber I, 1, 45-46).

nombrar exactamente la actividad en la que ve especialmente a los hombres expuestos a arriesgar su vida mortalmente[9].

Quevedo habla de un navegante que se ha atrevido a lanzarse al mar totalmente acorazado (61-64). La idea de una primera navegación legendaria ya existía en la mitología griega[10]; que se hable de un "primer" navegante, que podría ser, en cierto modo, el responsable del desarrollo y las consecuencias que más tarde irá teniendo esa técnica de transporte, es, además, una fórmula muy común de la retórica de la maldición dentro del tópico de la navegación ("Qui primus"; "Quis fuit primus?")[11]. En este pasaje, Quevedo hace referencia posiblemente a un verso de Horacio que, en una oda, trata también este tema, y dice de ese primero:

> Illi robur et aes triplex
> Circa pectus erat, qui fragilem truci
> Conmisit pelago ratem
> Primus...[12]

Quevedo también deja emprender a su marino la intrépida expedición, triplemente acorazado. Empieza mencionando como material sólo el metal (y uno especialmente fuerte: "acero", 63), posponiendo la mención de la madera para más tarde ("leño", 72). Este procedimiento corresponde a la clara intención que tiene de proveer al navegante de rasgos especialmente brutales. Aunque Horacio, en la oda citada, también presenta el viaje marítimo como un acto sacrílego con el que se mezclan esferas cuya separación era muy sensata (fue un dios sabio el que separó el mar y la tierra, luego el barco se dirige a la "non tan-

---

9   En este contexto no nos parece una buena interpretación considerar la "mercancía" como un complemento de "muerte" (es decir, leer la muerte como mercancía; cf. verso 66).

10   La leyenda más conocida –posiblemente incluso anterior a Homero– es la del viaje de los Argonautas en busca del vellocino de oro; cf. Heydenreich, ibídem, pp. 23-25. Sobre el trato de este tema en la literatura, véase E. R. Curtius, "Das Schiff der Argonauten". En: del mismo, *Kritische Essays zur europäischen Literatur*. Bern 1963³, pp. 412 ss.

11   Heydenreich, ibídem, pp. 42-48.

12   Horacio, Carminum liber I, 3, 9-12. URL: http://www.thelatinlibrary.com/

genda ... vada", Horacio 21-24), sin embargo, la interpretación del
vientre de la embarcación como señal de la deshumanización del navegante que, como se dice, niega su corazón humano (63-64), es un
ingrediente de Quevedo; Heydenreich por el contrario, en el caso de
Horacio, ve la descripción del barco acorazado totalmente abierta al
rechazo o a la admiración ante el osado acto[13]. En general, a Quevedo,
en vista del proceso en el que se destruyen los "sagrados confines"
(68-69) del mundo, parece que le importara reutilizar y radicalizar el
tópico de la nave como una empresa sacrílega[14].

Lo que sigue a continuación en el texto trata también de la profanación provocada por la codicia, pues "al robo de Oriente destinada,/ y al despojo precioso de Occidente" (89-90),

> 87   Profanó la razón y disfamóla
>   mecánica codicia diligente...

Del mismo modo que sería injusto apropiarse de la naturaleza, pues
es el robo de algo que no le corresponde al hombre, así también el
uso de la razón para conseguir esa apropiación habría que considerarlo un sacrilegio. Tanto la invención de la brújula que, como se expresa en una imagen conceptista, se sirve de la relación amorosa
entre la aguja imantada y el norte (74-77)[15], como la astronomía
puesta al servicio de la navegación, a la que se refieren los versos que
siguen a continuación, se pueden leer como ejemplos de la profanación de un intelecto que habría sido concedido por la divinidad y
cuyo deber sería sobre todo contemplar únicamente a Dios. En la
técnica se mezclan dos esferas: una sublime y espiritual y la otra
vulgar y manual[16] con intereses materiales, una unión que se presenta
como una catástrofe.

---

13   Heydenreich, ibídem, p. 45.

14   Ibídem, pp. 28-31.

15   Cf., p. 193.

16   "MECHANICO, CA. adj. Lo que se executa con las manos ... Se aplica regu-
      larmente a los oficios baxos de la República: como Zapatero, Herrero y otros: y
      assí se diferencian los oficios en mechánicos y Artes liberales ... Se toma también
      por cosa baxa, soez e indecorosa"; *Autoridades*.

En la conquista ya inminente, la mencionada ambición humana logra su meta; ya el énfasis retórico del que van cargados estos versos da a entender que aquí se trata de un punto culminante. Por lo que se refiere a sus planes, el navegante no se ha dejado asustar por las tormentas ni tampoco apaciguar por el clima apacible (91-104), penetra en el Nuevo Mundo y comienza a explotar el oro:

105   Éste, al sol y a la luna,
      que imperio dan, y templo, a la Fortuna,
      examinando rumbos y concetos,
      por saber los secretos
      de la primera madre
110   que nos sustenta y cría,
      de ella hizo miserable anatomía.
      Despedazóla el pecho,
      rompióle las entrañas,
      desangróle las venas
115[17] que de estimado horror estaban llenas;
      los claustros de la muerte
      duro solicitó con hierro fuerte.
      ¿Y espantará que tiemble algunas veces,
      siendo madre y robada
120   del parto a cuanto vive preferido?
      No des la culpa al viento detenido,
      ni al mar por proceloso:
      de ti tiembla tu madre, codicioso.
      Juntas grande tesoro,
125   y en Potosí y en Lima
      ganas jornal al cerro y a la sima.
      Sacas al sueño, a la quietud, desvelo;
      a la maldad, consuelo;
      disculpa, a la traición, premio, a la culpa;
130   facilidad, al odio y la venganza
      y, debajo de llave,
      pretendes, acuñados,
      cerrar los dioses y guardar los hados,
135   siendo el oro tirano de buen nombre,

---

17   Blecua, en la numeración de los versos de su edición, se saltó por descuido uno; aquí, por lo tanto, enmendamos ese error.

> que siempre llega con la muerte al hombre;
> mas nunca, se se advierte,
> se llega con el hombre hasta la muerte.

Con violencia, el ser humano no sólo rompe las barreras impuestas por tradición, también se sirve de las fuerzas míticas del mundo para sus fines: en su función de navegante utiliza al sol y a la luna, explorando sus órbitas, para determinar el curso, es decir, en rigor le roba a la Fortuna el poder mítico que posee sobre el destino, desencantándole sus medios, el cielo y los astros, y convirtiéndolos en objetos de sus propios cálculos (105-107). Pero la explotación del oro supone una violencia mucho mayor aún. Quevedo caracteriza a los buscadores de oro como matricidas para que este acto parezca un tremendo sacrilegio brutal: un hijo ingrato, que destroza el pecho y las entrañas de la tierra que lo alimenta para conseguir el oro que le extrae de las venas (108-117)[18] —"estimado horror" (115), uno de los oxímora con las que Quevedo suele designar a este metal[19]. Si la "madre" tierra tiembla a veces por terremotos, éstos hay que interpretarlos como un temblor que sufre a consecuencia de la acción de los codiciosos (118-123).

Por lo tanto —parafraseando los últimos versos— es consecuente que el resultado de ese crimen contra la naturaleza, el metal precioso sacado en Potosí y en Lima (125)[20], le traiga poca suerte al hombre a la luz del día. Parece que corrompiera los valores éticos e invirtiera las relaciones: la tranquilidad se convierte en inquietud, de la maldad

---

18   En la Antigüedad, en la crítica a la codicia del oro ya aparecía la imagen de las entrañas de la tierra (113) en las que penetraba el hombre sin ningún escrúpulo para obtener oro. Ovidio, en las *Metamorfosis* escribe: "... itum est in viscera terrae:/ quasque recondiderat Stygiisque admoverat umbris,/ effodiuntur opes,/ inritamenta malorum"; cita tomada de Heydenreich, ibídem, p. 33. Pero Quevedo pasa de la mera metáfora de los órganos a una personificación de la tierra, exponiendo así el proceso de la explotación de forma mucho más agresiva.

19   Véase p. 119; 147.

20   La ciudad de Potosí fue el mayor yacimiento de plata que poseyó España desde la segunda mitad del siglo XVI hasta el siglo XVII incluido; en Lima, la capital del entonces virreinato del Perú, mencionado por Quevedo en segundo lugar, no había ningún yacimiento.

obtiene consuelo, premia la culpa y favorece el odio y la venganza (127-130). Y cuanto más funesto, más decepcionante, pues por mucho que el hombre tenga la intención de asegurarse para sí a toda costa incluso los dioses y el destino con sus monedas, donde están "acuñados" (133) –"en pálido color, verde esperanza" (131)–, pero el dinero, al final, se le revela como mortífero que apenas tiene estabilidad y constancia (135-138).

2. El ciudadano burgués como sujeto (interpretación)

La expansión geográfica del mudo, el creciente tráfico de bienes mediante el comercio, el papel, siempre central, del dinero; Quevedo refleja aquí el complejo proceso que habían observado los economistas españoles, en el siglo XVI, como desarrollo de la praxis burguesa en Europa, acelerado a consecuencia de la Conquista. Si se piensa precisamente en la descripción que hizo Tomás de Mercado del burgués, a saber, la de un "hombre universal"[21], que adquiere especialmente funciones de sujeto gracias a su actividad mercantil a lo largo y ancho del mundo, el paralelismo entre el objeto de Mercado y el de Quevedo es pasmoso. Este último también trata la apropiación de lo ajeno, el comercio a distancia –qué duda cabe de que la expansión humana expuesta es también la del tráfico de mercancías (66)–, la adquisición de riqueza; y también ve que la actividad que produce esto va unida a la creciente accesibilidad que tienen los hombres al mundo. Pero, por supuesto, Quevedo toma una posición totalmente diferente ante estos acontecimientos históricos. Mientras Mercado los acepta –y con él toda una serie de autores– Quevedo los considera como un desastre aciago que habría que evitar.

El recurso a tópicos como el de la navegación sacrílega o el de la alabanza de una vida natural y sencilla[22] tiene aquí la función de blo-

---

21 Véase p. 48.

22 Los últimos versos del "Sermón" dicen: "... pues si no te moderas,/ será de tus costumbres, a su modo,/ verde reprehensión el campo todo". Para Quevedo son más importantes, al parecer, los escritos de Séneca como fuente del ideal de la pobreza de acuerdo con la naturaleza que las utopías bucólicas del siglo XVI. Véase

quear con argumentos las transformaciones de la reciente praxis social, las cuales hacían suponer la existencia de una sociedad burguesa. Naturalmente, en esta interpretación del "Sermón" hay que constatar que la crítica a la gula y al lujo (véase especialmente las partes del poema que siguen y que ya no citaremos aquí) y la correspondiente exhortación a la privación y abstención no se dirigen a un grupo social específico, pues se pueden referir tanto a la burguesía como a los cortesanos y a la nobleza que, de hecho, no se cohibía de nada en su ansia de consumo[23]. Pero, lo decisivo para la descripción de la posición del texto ante la historia y los grupos sociales con sus diferentes formas de praxis es el mecanismo central de su argumentación, que diferencia entre el orden y la transgresión del mismo, considerando como una falta moral cualquier paso que destruya las fronteras —a través del mar, del aire y en la profundidad de la tierra; el comercio y la astronomía destinada a un fin específico se colocan al mismo nivel que la gula por infringir un sistema acotado sensatamente.

Este mecanismo de interpretación de la praxis social se opone claramente al proceso que atraviesa el umbral de la Edad Media y lleva hasta la Edad Moderna. El uso precisamente del tópico de la navegación deja esto bien claro. Uno de los temas del campo de la navegación con el que se ha debatido no tanto la técnica del transporte cuanto la legitimidad de la aspiración humana a todo lo nuevo, es el mito de las columnas de Hércules[24]. Estas columnas estarían en Gibraltar para marcar la frontera entre el mundo conocido y el aún incierto Atlántico. Hans Blumenberg, quien investigó el problema del umbral de las épocas (*Epochenschwelle*), llama la atención sobre una imagen que se ha transmitido con esa leyenda, en la que se refleja repetidas veces la conciencia que se estaba formando en la modernidad. Dice Blumenberg: "La conciencia de la Edad Moderna encontró el símbolo de su nuevo comienzo y de su exigencia en contra de lo que hasta ahora había sido vigente en la imagen de las columnas de Hér-

---

al respecto, J. A. Maravall, *Utopía y contrautopía en el "Quijote"*. Santiago de Compostela 1976, p. 169 ss. Véase además, Arnold Rothe, *Quevedo und Seneca. Untersuchungen zu den Frühschriften Quevedos*. Genève-Paris 1965, pp. 90 s.

23 Véase p. 25.

24 Heydenreich, ibídem, capítulo III: "Renaissance und Barock" (pp. 97-172).

cules y su precepto 'Nec plus ultra', que el Ulises de Dante aún interpretaba (y menospreciaba) como advertencia para que 'el hombre no se atreviera a ir más allá'. En la portada de la *Instauratio magna* de Bacon, de 1620, aparecía una nave, supuestamente la de Ulises, detrás de las columnas de Hércules, lo que se interpreta con el lema: 'Multi pertransibunt et augebitur scientia'. Y en 1668 aparecerá bajo el título 'Plus ultra' (de Joseph Glanvill; E. G.) uno de los primeros intentos de hacer balance de la era científica que despuntaba ya"[25].

Lo mucho que se comprometió también España a principios del siglo XVI en ese despuntar de la nueva era lo atestigua el blasón imperial de Carlos V, en el que aparecen las columnas de Hércules con la divisa, orientada al futuro, del *Plus ultra*[26]. La relación sobre la conquista de América escrita por Francisco López de Gómara, que se sirvió de datos de Hernán Cortés, a mediados de ese mismo siglo, tiene en la portada un emblema idéntico; el autor, en la dedicatoria a Carlos V, interpreta el blasón del monarca como el programa de la conquista: "... tomastes por letra *Plus ultra*, dando a entender el señorío del Nuevo-Mundo"[27].

Quevedo no menciona explícitamente este mito o los lemas contrarios relacionados con él, pero sí lo toma de referencia cuando denuncia que la navegación ha acabado con los límites sagrados del mundo (68-69); su modelo interpretativo presupone un límite mítico que corresponde a las columnas de Hércules. Ante el trasfondo del papel que desempeña ese simbolismo en la formación del concepto que tiene el hombre contemporáneo de sí mismo, su "Sermón" se presenta como un intento, en cierto modo, de volver hacia atrás en el tiempo, de evocar el orden anterior a la conquista de América idealizado como armónico y, a partir de ahí, impedir cualquier des-

---

25 Hans Blumenberg, *Der Prozeß der theoretischen Neugierde*. Reedición ampliada de *Die Legitimität der Neuzeit*, tercera parte. Frankfurt/M. 1973, p.141.

26 Heydenreich, ibídem, pp. 140 s.

27 Francisco López de Gómara, *Hispania victrix (Historia general de las Indias)*. Medina del Campo 1552, 1553. Citado de la Biblioteca de Autores Españoles, XXII. Madrid 1852, p. 156. En la formulación de Gómara ya se vislumbra, claro está, que, dentro de la sociedad española, con la expansión geográfica ha mermado el ímpetu por empezar algo nuevo. Por el contrario, el *Plus ultra* de Bacon indica una nueva relación del hombre con el mundo.

arrollo social futuro que pueda transformar el orden anterior, orde-
nando enérgicamente un *Non plus ultra*.

Pero lo que le enfada a Quevedo no es la mera expansión geográfica del mundo. Lo que advierte más bien es que ésta conlleva irre-
mediablemente un despliegue del dominio de la naturaleza por parte
de la sociedad, ajeno a la praxis feudal tradicional. En la construcción
de navíos, en la náutica, en la explotación minera y la metalurgia descubre una relación nueva con la naturaleza, que está determinada por
un completo interés en el aprovechamiento de ésta y por una racionalidad utilitarista[28]. A la "mecánica codicia diligente" (88) que obra
metódica y hábilmente, cuya cercanía con la producción manual se
indica mediante el atributo despectivo "mecánica" (véase nota a pie
de página 16) y la cual parece estar encarnada en los comerciantes
viajeros, contrapone el esbozo de una praxis social que se restringe a
la agricultura –pues ninguna otra relación con la "madre" tierra, "la
primera madre/ que nos sustenta y cría" (109-110), resulta legítima–
y que no está orientada a la ganancia ni transgrede los límites locales,
con lo que fácilmente se puede reconocer como una praxis feudal. En
este sentido, el "Sermón", aunque con su crítica moral no se dirige de
forma específica a una clase concreta, se dirige claramente contra la
burguesía, mientras que al noble sólo se le advierte de que su consumo
desfrenado está beneficiando las actividades burguesas y contribu-
yendo a la destrucción del orden feudal del pasado.

Lo que Quevedo le reprocha a la praxis burguesa es la *hybris*. La
ruptura más radical con el orden mítico-natural viene a representarlo,
sin duda, la apropiación del oro. Lo que anuncia la agresión de la re-

---

28   Lo mucho que a Quevedo le hubiera gustado obstaculizar, de alguna forma, la
     racionalidad de su tiempo se evidencia también si comparamos su interpretación
     del mito de Ícaro con otra de un contemporáneo. Juan Pérez de Moya, para el
     que, en su *Philosophia secreta* (Zaragoza 1585), las alas de Ícaro son en realidad
     velas y el héroe el inventor de la navegación, explica el fracaso de éste no tanto
     por su *hybris* cuanto por el poco dominio que se tenía aún de la naturaleza,
     pues el pionero de la navegación aún no tenía experiencia en el mar (edición de
     E. Gómez de Baquero. Madrid 1928, vol. II, p. 152).
     Véase además la ilustradora interpretación que hace de la saga de Argos Diego
     de Saavedra Fajardo, que defiende la navegación y el comercio: *Idea de un Prín-
     cipe político-cristiano, representada en cien empresas* (1640). Empresa LXVII,
     Biblioteca de Autores Españoles XXV. Madrid 1947, pp. 186 ss.

tórica que se agudiza con la metáfora de la violación de la madre
tierra es el "parto a cuanto vive preferido" (120), es decir, la apropiación del metal proveniente de lo más profundo de la naturaleza y el
que el hombre prefiere, no sólo antes que a otros objetos muertos
sino, incluso, que a todos los vivos. ¿Cómo puede ser que la posesión
del oro signifique el colmo de la osadía humana?

Detengámonos ahora en lo que consideramos la imagen central.
"Debajo de llave,/ pretendes, acuñados,/ cerrar los dioses y guardar
los hados" (132-134) se dice del dueño del tesoro americano. Luego,
lo que el hombre busca en el oro es algo más que tan sólo la apropiación de otro objeto más dentro de los diferentes bienes; es la fortuna
de la que, en los mitos, sólo pueden disponer los dioses: la fortuna
de la mediación universal del mundo. En el oro lo que importa no es
el bien inmediato y concreto sino la posibilidad que tiene su dueño
de mover el mundo y relacionarse con él a su antojo, un instrumento
que, además, le permite disponer del futuro y, en este sentido, des-
tronar a los "hados". Con el dinero, el dominio humano alcanza una
nueva dimensión. Es la conexión más íntima del mundo que ha llegado a estar disponible y que abarca tanto el presente como el futuro;
dentro de una visión en la que cualquier esfuerzo humano por autoafirmarse se considera *hybris*, querer apresarla tiene que parecer, de
hecho, un sacrilegio en grado sumo.

El verbo "pretendes" (133) deja abierto si el buscador de oro
logra realmente hacerse con la llave del mundo; en cualquier caso,
con su fuerza de voluntad lo intenta. Quevedo, aquí como en otros
pasajes[29], se esfuerza por presentar esa empresa más bien como una
ilusión; en su opinión, el oro resulta ser, no un instrumento del hombre, sino su tirano (135), y lo único que provoca es un caos en las
costumbres (127-130; el hombre, al parecer, no sabe tratar la violencia
mítica), y también la esperanza de disponer con él del futuro se presenta como engañosa, pues no es constante (137-138).

Sin embargo, ambos argumentos —más adelante los trataremos
detalladamente[30]— apenas refutan la posibilidad que ofrece el oro, o
el dinero, de permitir *de facto* la mediación universal; al contrario,

---

29 Véase al respecto el cap. VI.
30 Cap. VI, 3; VII, 2.

pueden resultar de la polémica contra una circunstancia que parece tan temida como irrevocable. El argumento de que el dinero provocaría confusión en las costumbres es ideológico en el sentido de que de las diversas mediaciones reales que puede realizar el dinero, sólo se elige fenómenos fatales desde el punto de vista moral; además hay que suponer que aquí se quiere difamar cualquier mediación que transforme el *status quo*. Como sabemos por los arbitristas, el hecho de que la riqueza en metal no resulte estable no contradice su función mediadora, sino que denuncia una economía que no soluciona el problema de anclarla constantemente en la sociedad.

Por el contrario, lo que a nosotros nos parece lo más remarcable de este pasaje es la susceptibilidad con la que la imagen quevediana de la fortuna cosificada de los dioses fija la función objetiva del dinero. El hecho de que el buscador de oro espere disponer del destino tan sólo mediante la moneda, refleja que estos poderes[31] se desarrollan por el dinero y no por el oro mismo, esto es, por el metal utilizado como medio de cambio. El paralelismo entre las monedas y la fortuna divina, sin llegar a ser una conceptualización de la función del dinero, refleja la capacidad de éste de representar, en cuanto equivalente abstracto, tanto los bienes concretos en su conjunto como la fuerza productiva humana convertida en mercancía, y, en cuanto forma cosificada del equivalente abstracto, de ofrecer al individuo la posibilidad de convertirlo en bienes o servicios de acuerdo con su voluntad. Debido a esta característica, el dinero encarna la variedad del mundo y también su mediación, y a ambos los pone en manos del individuo. Quevedo, al esbozar en una imagen plástica esa conexión –que él mismo no penetra conceptualmente–, comprende la función central del dinero en el proceso del dominio creciente sobre la naturaleza y de la subjetividad humana[32]. En cierto

---

31 Marx recuerda que los indios utilizaban el oro como adorno, no como medio de cambio, de ahí que no entendieran la adoración fetichista que los colonizadores españoles le profesaban a este metal; Marx, *Elementos fundamentales…*, ibídem, pp. 177 s.

32 De forma jocosa llama la atención sobre la independencia y movilidad que adquiere el cliente de una cortesana gracias al dinero, que sólo lo quiere aceptar en efectivo: "Primeramente pone por condición que la dote prometida haya de ser en dineros de contado, y no en trastos y alhajas tasadas a fuer de hechuras de sastres, y menos en casas ni heredades, por cuanto es hombre movible"; Pr. 55 b.

modo aparece aquí como la palanca de la que se sirve el sujeto burgués para su realización[33].

Si recordamos el papel que Aristóteles y santo Tomás le atribuían al dinero, resalta aún más, entonces, lo específico de la descripción de Quevedo.

Tanto para Aristóteles como para santo Tomás el dinero en sí, esto es, en su función de medio para facilitar el cambio, aún no sirve como objeto de discusión moral. Aristóteles describe la introducción del dinero como la consecuencia necesaria de un tráfico de mercancías local en expansión, y santo Tomás tampoco tiene nada que objetar, en principio, contra la transmisión de las mercancías mediante el dinero; lo que ambos critican y reprochan es, por el contrario, una praxis que lleva al dinero más allá de su función mediadora, hasta un fin adquisitivo[34]. También Séneca[35], del que Quevedo adopta posiciones no sólo en el "Sermón", califica al dinero expresamente de *adiaphoron*, es decir, lo que en sí no es ni malo ni bueno pero que, dependiendo del uso que se haga de él, está relacionado con la moral[36].

Sin embargo, Quevedo no ve la razón para establecer una diferencia tan prudente. Ya en el propio dinero ve el germen de las consecuencias revolucionarias; se da cuenta de que ya la existencia del medio de cambio da inicio a que el individuo disponga del mundo, una disposición que él la entiende como la destrucción de un orden definido por límites. Aunque ve crecer ese poder "ilegítimo" junto con el tesoro guardado y se manifieste, como la crítica tradicional, en contra del atesoramiento, entiende el dinero como la mediación universal cosificada, un principio que lo formula con énfasis.

Luego, con su imagen de los dioses acuñados, Quevedo radicaliza la representación del dinero. Este paso correspondería a la experiencia

---

33 La subjetividad "burguesa" la disfruta tanto, en un sentido estricto, el mismo protagonista de la economía mercantil o capitalista-manufacturera como también, en un sentido más amplio, cualquiera que mediante el dinero establezca una relación con el mundo abierto, saliéndose así de la economía feudal definida por la economía de subsistencia, el privilegio y la servidumbre.

34 Véase p. 30.

35 Véase p. 165.

36 Lucius Annaeus Seneca, *De vita beata*. XXI, 4; XXII.

de una época en la que el dinero despliega su papel en cuanto mediador universal, en una dimensión antes desconocida[37]. En la medida en que la naturaleza y las relaciones sociales sean mediadas por la economía monetaria –la compra de privilegios sociales en esa época la registra Quevedo con amargura en otros textos que veremos más adelante[38]– y en la medida en que el dinero le posibilita cada vez más realidad a un creciente número de individuos, la comparación entre el dinero y lo divino resulta casi ineludible desde el punto de vista histórico. También santo Tomás, que reconoce perfectamente la función de equivalente, pero que no la hace piedra de escándalo, le otorgó al dinero una cierta afinidad con la felicidad, en la medida en que tiene todos los bienes sensuales en sí ("quamdam similitudinem felicitatis"), esto es, con una categoría a la que él normalmente le reservaba el espacio religioso[39]. En una época en la que la economía monetaria determina en gran parte las estructuras sociales y su capacidad de mediación ha llegado a ser mucho más impresionante, Quevedo ve amenazada la frontera entre lo profano y lo sagrado: la moneda se presenta en su omnipotencia como la propia fortuna divina plasmada en el metal —y en este punto es donde consideramos la imagen consecuente con la historia. Con esto, el dinero no sólo se ha hecho semejante a los "dioses" paganos y a los "hados" (134), sino que también se puede confundir con el Dios cristiano, tal y como se dice en otro lugar en el que el autor lanza la pregunta, aun sabiendo él mismo ya la respuesta (poesía núm. 658):

---

37 Una de las críticas más importantes en la literatura contra el dinero y anterior a la de Quevedo, un pasaje del *Libro del buen amor* del Arcipreste de Hita (siglo XIV), también evoca la mediación del dinero, con el que se compra incluso la salvación del alma ("Conprarás parayso, ganarás salvaçión:/ Do son muchos dineros, es mucha bendiçión", versos 494 s.; "El dinero, del mundo es grand rrebolvedor", 511), pero Quevedo va más allá de la constatación de tal confusión y concibe de una forma aún más radical la función universal del dinero; cf. Juan Ruiz Arcipreste de Hita, *Libro del buen amor*. Edición, introducción y notas de Julio Cejador y Frauca, Vol. I. Madrid 1970[11] (= Clásicos Castellanos, 14), pp. 182 ss.

38 Véase cap. VI, 2.

39 Véase p. 39, nota 33.

(12)   ¿Quién hace de piedras pan,
       sin ser el Dios verdadero?
              El dinero.

Y esta perpleja observación no se da de forma aislada en la obra de
Quevedo ni en su época[40], también sus contemporáneos experimentan
la nueva función del dinero como un cuestionamiento de conceptos
teológicos, tal y como lo advierte J. A. Maravall[41].

Aquí el autor, sin embargo, no deja ninguna duda de que es el
hombre el que tiende la mano a una tremenda plenitud de poderes.
A semejanza de Mercado, observa la subjetividad humana universal

---

40   La imagen de los dioses acuñados aparece en otro poema (poesía núm. 54, 12-
     14): "Y el ser los dioses masa de tesoro,/ los tiene al fuego y cuño condenados,/
     y al Tonante, fundido en cisne y toro". También se trata de la sustitución del
     Dios (cristiano) por el bienestar material en un pasaje en el que se presenta a la
     "Prosperidad" como el demonio mayor por ser el más peligroso: "Esta es la
     que olvida a los hombres de Dios y de sí y de sus prójimos" (Pr. 251 b). Con
     este giro, Quevedo retoma la definición de la codicia de santo Tomás, quien la
     considera un delito contra Dios, contra el propio avaro y contra su prójimo.
     Por lo que respecta al distanciamiento de las cosas sagradas que, según santo
     Tomás, se produce por estar ocupados con la riqueza material, y que para la es-
     colástica se explica por el descuido desmesurado de la vida religiosa (ibid.),
     Quevedo, en este contexto, es más radical cuando dice: "Que en el mundo el
     que alcanza todo lo que quiere, como no echa menos a Dios para nada, aun para
     jurarle le olvida" (Pr. 252 a.). Aquí ya no se trata del problema que conlleva la
     negotiatio secular en cuanto al tiempo y la concentración quitados a la vida re-
     ligiosa, para Quevedo la prosperidad material adquirida se dirige más bien
     contra la misma idea de Dios. Véase también: "... el oro y la plata son los verda-
     deros hijos de la tierra, que hacen guerra al Cielo"; Pr. 301 b.

41   A propósito de una cita del *Tesoro* ... de Covarrubias (1611; ibídem), Maravall
     advierte: "hay en la época, según testimonio del autor, como una competencia
     entre Dios y el dinero, 'que assí como dezimos que Dios es todas las cosas, assí
     el dinero presume ser todas las cosas y dar a los hombres dignidades, honras,
     comidas, mercedes y señorías, con todo el resto que con el dinero se adquiere'";
     J. A. Maravall, *Estado moderno...*, ibídem, vol. II, p. 83.
     Cf. también Hans Sachs (1494-1576): "Geld ist auff erden der irdisch got" ("en
     la tierra, el dinero es el dios terrenal"); cita tomada de G. Simmel, *Philoso-
     phie...*, ibídem, p. 241; Shakespeare (1564-1616) llama al dinero "divinidad visi-
     ble"; cf. Karl Marx, *Die Frühschriften*. Editado por Siegfried Landshut. Stuttgart
     1968, p. 298. Y por último, Lope de Vega: "Es su valor tan claro (sc. el del oro)/
     que hasta para hablar con Dios/ decimos siempre que oramos"; cita tomada de
     E. H. Templin, *Money...*, ibídem.

como un resultado de la praxis burguesa más reciente, donde subraya el papel central del dinero. Y lo que a él le parece precisamente escandaloso es que con la posesión del dinero el hombre acaba disponiendo totalmente del mundo; de ahí que utilice con tanta agresividad los tópicos de la navegación y la explotación del oro, como hemos visto antes (véase nota 19), e intensifique el reproche a la actividad orientada en el beneficio propio, por considerar una rebelión abierta lo que santo Tomás criticó como *turpitudo*.

3. El texto y el contexto histórico

Al observar el tópico de la navegación, Heydenreich comenta que las adaptaciones que se hicieron de él en los siglos XVI y XVII apenas si servían ya para la disputa ideológica, pues eran, *grosso modo*, "un juego literario sin ninguna finalidad"[42]. Por lo que se refiere al "Sermón estoico" de Quevedo, sin embargo, tenemos que contradecirlo: esa reutilización de los tópicos sobre la crítica a la apropiación del mundo por parte de los hombres se entiende más bien, según toda probabilidad, como aportación partidista a una situación social concreta.

Ocupémonos ahora, pues, del contexto social de este texto. Luis Astrana Marín, para datar el origen del "Sermón", ha remitido a una carta de Quevedo[43], también sin datar, en la que le anuncia a su destinatario, a quien no nombra, el envío del "Sermón estoico" ("Remitiré a vuesa merced el Sermón estoico...")[44]. En esta misma carta, el autor se ocupa por extenso de la "pragmática de los precios" promulgada por el cardenal de Trejo y Paniagua, presidente del Consejo de Castilla[45]. Astrana Marín relaciona la mención de ese decreto, que data del 13 de septiembre de 1627, con el origen simultáneo del poema.

---

42   Heydenreich, ibídem, p. 96.
43   Citado en una nota a pie de página en *Poesía*, p. 130.
44   Quevedo, *Epistolario*, p. 161.
45   Ibídem, pp. 160 s.

Pero parece lógico suponer que entre el texto y los acontecimientos políticos haya una relación no sólo temporal sino también por lo que se refiere al contenido. La "Pragmática" de 1627 consistía en una fuerte bajada oficial de precios y salarios[46]. Esta medida político-económica fue un intento de la corona española de sanear su constante falta de dinero a costa, precisamente, de la parte productora de la población. Como consecuencia de las repetidas devaluaciones (a lo largo de 1628, se reducirá a la mitad el valor de las monedas de cobre), cuya ganancia la retiró la corona, se agudizó la inflación, de por sí ya crónica, la cual se intentó mitigar de nuevo con medidas deflacionistas como la de la "Pragmática"[47]. En este sentido, la fatalidad de la política financiera española se muestra en la bajada de precios y del nivel salarial decretada, pues el intento de estabilizar el presupuesto estatal, limitando cada vez más la propia economía, creó precisamente las condiciones para un desastre cada vez mayor. Pocos años antes, Sancho de Moncada le había llamado la atención a Felipe III sobre esa relación en su memorándum y le había intentado mostrar que, también para las rentas reales, hubiera sido rentable a largo plazo sólo una política proteccionista que fomentara la economía española, anquilosada y aprisionada en estructuras tradicionales[48]. Viñas Mey apunta que posiblemente el decreto se impusiera a pesar de una cierta resistencia por parte de Felipe IV, quien ocupaba el trono desde 1621[49]; la decisión a la que se llegó finalmente parece que se debió a la voluntad política y al poder de la alta nobleza. Al principio, entre los

---

46 Carmelo Viñas (Mey), "Cuadro económico-social de la España de 1627-28. Pragmática sobre tasas de las mercaderías, jornales y salarios". En: *Anuario de Historia Económica y Social*, Madrid. I, 1968, pp. 715-772. Viñas publica aquí una extensa parte del decreto, la cual ofrece una buena idea tanto de las mercancías como de los precios y salarios que había en el mercado durante esa época. Un estudio detallado, aunque también a veces un tanto dudoso por lo que se refiere a su interpretación, se puede ver en Fernando Urgorri Casado, "Ideas sobre el gobierno económico de España en el siglo XVII. La crisis de 1627, la moneda de vellón y el intento de fundación de un banco nacional exclusivo". En: *Revista de la Biblioteca, Archivo y Museo*, Madrid. 1-2, pp. 123-230.

47 *Historia* (Vicens Vives), ibídem, vol. III, pp. 227 ss.

48 Sancho de Moncada, ibídem, pp. 155 ss. ("Discurso cuarto").

49 Viñas, ibídem, p. 716.

afectados, especialmente los comerciantes y artesanos, hubo al parecer resistencia contra la nueva ley; aquellos que se atrevieron a articular su indignación fueron severamente perseguidos[50].

"Díceme vuestra merced que le escriba qué entiendo desta pragmática de los precios ... Digo, señor, que ... a mi parecer, dieron su voto para hacerla los ángeles de guarda de España"[51]. Como da a entender al que comparte correspondencia con él, la reacción de Quevedo ante la ley es muy entusiasta. A su parecer es la única medida salvadora, casi incluso inspirada por Dios, contra la agobiante situación económica, y felicita al cardenal de Trejo, que fue quien la impuso. Sin preguntar por los arbitrios, éste, según Quevedo, ha diagnosticado acertadamente la "enfermedad" ("se fué a dar con la enfermedad donde estaba disimulada")[52]. En este pasaje se evidencia lo poco que considera a los arbitristas; afirma generalizando: "Cuando las monarquías para su salud acuden a sus arbitrios, poco entretienen, nada sanan"[53]. Vilar Berrogain ha mostrado que el rechazo de Quevedo hacia los arbitristas va desde la burla sobre los promotores de proyectos técnicos hasta la denuncia de los reformadores financieros, como si se tratara de enemigos del estado[54]. También en esa misma carta prefiere una decisión política impuesta desde arriba a un debate más amplio, una posibilidad que, de hecho, ya existía. Aunque él

---

50   Aureliano Fernández-Guerra escribe en un apunte a la carta de Quevedo (*Epistolario*, p. 162): "En 13 de septiembre de 1627 pregonóse, pues, la Pragmática sobre reformación de la carestía general y moderación de precios en mercaderías, mantenimientos, salarios y jornales, so graves penas. Pocos días después elevaron petición al Consejo los mercaderes para que se apreciasen mejor algunas cosas; y al letrado que ordenó la petición se sacaron cien ducados y a cada uno de los firmantes cincuenta. Más, se dieron doscientos azotes, y usando de piedad se echó a galeras a un zapatero que dijo no dársele nada de los carteles de las pragmáticas, ni de quien las firmó, ni del Rey, y votó irse a Inglaterra o Argel a vender sus zapatos.
En el año anterior estuvieron presos ciento veinte mercaderes por desobedecer otra pragmática de 20 de mayo, en que se mandó se vendiese a los precios que tenían las cosas el año 1624."

51   Quevedo, *Epistolario*, p. 160.

52   Ibídem.

53   Ibídem.

54   J. Vilar Berrogain, *Literatura y economía*, ibídem, pp. 78-85, 92-100, 267-273.

también ve dificultades con los comerciantes afectados, que no quieren vender sus productos a bajos precios, por lo que los retienen con frecuencia, sin embargo confía en el tiempo ("Estos días no había una gallina aun para una pendencia; ya sobran en la plaza, y así será en lo demás")[55] y posiblemente también en la intransigencia de un poder ejecutivo extremadamente severo: "la respuesta a los inconvenientes es aquella palabra robusta: 'Ello ha de ser'"[56].

Por lo que a él le atañe, Quevedo está contentísimo con la política del cardenal —además de la pragmática, también alaba el endurecimiento de la justicia que lleva a cabo: "Mucho ha hecho en pocos días, pues se vive seguro y barato"[57]. Lo mucho que disfruta de la nueva situación y por qué, se puede deducir del siguiente pasaje de la carta:

> Es útil, y es descanso ya, el comprar y vender, que tanta prosa gastaban; son gente de pocas palabras: el comercio es cartujo, contrátase por señas, señalan la ropa, enseñan el renglón, y pagan el dinero. Este año ha fenecido la más costosa parte de la porfía en el regateo, y el tanto más cuánto del precio. Creo se seguirán dos daños: uno, que el silencio forzoso silenciará a los sombrereros, que vendían más lo que decían que lo que daban, y a los demás oficiales en quien la buena prosa pasaba por bondad de la mercaduría, en unos por largo, y en otros por peso. El otro, que se han de desesperar los que se vistieron anteayer, viendo lo que pudieran ahorrar hoy.[58]

En estas líneas –que se leen como si fueran el bosquejo de uno de los textos satíricos de los *Sueños* y que, en su estado de materia bruta, por así decir, remiten al nexo entre las agresiones sociales concretas del autor y las de su producción satírica– se evidencia claramente por qué Quevedo celebra expresamente una ordenanza tan perjudicial para la parte contraria. En primer lugar, los bajos precios son muy agradables ("se han de desesperar los que se vistieron anteayer, viendo

---

55 Quevedo, *Epistolario*, p. 161.
56 Ibídem.
57 Ibídem.
58 Quevedo, *Epistolario*, p. 160.

lo que pudieran ahorrar hoy"). Por un lado, hay un inmediato interés material; el señor feudal atormentado él mismo por las preocupaciones económicas está aliviado por podérselas cargar a los comerciantes y productores. Por otro lado –y esto, por supuesto, está estrechamente relacionado con lo anterior–, el autor no quiere aceptar al ciudadano burgués como un prójimo libre, autónomo y en igualdad de condiciones. La aspiración burguesa de regular ella misma el mercado es contraria a la aspiración feudal de una reproducción que se sobreentiende como natural y obvia. Quevedo disfruta sobre todo expresando el reciente enmudecimiento con el que se compra y se vende. Ya no hay griterío en el mercado, ni propaganda ampulosa, y tampoco se regatea; se señala con el dedo el producto deseado, se busca en la lista de la pragmática el objeto en cuestión y se paga la suma en ella indicada. Como en el caso de los monjes cartujos, ahora los comerciantes están obligados a hacer voto de silencio por la ordenanza real; y es que, precisamente, es la autonomía y libertad de los mercaderes lo que le irrita; para él se trata en definitiva de una enfermedad que de Trejo cura con mano segura[59]; parece no poder soportar que éstos defiendan sus exigencias hablando y se coloquen al mismo nivel que los clientes al comunicarse con ellos. Le gustaría que fueran como servidores mudos, como apéndices sin derechos del proceso reproductivo; y, de hecho, en esto los convierte la nueva ley.

Al final de la carta escribe Quevedo: "Remitiré a vuesa merced el Sermón estoico, y avisaré de los semblantes del daca y toma enmendado"[60]. Esta referencia al "Sermón" parece indicar que posiblemente el poema se escribiera por las mismas fechas que la carta y, también, que la pragmática. No obstante, el mero anuncio del envío del poema no es una prueba suficiente, como tampoco lo es el hecho de que Quevedo prometa a su destinatario, en la misma frase, informarle del intercambio "enmendado", esto es, restaurativamente restringido, ni que haya mencionado en la frase anterior otro texto –al

---

59 También la devaluación de la moneda, en 1628, que le acarreó consecuencias negativas a los comerciantes, es celebrada por Quevedo en una carta escrita en latín; la considera bienvenida en vista de los "mercatorum insatiabiles conatus comprimendos"; *Epistolario*, p. 209.

60 Quevedo, *Epistolario*, p. 161.

parecer desaparecido– que está a punto de terminar; pero nos resulta difícil imaginar que Quevedo estuviera ofreciendo aquí un viejo texto. En cualquier caso, la fecha exacta es incluso secundaria, ya que si bien los conflictos sociales se agudizan por la pragmática, sin embargo, ya se venían dando desde hacía tiempo[61].

La carta de Quevedo muestra que su autor sigue atentamente el conflicto, agudizado en la crisis económica, entre la sociedad feudal dominante y el ámbito burgués del comercio y la producción, que se posiciona enérgicamente en contra de los intereses de estos últimos y que defiende una política social restauradora.

Ante este contexto, el "Sermón" se caracteriza por defender ideológicamente y de forma calculada esa campaña conservadora. En él, partiendo de los intereses políticos contemporáneos de difamar las exigencias de las fuerzas burguesas, expone la historia de esa praxis social que, según él, es la causante de la destrucción del orden feudal desde el descubrimiento de América, resaltando, como hemos visto, el papel central que tiene el dinero en este proceso. El malestar que le produce el desarrollo histórico reciente, Quevedo lo localiza exactamente en el grupo de los burgueses: el hecho de que éstos tomen la palabra, en sentido literal y metafórico, en el mercado, y que se defiendan hablando como individuos con derechos lo considera un comportamiento subjetivo igual de ilegítimo que el control de la naturaleza llevado a cabo en los últimos años como consecuencia del oro americano. Tras el pasaje de la carta citado reconocemos la misma intención política que hay en el "Sermón"[62]. Con el mutismo ordenado por ley y que él advierte en septiembre de 1627 en el mercado, disfruta de lo que en el poema quisiera que se impusiera radicalmente: la anulación del carácter subjetivo de la figura del burgués, una subjetividad que se sentía como una amenaza.

Desde el punto de vista de una descripción histórica de los modelos de identidad, el objeto de ese rechazo habría que designarlo

---

61   Cf. nota 50.

62   El paralelismo consiste en el rechazo a la burguesía; la conformidad con los dirigentes (de Trejo) que se revela en la carta deja lugar, por el contrario, a una fría distancia frente a los "grandes señores" en el "Sermón", el cual se caracteriza por una posición estoica.

como subjetividad. Lo que aparece como amenazador es que el burgués, en su actuar, ya no se guía por el modelo de un sistema de sentido y de roles tradicional, sino que se libera de ese sistema y se convierte él mismo, en cuanto individuo, en el principio de sus actos. Esto corresponde al derecho de autonomía y al reconocimiento de la misma que Quevedo apunta muy en concreto en su carta: el individuo es tal porque nadie puede hablar por él ni ofrecer un sentido si no lo hace él mismo. La crítica que hace Quevedo en el "Sermón" se dirige a una subjetividad que se muestra en la praxis material; él mismo la conoce como experiencia poética, como ya vimos, y en el conceptismo la adopta incluso como su propio modelo de identidad.

Lo que hace que Quevedo se oponga al progreso histórico de su época son los intereses políticos y los resentimientos sociales. Su voluntad conservadora, no, reaccionaria,[63] le obliga a adoptar para sí una posición que, aunque reclame la razón en forma del ideal estoico de una vida conforme a la naturaleza, sin embargo se encierra en la evocación de un orden mítico delimitado y en la defensa de la "idolatría de la naturaleza" (Marx)[64] contra el estado de la razón que se alcanzó en su época. Más tarde veremos que Quevedo, fuera de los conflictos sociales inmediatos, no sólo apreciaría los diferentes y transgresores logros de la subjetividad burguesa que, en el "Sermón", distorsiona con agresividad al reproducirlos, sino que incluso sabrá reconocerlos como garantes muy válidos de la identidad humana (cap. VIII, 2 y 3). Pero, dentro de la lucha social de intereses, quedan descartados la comprensión y el compromiso.

---

63 Reaccionario, por cuanto le da menos importancia al *status quo* que a un regreso al feudalismo medieval.

64 Marx ve "the great civilising influence of capital" en la superación de una etapa social determinada por la "idolatría de la naturaleza"; véase del mismo, *Elementos fundamentales…*, ibídem, p. 362.

VI. Dinero en circulación

Como ya se puede observar en el "Sermón estoico", Quevedo ve la fase que sigue a la explotación del oro como una etapa marcada por la desilusión. En un poema sobre la figura del buscador de oro (poesía núm. 136), se apresura a convencerlo de que en el oro no encontrará lo que espera de él:

> ¿Piensa(s) (y es un engaño vergonzoso)
> que le hurtas riqueza al indio suelo?
> ¿Oro llamas al que es dulce desvelo
> y peligro precioso,
> 45   rubia tierra, pobreza disfrazada
> y ponzoña dorada?

De modo que el resultado del dinero no es la riqueza, sino tan sólo su mera apariencia, un tesoro engañoso que oculta lo que es en realidad: un mal peligroso. Su carácter ambiguo es expresado por oxímora.

A continuación, queremos analizar cómo presenta Quevedo los efectos que tiene en la sociedad el oro o el dinero –él utiliza ambos como sinónimos–, unos efectos que apostrofa de desastrosos. ¿Qué está indicando, entonces, el autor cuando lo llama "tirano de buen nombre"? (p. 101, verso 135).

Nosotros constatamos, principalmente, tres momentos en los que se puede entender un poco más de cerca su crítica a la moneda en circulación: 1) su particular independización frente al hombre, 2) el papel que desempeña en la estructura de la jerarquía feudal contemporánea y 3) el caos moral que, según Quevedo, provoca.

1. Sobre el carácter fetichista objetivo del dinero

Todos los textos de Quevedo sobre el dinero comparten, en el fondo, una expresión de asombro por el poder que despliega en la sociedad y que es tan difícil de explicar. No es más que un metal, pero las capacidades que posee son inmensas; es, como otras muchas, materia del fondo de la tierra, sin embargo la sociedad le brinda precisamente a él una veneración casi religiosa.

En la letrilla de "don Dinero" (poesía núm. 669), posiblemente el texto más famoso del autor sobre este tema, intenta dar con su misterioso carácter vital, personificándolo y haciéndolo aparecer como un caballero poderoso en su marcha triunfal por todos los ámbitos de la vida. La personificación más consecuente es la que se lleva a cabo en la primera estrofa, donde el dinero aparece como un amante adorado por su joven amante:

> Madre, yo al oro me humillo;
> él es mi amante y mi amado,
> pues, de puro enamorado,
> de contino anda amarillo;
> 5   que, pues, doblón o sencillo,
> hace todo cuanto quiero,
> poderoso caballero
> es don Dinero.

En un soneto que lleva por título, "Al oro, considerándole en su origen y después en su estimación" (poesía núm. 117), se tematiza el asombro por el hecho de que sea un metal al que se le otorga ese rango tan prominente en la sociedad:

> Este metal que resplandece ardiente
> y tanta invidia en poco bulto encierra,
> entre las llamas renunció la tierra:
> ya no conoce al risco por pariente.
>
> 5   Fundido, ostenta brazo omnipotente,
> horror que a la ciudad prestó la sierra,
> descolorida paz, preciosa guerra,
> veneno de la aurora y del poniente.

Éste en dineros ásperos cortado,
10   *orbe pequeño*, al hombre le compite
los blasones de ser mundo abreviado.

Pálida ley que todo lo permite,
caudal perdido cuanto más guardado;
sed que no en la abundancia se remite.

En otro verso describe de forma semejante la transformación del metal en "tirano" (poesía núm. 72):

5   El metal que a las luces de la esfera
por hijo primogénito acomodo,
luego que al fuego se desnuda el lodo,
espléndido tirano reverbera.

En el siguiente comentario[1] el poder que tienen el oro y la plata es atribuido de forma aún más evidente a una naturaleza demoníaca, la cual es inherente al metal y aumenta en proporción a su masa:

Son (sc. el oro y la plata) dos demonios subterráneos, empero bienquistos de todos los vivientes; dos metales, que cuanto tienen más cuerpo, tiene(n) más de espíritu.

Pr. 301 s.

Finalmente, citaremos una letrilla en la que se oponen los efectos amargos, pero salvíficos, de la pobreza contra los del dinero, que, aunque cumple todos los deseos, pone al mundo al revés (poesía núm. 658). Aquí también aparece el dinero como un extraño poder que parece actuar por cuenta propia y que, por su extensión, es incluso comparable a Dios:

¿Quién hace al tuerto galán
y prudente al sin consejo?
10   ¿Quién al avariento viejo
le sirve de río Jordán?

---

1   Para ver el contexto del que se ha tomado, consúltese la p. 192 s.

> ¿Quién hace de piedras pan
> sin ser el Dios verdadero?
> El dinero.

En estos textos reconocemos reflejos especialmente claros de lo que, más tarde, Marx llamaría el carácter fetichista de la mercancía o, también, del dinero. El problema del que se trata aquí objetivamente ya estaba presente en la discusión que llevaron a cabo los contemporáneos de Quevedo. Cellorigo advirtió de que los metales preciosos no se pueden confundir con la riqueza social, sino que hay que considerarlos como mera expresión de la verdadera riqueza: la productividad social. En la época de Quevedo, por lo tanto, hay una conciencia, de carácter totalmente científico, del problema de la ruptura entre el ser y la apariencia de los metales preciosos.

Pero nosotros vamos a recurrir al concepto de Marx, quien trata esa relación con más agudeza que los arbitristas, quienes más bien la intuían, y que le da plasticidad a lo que Quevedo expresa en su discurso sobre el "espléndido tirano" (poesía núm. 72. 8) o "don Dinero". Ya en su obra temprana, también incluso en la interpretación de un texto de Shakespeare[2], Marx le atribuyó el poder mágico que, normalmente, se le confiere al dinero a la esencia social que éste encierra. La capacidad del dinero no consiste más que en la actividad social que representa, pero en él esa actividad ha desaparecido por completo al cosificarse. En esa cosificación de su capacidad social de mediar es en la que consiste, según Marx, la esencia del dinero, esto es, "que queda alienada la actividad mediadora o el movimiento, el acto humano y social por el que los productos del hombre se complementan recíprocamente, y se convierte en la característica de una cosa material, del dinero, que queda fuera del hombre"[3]. El dinero recibe su capacidad y su particular apariencia de autonomía por haberse trasladado al metal el trabajo humano de la mediación. De él y no del hombre es de donde, de repente, parece partir el movimiento que establece los nexos; el mediador no es el hombre sino el dinero:

---

2   Karl Marx, *Die Frühschriften*, ibídem, pp. 297 ss.

3   Cita tomada de Helmut Reichelt, *Zur logischen Struktur des Kapitalbegriffs bei Karl Marx*. Frankfurt/M. 1973[4], p. 206.

"... la relación misma de las cosas, la operación humana con las mismas, deviene la operación de un ente que está fuera del hombre y por encima de él. A través de ese mediador ajeno ... el hombre ve su voluntad, su actividad, su relación con los demás como un poder independiente de él. Su esclavitud, por lo tanto, llega al culmen. Ese mediador, claro está, se convierte en el verdadero Dios, pues el mediador es el poder real sobre aquello con lo que me media. Su culto se convierte en una finalidad en sí"[4].

En *El Capital*, Marx ha acuñado el concepto del carácter fetichista para la apariencia de independencia de algo profundamente social[5]. Lo utiliza de forma general para una economía productora de mercancía. Esa ocultación la ve fundada en la misma forma de la mercancía cuando "la misma les vuelve a reflejar a los hombres los caracteres sociales de su propio trabajo como caracteres objetivos inherentes a los productos del trabajo, como propiedades naturales sociales de dichas cosas ... A eso llamo yo el fetichismo que se adhiere a los productos del trabajo no bien se los produce como mercancías..."[6]. En el dinero, entonces, esa invisibilidad de la mediación social se hace especialmente patente: "el enigma que encierra el fetiche del dinero no es más, pues, que el enigma, ahora visible y deslumbrante, que encierra el fetiche de la mercancía"[7]. Y en el mismo pasaje dice: "Estas cosas, el oro y la plata, tal como surgen de las entrañas de la tierra, son al propio tiempo la encarnación directa de todo trabajo humano. De ahí la magia del dinero"[8].

El abismo que se abre entre el origen material del dinero y sus efectos fantasmagóricos en la sociedad se anuncia ya, como objeto, en el título de soneto citado, poesía núm. 117. La presentificación de su origen, en la profundidad de la tierra, tiene la función de poner de relieve la inesperada vida independiente de un metal (de lo cual se advierte también en la cita de la Pr. 301 s.) En el crisol se separa de la

---

4   Ibídem, pp. 206 s.
5   Karl Marx, *Das Kapital*. Vol. I, ibídem, p. 85 ss.
6   Ibídem, pp. 86 s.
7   Ibídem, p. 108.
8   Ibídem, p. 107.

tierra de la que procede y cuando llega a la ciudad, fundido y acuñado, se ha convertido en un ser independiente: parece no tener rasgos, ni naturales ni sociales.

Pensamos que el soneto que hemos extraído de los textos citados para analizarlo más detenidamente se caracteriza por una tensión especial. Por un lado, intenta describir los efectos del dinero y, por otro, indica que se escapa a los conceptos. Uno de los efectos del dinero es que cuando, en la circulación social, ya no se le reconoce como metal, provoca envidia entre los hombres, una abundancia de "invidia" encerrada en un pequeño volumen (2). Además, se manifiesta omnipotente (5), terrible (6), como algo paradójico que, por convertirse precisamente en objeto de envidia[9], causa y es al mismo tiempo "descolorida paz, preciosa guerra" (7) y, finalmente, veneno (8). En el último terceto se enumeran tres particularidades: es una ley que invalida todas las demás por permitir todo (12); cuanto más se le proteje menos se tiene, es decir, sólo se disfruta de él gastándolo (13)[10]; produce tal ansia por poseerlo que ésta no se puede calmar ni siquiera cuando se tiene en abundancia (14; el dinero, más que otras formas de riqueza, lo que posibilita es la acumulación tendencialmente infinita). Pero, a pesar de semejantes descripciones, el texto no ofrece ningún concepto del dinero, sino una serie de observaciones –tocando de pasada en parte relaciones morales, en parte ciertas características del medio de trueque– que, al contrario, testimonian más bien la imposibilidad de concebirlo. Esta impresión se refuerza aún más mediante la formulación paratáctica-acumulativa del último terceto. El soneto no acaba con una sentencia rotunda, sino, precisamente, con observaciones sueltas; el lenguaje muestra que el dinero se sustrae a las relaciones humanas interpretables.

En el primer terceto, sin embargo, observamos que se ha captado especialmente bien el carácter fetichista. Como moneda, se dice, el oro se convierte en un "orbe pequeño" (10) o en un "mundo abreviado" (11), y de este modo le disputa al hombre la importancia que hasta ahora éste reclamaba para sí mismo.

---

9   Sobre esta interpretación, véase el texto citado en la p. 147.

10 En el capítulo VII, 2, se ahondará en textos sobre esta problemática.

El primer nivel interpretativo de esta metáfora es muy evidente: la función del dinero en cuanto equivalencia abstracta de todas las cosas concretas cambiables es la que, de hecho, lo convierte en una especie de abreviatura de éstas. El segundo nivel consiste en que, mediante esa propiedad, se produce, evidentemente, una competencia (10) entre el hombre y el oro. Es importante detenerse un poco más precisamente en este conflicto de roles.

La idea del hombre como un microcosmos ("orbe pequeño") es un tópico antropológico al que se recurre con frecuencia en la literatura española de la época[11]. Ya que no podemos tratar aquí la tradición que tiene esta imagen en la Antigüedad y en el medievo cristiano[12], citaremos una definición de Cristóbal Pérez de Herrera (1556-1620) para ver lo que asocia con ella un contemporáneo de Quevedo y lo que puede significar aquí como metáfora del dinero. En la antología de *Enigmas filosóficos, naturales y morales* (Madrid 1618), este médico español plantea el enigma sobre cuál podría ser el mundo completo que sólo mide siete pies de largo, y menciona al hombre como la solución a su pregunta, justificándolo de esta manera:

> Llámase en griego "microcosmos", que quiere decir "mundo pequeño", porque en él con eminencia se encierran todas las cosas que en el mayor ... Todo cuanto hay en el mundo está a su obediencia, y como a señor se lo puso y sujetó Dios debajo de sus pies.[13]

Esta definición confirma, en principio, la interpretación del "orbe pequeño" como metáfora del dinero en el sentido antes mencionado: el dinero encierra en sí mismo todas las cosas como posibilidad; pero dicha interpretación ofrece, además, la posibilidad de entender por qué se debería inmiscuir en el terreno humano. Tal y como interpreta Pérez de Herrera el tópico, el hombre no sólo reproduce perfectamente el cosmos de forma pasiva, sino que es el dueño activo, instituido por Dios, de un mundo que está a su disposición. Para Pico

---

11 Francisco Rico, *El pequeño mundo del hombre. Varia fortuna de una idea en las letras españolas*. Madrid 1970.

12 Véase al respecto, ibídem, pp. 11-45.

13 Cita tomada de Rico, ibídem, p. 155.

della Mirandola (1463-1494) el concepto de microcosmos también
remite al mismo papel central del hombre, cuando concibe al mismo
como nudo y vínculo de todo el mundo, por lo que, debido a esa
función, lo llama "piccolo mondo"[14]. Como hemos visto en el caso
de Pérez de Herrera, en el siglo XVII seguramente era corriente esa
interpretación del tópico influenciada por la idea renacentista del
hombre[15]. En otro pasaje vuelve a explicarlo en este sentido, como
un indicio de que el hombre, activo y en gran medida perfecto, es
imagen y semejanza de Dios[16].

Ante este trasfondo, resulta más clara la observación de que el dinero le disputa al hombre el honroso atributo, esto es, "los blasones
de ser un mundo abreviado" (11). Lo que constata el verso de Quevedo
es que el dinero se ha apropiado de una función que sólo le podía co-
rresponder al hombre y que, como acabamos de ver, la interpretación
contemporánea del tópico la caracteriza más profundamente como la
de sujeto de su mundo. Lo importante aquí no es si Quevedo ha
hecho uso del tópico teniendo en cuenta conscientemente tales con-
notaciones; al utilizarlo muestra la seguridad con la que encuentra
imágenes para constelaciones que se sustraen a sus conceptos. Su
verso refleja, sin conceptos pero a punto de captarlo, el hecho de que
en el dinero lo específicamente social ha pasado a ser una cosa. El
hombre, como dice Marx, ve en la moneda su propia función mediadora como si le fuera ajena; sólo vagamente sospecha que el dinero le
está disputando la capacidad mediadora que le corresponde.

---

14   Según Pico: "La natura dell'uomo, quasi vinculo e nodo del mundo è collocata nel
     grado mezzo dell'universo; e come ogni mezzo participa de gli extremi, cosí l'uomo
     per diverse sue parti con tutte le parti del mondo ha communione e convenienzia
     (sic), per la quale cagione si suole chiamare Microcosmo, cioè uno piccolo mondo";
     cita tomada de Dámaso Alonso, *Poesía española*, ibídem, p. 464, nota 53.

15   Dámaso Alonso ha mostrado la recepción de la definición de Pico a través de
     Lope de Vega; ibídem, p. 464.

16   Dice ahí: "Y pues entre las obras maravillosas de Dios, una, y de las más admi-
     rables, es el hombre, que crió con tan excelente compostura y ser, que conside-
     rándole los filósofos griegos, le llamaron Microcosmos, que significa mundo
     pequeño y abreviado, porque su armonía y concierto en todas sus acciones y
     excelencias corresponden a Él"; Cristóbal Pérez de Herrera, *Amparo de pobres*,
     ibídem, pp. 192 s. Como se muestra en esta anotación, la formulación de Que-
     vedo, "mundo abreviado" (11), no es nueva dentro de ese tópico.

Así es como nos acerca, pues, el soneto, en el primer terceto, al carácter fetichista; en esa cercanía estriba el particular efecto que produce. Pero no anula el fetichismo, al contrario, la rivalidad entre el dinero y el hombre, que se afirma metafóricamente sin explicarse, sirve para aumentar aún más lo fetichista. La enigmática autonomía del dinero se presenta aquí, al fin y al cabo, como su esencia. El oro adopta el papel de sujeto, es decir, niega su origen natural y en la ciudad se revela todopoderoso; pero se queda en una apariencia de autonomía, mientras que es la sociedad misma la que delega en el metal su propio poder.

Los otros textos que hemos citado aquí ilustran lo que hemos observado en este soneto. De la letrilla a "don Dinero" y de los múltiples efectos que éste tiene en la sociedad nos ocuparemos en los pasajes que siguen a continuación; pero es importante constatar aquí que la personificación que se hace en ella (en diez estrofas en conjunto) retrata al dinero como fetiche, en el sentido antes explicado. El asombro por una sociedad en la que los privilegios sociales y las relaciones humanas se transmiten sobre todo mediante el dinero, motiva al autor a servirse de un ser ficticio al que quisiera hacer responsable de semejantes efectos; y esto no sólo es característico del grado de ese asombro, sino también del hecho de que, en el dinero, objetivamente, se cosifica lo social hasta dejar de ser reconocible y aparecer como entidad independiente. La muchacha, que corteja a "don Dinero" como si fuera un amante, no busca en él otra cosa, naturalmente, que las mediaciones sociales concretas y en absoluto fantasmagóricas que se puede permitir a través de él.

En este contexto, la estrofa citada de la letrilla núm. 658 nos permite hacer una constatación más a propósito de la comparación entre Dios y el dinero, comparación que ya se trató en el capítulo sobre el "Sermón estoico". En dicha estrofa se pregunta por el dinero como si fuera un misterio capaz de realizar el milagro de convertir en galán a un tuerto (3), en sensato al ignorante (9), al viejo avariento en joven (10-12)[17] y −"sin ser el Dios verdadero", del que se podría esperar semejante milagro− a las piedras en pan (12-13). Esa pregunta llena

---

17 Sobre el uso de la metáfora del río Jordán como un medio de rejuvenecimiento, véase la poesía núm. 662, 19-27 y núm. 709, 17-20.

de asombro advierte de que la comparación entre Dios y el dinero refleja dos cosas. No se refiere sólo a la mediación universal, y por eso semejante a la de Dios, que hace posible la moneda, sino también, al mismo tiempo, a la autonomía que se sustrae misteriosamente al concepto, la cual se puede poner al mismo nivel que Dios (o que los "espíritus" terrenales y demoníacos, Pr. 301 s.). Quevedo sabe perfectamente, y esto ha quedado patente en el texto del "Sermón", que son los hombres los que, con el dinero, hacen el mundo disponible, pero también se da cuenta de que con el dinero quedan enfrentados con algo objetivo y ajeno.

Sin embargo, él no tiene ningún interés de anular esa objetividad en cuanto apariencia[18].

2. EL DINERO Y EL ORDEN FEUDAL

Uno de los efectos del dinero que resalta Quevedo con especial empeño es la creciente permeabilidad de la estructura social tradicional y, con ella, el cuestionamiento de la sociedad feudal en su conjunto. En este caso, por lo tanto, no se trata ya de reflejos de la objetividad del dinero mismo que Quevedo no ha llegado a entender, sino de reaccionar conscientemente al momento social específico.

a) Movilidad social

La situación social en la España de la segunda mitad del XVI y todo el XVII es paradójica: por una parte, se endurece la estructura feudal en la medida en que se debilita la influencia de las ciudades y

---

18 Y para seguir con el ejemplo que ofrece la estrofa en cuestión: las transformaciones mencionadas no las realiza el "dinero" sino el trabajo social que se recibe a cambio. El falto de ideas se compra los consejos de los otros, el rico que anhela la juventud, a los médicos, y cuando incluso un tuerto puede hacer un guiño con el dinero para transformarse en un atractivo amante, no es el dinero el que lo hace atractivo sino el acceso que éste promete a las instancias reales de la intermediación social. En la transformación de las piedras en pan especialmente, se pone de manifiesto que no son las monedas las que realizan milagros, sino el trabajo humano.

se concentra el poder en la alta nobleza, y por otra, se da una intensa movilidad dentro de este sistema[19]. La gran meta a la que aspiraban los comerciantes que se habían enriquecido con el comercio americano era la compra de tierras, lo cual les permitía adquirir títulos de nobleza, y esto, a su vez, beneficios fiscales, fácil acceso a puestos burocráticos y, sobre todo, reputación social. Pero no se negociaba sólo con la entrada en el estrato feudal; dentro de éste existía la misma tendencia de comprarse un título más alto aún; cuando el simple hidalgo quería mejorar haciéndose caballero y éste intentaba que el rey le otorgara una jurisdicción que le diera el título de "señor de vasallos". De la misma forma, entre el grupo de caballeros era muy solicitada la entrada en una orden militar, que otorgaba el rango de un "caballero de hábito", lo cual, aunque no suponía ningún beneficio material, significaba una distinción especial; Olivares les vendió ese honor a cientos[20]. Con tal "cualificación"[21], un caballero podía hacerse esperanzas de ascender en el grupo de los títulos y llegar a ser marqués o conde, siempre y cuando tuviera el dinero suficiente para comprarse más jurisdicciones y poderle ofrecer a la corona empréstitos estatales[22]. El rango más alto en el orden feudal –exceptuando al rey– lo tenían los grandes; Carlos V había fijado el número de éstos en veinte, pero a lo largo del siglo se fue haciendo permeable para nuevos aspirantes y la cifra aumentó[23].

---

19 Véase p. 22.

20 Lynch, *España...*, vol. II, p. 185.

21 Una tercera posibilidad con la que contaban los caballeros para el ascenso social consistía en las encomiendas, esto es, el derecho a recibir tributos de los indios de las colonias; pero una encomienda nunca se vendía, sino que le correspondía ya desde el principio a los conquistadores y sus herederos, y en el siglo XVII el rey se la regaló a los nobles castellanos como especial prueba de simpatía; J. H. Elliot, *Imperial Spain. 1469-1716*. London 1969[3], pp. 59, 62-64; Lynch, ibídem, p. 233.

22 Apunta Lynch: "El criterio era, una vez más, la riqueza, especialmente en el siglo XVII. Quienes tenían bastante dinero para comprar tierra, jurisdicciones y vasallos, para llevar una vida fácil y de lujo y para adelantar sumas importantes a la hacienda, podían esperar alzarse del rango de simple caballero al de conde o marqués"; ibídem, p. 185.

23 Ibídem, pp. 185 s.

Para la corona, esa ambición por obtener un título nobiliario y el ansia de los propios nobles por ascender de categoría fue un oportuno negocio. Vendiendo los propios derechos que tenía sobre sus vasallos y creando títulos nuevos, podía contrarrestar una buena parte de su déficit financiero, al menos momentáneamente. Felipe IV, especialmente, en cuyo reinado se agudiza la crisis, fue muy activo en todo lo referente a la creación de nuevos rangos. Durante su gobierno le añadió a la vieja nobleza 5 vizcondes, 78 condes y 209 marqueses[24]. De esta inflación de títulos feudales –cuyos precios, de hecho, fueron bajando a lo largo del siglo[25]– se aprovecharon también los extranjeros. Aquí habría que mencionar especialmente a los siguientes banqueros genoveses: Adam Centurión, por ejemplo, recibió en 1560 el título de marqués de un lugar que había comprado cerca de Sevilla[26]; su hijo, Octavio, reunió diferentes rangos, era "comendador de la Zarza, caballero de Calatrava, del Consejo de Guerra, camarero de la Reina doña Isabel" y, a partir de 1632, "marqués de Monasterio"[27]; Juan Esteban Imbrea, en 1648, recibió un condado por sus servicios[28], y Carlos Strata, uno de los más ricos entre los prestamistas genoveses de Felipe III y Felipe IV, recibió incluso el título de grande de Castilla: "por particular privilegio natural destos Reynos, de la Orden de Santiago y Comendador de las Casas de Toledo, con futura merced de otra que posee hoy, Grande de Castilla…"[29]. También banqueros portugueses que, bajo Felipe IV, desempeñaron papeles de cierta importancia, tuvieron acceso a la nobleza, aunque de forma más humilde en comparación con los genoveses, pues normalmente entraban a formar parte de órdenes militares[30].

Quevedo ya se dio perfectamente cuenta del papel que tenía el dinero en la sociedad feudal de la época y lo plasmó en un texto

---

24 Ibídem, p. 185.

25 *Historia social y económica* (Vicens Vives), vol. III, ibídem, p. 219.

26 A. Domínguez Ortiz, *Política y hacienda de Felipe IV*, ibídem, p. 111.

27 Ibídem.

28 Ibídem, p. 113.

29 Ibídem, pp. 118 s.

30 Ibídem, p. 131.

temprano[31], en la letrilla de "don Dinero" (poesía 669). Las primeras dos estrofas ya las hemos citado antes[32], y para esta temática no hace falta volverlas a incluir.

> Es galán y es como un oro,
> tiene quebrado el color,
> persona de gran valor,
> 20 tan cristiano como moro.
> Pues que da y quita el decoro
> y quebranta cualquier fuero,
> poderoso caballero
> es don Dinero.
>
> 25 Son sus padres principales,
> y es de nobles descendiente,
> porque en las venas de Oriente
> todas las sangres son reales;
> y pues es quien hace iguales
> 30 al duque y al ganadero,
> poderoso caballero
> es don Dinero.
>
> Mas ¿a quién no maravilla
> ver en su gloria sin tasa
> 35 que es lo menos de su casa
> doña Blanca de Castilla?
> Pero, pues da al bajo silla
> y al cobarde hace guerrero,
> poderoso caballero
> 40 es don Dinero.
>
> Sus escudos de armas nobles
> son siempre tan principales,
> que sin sus escudos reales
> no hay escudos de armas dobles;
> 45 y pues a los mismos robles
> da codicia su minero,
> poderoso caballero
> es don Dinero.

---

31 Se encontraba dentro de la *Primera parte de las flores de poetas ilustres de España*, publicada en 1605 en Valladolid; véase la anotación en *Poesía*, p. 734.

32 Véase pp. 120 y 15.

Por importar en los tratos
50   y dar tan buenos consejos,
en las casas de los viejos
gatos le guardan de gatos.
Y pues él rompe recatos
y ablanda al juez más severo,
55   poderoso caballero
es don Dinero.

Y es tanta su majestad
(aunque son sus duelos hartos),
que con haberle hecho cuartos,
60   no pierde su autoridad;
pero, pues da calidad
al noble y al pordiosero,
poderoso caballero
es don Dinero.

65   Nunca vi damas ingratas
a su gusto y afición;
que a las caras de un doblón
hacen sus caras baratas;
y pues las hace bravatas
70   desde una bolsa de cuero,
poderoso caballero
es don Dinero.

Más valen en cualquier tierra
(¡mirad si es harto sagaz!)
75   sus escudos en la paz
que rodelas en la guerra.
Y pues al pobre le entierra
y hace proprio al forastero,
poderoso caballero
es don Dinero.

El texto es insistente a la hora de mostrar el mal que el dinero le está causando a la sociedad feudal definida en un sentido estricto[33]. Dentro de este sistema, al parecer, los roles sociales se definen muy clara-

---

33   En el tercer apartado trataremos la crítica que contiene el poema a las consecuencias morales que conlleva el dinero; véase especialmente los versos 49-56 y 65-72.

mente; se sabe quién tiene "decoro" (21) y quién no, quién es un noble y quién un ganadero (30), quién proviene de una capa baja y quién, por el contrario, merece un puesto en la sociedad ("silla", 37), y, para demarcar el sistema frente al exterior, a quién hay que considerar cristiano y a quién moro (20), a quién nativo y a quién extranjero (78). Todas estas definiciones realizadas con tanto cuidado, el dinero las echa por tierra de un modo manifiesto. Ahí donde penetra, dentro de la sociedad, el honor se convierte en un bien mueble que el dinero lo regala y su falta lo quita (21), el conde y el ganadero, el noble e, incluso, el mendigo se encuentran al mismo nivel (61-62), el plebeyo consigue un puesto ("silla") que le correspondería únicamente a los de estatus superior, y la religión, la raza y la procedencia ya no juegan ningún papel.

Este poema impresiona debido, en gran parte, al uso permanente de polisemias, una técnica que hace también evidente el papel que tiene el dinero en el orden feudal, el cual, en cierto modo, quiebra desde dentro dicho orden. "Don Dinero" –así se podría parafrasear– tiene que ser descendiente de la vieja nobleza, pues las "venas" de las que procede (27, adviértase aquí que esta palabra tiene diferentes significados, entre ellos también el de yacimiento) son "reales"; es decir, si en los reales –entiéndase aquí la moneda española– no hubiera algo real –ahora en el sentido de monárquico e, incluso, también de verdadero– el dinero no podría penetrar en el sistema feudal de la forma que hemos descrito más arriba e igualar, finalmente, a duques y ganaderos (29-30). Algo similar sucede con el juego de palabras "doña Blanca de Castilla" (33-36), con el que se da a entender que el dinero se ha acaparado el poder que antes iba unido a la tradición aristocrática; a quién no le extrañará, se pregunta, que esa dama, descendiente de la aristocracia castellana[34], tenga un rango inferior en la jerarquía del dinero –la "blanca" era una moneda de cobre de poco valor. También el "escudo" se utiliza de forma polisémica (arma de protección, blasón y moneda). Sin "escudos reales" (43), se constata categóricamente, no puede haber ningún "escudo de armas dobles" (44); con otras pa-

---

34 "BLANCA DE CASTILLA. Biog. Reina de Francia, n. en 1187 y m. en 1252. Era hija de Alfonso IX de Castilla…"; *Enciclopedia Espasa-Calpe*, ibídem.

labras: sin monedas de oro es imposible adquirir blasones feudales; la
pretensión de ascender en la escala de la nobleza se soluciona únicamente con dinero, bien para poderse comprar un título o bien para
mantener uno heredado y vivir de acuerdo con él. Ese juego de palabras se vuelve a retomar con una variación en la última estrofa: "los
escudos en la paz" (75), es decir, las monedas, son más útiles y consiguen más que "las rodelas en la guerra" (76) —la rodela es un tipo de
escudo redondo. Aquí también la función del idioma es mostrar la
ambigüedad que crea el dinero en el sistema semántico tradicional y
cómo lo destruye: tiene más éxito que el tradicional instrumento de
poder, las armas, y ya hace tiempo que las ha sustituido[35].

Pero, según Quevedo, el efecto más importante que produce el
dinero es la propia fluctuación social que se está dando en su época,
debido a la compra de los privilegios de la nobleza. Con amargura
toma nota en otro pasaje de los rápidos ascensos que se dan dentro
de la jerarquía y de la posibilidad que tienen los plebeyos de hacerse
de repente ricos (poesía núm. 772):

> Quien ayer fue Zutanillo
> hoy el don Fulano arrastra;
> y quien era don Fulano,
> 100   a los voses se arremanga.
>
> Antes contaba sus penas
> el que nació entre malvas;
> y ya apenas tiene manos
> para contar lo que guarda.

Y al constatar que entre los señores feudales de su tiempo también
hay algunos de descendencia judía, reacciona especialmente drástico
(poesía núm. 657)[36]:

> Y he visto sangre judía
> hacerla el mucho caudal

---

35   El dinero ha transformado también incluso la manera de hacer la guerra: a los
     soldados los convierte en mercenarios y, como teme Quevedo, atrae también a
     los cobardes ("al cobarde hace guerrero", 38).

36   Véase la nota 38.

30 (como papagayo) real,
clara ya su vena oscura.

Pícaros hay con ventura...

En la sociedad española, cualquier puesto estaba relacionado con la comprobación de la limpieza de sangre[37], pero, de hecho, si se poseía un capital suficientemente grande, se podía superar esos obstáculos raciales, y los judíos convertidos se podían colocar en el mismo escalón social que los nobles, quienes se enorgullecían de su origen "cristiano" (y que, muchas veces, era lo único que poseían). El desprecio de Quevedo hacia esas mezclas sociales se refleja en el atributo de pícaros que les endilga a los nobles judíos (núm. 657, 31). Es como si el autor, que tiene que luchar incluso para obtener el rango de caballero de hábito, defendiera con preocupación su propio estatus y rechazara con toda su agresión el ascenso de los nuevos ricos, lo que queda reafirmado por las conclusiones a las que llega Carrol B. Johnson en su trabajo[38].

b) Igualdad

Con la figura de "don Dinero" el dinero no adopta cualquier personificación, sino la de un caballero, con lo cual queda caracterizado, por una parte, como instrumento del ascenso al estatuto de la nobleza, pero, por otra, como el instrumento con el que se median, entretanto, los anhelos vitales de toda la sociedad, sin diferenciar

---

37 Como lo muestra el ejemplo del converso Mateo Alemán, incluso para pasar a América había que comprobar la limpieza de sangre; no obstante, al parecer, a muchos de los funcionarios reponsables se les podía sobornar con dinero, como se revela en el caso de Alemán; véase la introducción de Samuel Gili Gaya al *Guzmán de Alfarache* de M. Alemán. Vol. I, Madrid 1968 (= Clásicos Castellanos, 73) p. 22.

38 Carroll B. Johnson ha comprobado que Quevedo, en el *Buscón*, hace referencia a la familia Coronel, una generación de nobles contemporáneos que descendían de judíos, a los cuales, en 1492, los Reyes católicos les concedieron el privilegio de la hidalguía en agradecimiento por los favores prestados. Johnson considera que la referencia a esta familia es una amenaza bien calculada por parte del autor: "Ya sé quiénes sois, majaderos, ¡y ojo!"; de la misma, *El Buscón: D. Pablos, D. Diego y D. Francisco*. En: *Hispanófila* (Chapel Hill, N. C.), 51 (1974), pp. 1-26.

entre los nobles y los que no lo son; de ahí que el dinero tenga un carácter misterioso que encierra rasgos tanto feudales como, incluso,
reales. La muchacha que convierte a "don Dinero" en amante (1 ss.),
los viejos que lo guardan para su seguridad (49-52)[39], los jueces que
se dejan sobornar con él (53-54), las damas que por él se venden baratas (65 ss.), todos ellos demuestran que el dinero es un "medio de
vida" común. Pero el hecho de que también los señores feudales de-
pendan de él, tal y como se resalta en la letrilla, demuestra que ese
elemento común empieza a cuestionar y demoler la estructura jerár-
quica de la vieja sociedad.

En otro lugar, Quevedo se ocupa expresamente de la cuestión de
por qué el dinero coloca al mismo nivel al noble que al ganadero e,
incluso, al mendigo, por qué crea, en definitiva, una igualdad social.
En la poesía núm. 879 declara:

> De oficiales y tenderos,
> 170   y de todo cosedor
> todo dinero es dinero;
> *no tiene casta el doblón.*
> El dinero del judío
> y el dinero del señor,
> 175   todos prueban de la bolsa;
> todos de un linaje son.

Cualquier dinero es dinero y todos por igual, en la medida en que
disponen de la misma suma de él, tienen el mismo poder adquisitivo.
La moneda no se adapta a la particularidad de cada propietario e ig-
nora las diferencias de la sangre, pues el dinero del judío, si quiere
comprobar su valor social, no necesita comprobar su pureza, ya que
vale exactamente igual que el del feudal cristiano.

El propio dinero no conoce castas; Quevedo, con sorpresa, toma
nota aquí de que ese elemento común tiene que ser el responsable de
convertir en iguales los diferentes estamentos y razas (172). Téngase
en cuenta que ese resultado, por supuesto, no es objetivamente su
efecto inmediato. En rigor, es más bien el acto de cambio el que hace

---

39 Véase pp. 141 s.

iguales a los que son sus partícipes, pues lo que intercambian entre ellos se mide y se expresa en un recíproco valor de cambio abstracto; esa igualdad, por lo tanto, se hace visible en el dinero en cuanto equivalente común[40]. Por muy indirectamente que se refiera aquí Quevedo al cambio, al constatar en las monedas algo como una falta de casta, está expresando, no obstante, la experiencia de un estado social en el que las mediaciones reales se regulan todavía mediante los privilegios tradicionales, pero ya cada vez más mediante un principio que es completamente común.

La letrilla muestra muy claramente que a través del dinero o, concretamente, del principio de cambio queda superado, finalmente, el sistema feudal. De "don Dinero" se dice que "da calidad/ al noble y al pordiosero" (61-62), luego, le ofrece a los dos el rango de nobleza[41]. Esta formulación paradójica –¿por qué hay que darle al noble ahora lo que ya tenía desde hace mucho?– advierte de que el privilegio de la nobleza ya no puede asegurar el dominio sobre el mundo material, antaño garantizado, porque ahora la mediación material se regula, principalmente, a través del medio de cambio común. El señor feudal

---

40 Marx observa: "Los sujetos existen mutuamente en el intercambio sólo merced a los equivalentes; existen como seres de valor igual y se confirman en cuanto tales mediante el cambio de la objetividad, en donde uno existe para el otro. Existen unos para los otros sólo como sujetos de igual valor, como poseedores de equivalentes y como garantes de esta equivalencia en el intercambio, y al mismo tiempo que equivalentes, son indiferentes entre sí; sus restantes diferencias individuales no les atañen." Marx, *Elementos fundamentales...*, ibídem, p. 180. Y sigue: "Por último, en el propio dinero, en cuanto circulante que se presenta ora en unas manos ora en otras, y es indiferente a este [modo de] presentar[se], la igualdad pone ahora materialmente incluso la igualdad como cosa. Cada uno aparece ante el otro como poseedor del dinero, como dinero personificado, si se tiene en cuenta el proceso del intercambio. ... Un trabajador que compra una mercancía por valor de 3 sh. se presenta –bajo la forma de 3 sh.– como el rey que hace otro tanto. Se disipa toda diferencia entre ellos." Marx, *Elementos fundamentales...*, ibídem, pp. 184 s.

41 Con este sentido utiliza Quevedo la expresión "dar calidad" en otro pasaje: "Damos calidad a los que son mercaderes de cualquier nación, y quitamos la nobleza a los nuestros, si tratan"; Pr. 906 b. Cf. también la comedia *Dineros son calidad*, de Lope de Vega, que trata del problema de la nobleza empobrecida y de la compra de títulos por parte de los nuevos ricos (Edición crítica de Klaus Wagner, Wiesbaden 1966. = Mainzer Romanistische Arbeiten, V).

tiene que recurrir al dinero, al igual que cualquiera sin privilegios, si quiere satisfacer sus aspiraciones —y a esto mismo es a lo que se refiere el juego de palabras: "Sus escudos de armas nobles/ son siempre tan principales,/ que sin sus escudos reales/ no hay escudos de armas dobles" (41-44). En la medida en que a la estructura feudal, basada en la relación de servidumbre y privilegio, se superponen las mediaciones materiales de la estructura financiera, el título nobiliario pierde el sentido en cuanto aspiración social. Como el dinero da sin diferenciar lo que antes estaba reservado sólo a los privilegiados, la nobleza ya no puede funcionar por mucho tiempo más como una eterna característica personal de algunos individuos excelentes, por mucho que el término "calidad" siga sugiriendo una congruencia entre el ser natural y el social[42]. En la letrilla, "don Dinero" reparte a su antojo esa calidad, advirtiendo con ello de que, finalmente, el uso del dinero lleva al absurdo la estructura de la sociedad feudal[43].

La consecuencia de esa situación Quevedo la ve de forma muy drástica (poesía núm. 656):

> 21   Mejor es, si se repara,
>   para ser gran caballero,
>   el ser ladrón de dinero
>   que ser Ladrón de Guevara.

En la época de Quevedo, los Ladrón de Guevara eran una gran familia de nobles que estaban también asentados en Madrid[44]. Como ahora los señores feudales y cualquiera que posee dinero no sólo están al mismo nivel sino que, incluso, estos últimos tienen ventajas,

---

42 "Calidad" significa, en primer lugar, una característica física cambiante: "La propiedad del cuerpo natural, y naturalmente ... inseparable de la substancia"; *Autoridades*.

43 Cf. también la declaración referida a "don Dinero", según la cual éste "quebranta cualquier fuero" (22). Ese fuero que se quebranta se puede asociar perfectamente con el orden feudal. "FUERO. s.m. Ley o estatuto particular de algún Reino o Provincia. Significa también Jurisdicción, poder: como el fuero Eclesiástico, Secular etc. ... FUEROS. Se llaman también los privilegios y exenciones que se conceden a alguna Provincia, Ciudad o persona"; *Autoridades*.

44 García Carrafa, *Enciclopedia Heráldica y genealógica Hispano-Americana*. Madrid 1953, Art. "Ladrón".

el autor piensa que, bajo tales circunstancias, se tiene más éxito y reputación siendo un ladrón de dinero que formando parte de una genealogía prestigiosa. En estos versos y, sobre todo, en su contexto, aunque se trata de la maldad de un mundo en el que "sólo el que roba triunfa y manda" (Nr. 656, 10) y en el que los advenedizos desconsiderados tienen más suerte que los feudales de gran tradición –es interesante observar aquí que en el concepto del robo se incluye también el ámbito de la compra y la venta: "Toda esta vida es hurtar,/ no es el ser ladrón afrenta,/ que como este mundo es venta,/ en él es propio el robar" (1-4)–, el autor, sin embargo, a pesar del gesto de la indignación moral, no puede evitar constatar la crisis de su sociedad, en la que se ha quebrado la unidad entre las pretensiones sociales de carácter jerárquico y su cumplimiento real. Entre la autoconciencia feudal y las bases económicas se ha producido una escisión.

c) La destrucción de la autoafirmación feudal

Aún nos queda que hacer referencia a un último aspecto de esta crisis que se menciona también en la letrilla citada. Aquí se afirma del "poderoso caballero": "Más valen en cualquier tierra/ (¡mirad si es harto sagaz!)/ sus escudos en la paz/ que rodelas en la guerra" (73-76). El juego de palabras, con su correspondiente variación, ya se comentó anteriormente: la moneda ("escudo") tiene más influencia en la paz que las "rodelas" (= escudos) en la guerra. A primera vista, estos versos parecen expresar tan sólo, una vez más, el poder del dinero, pero con ellos se estaría expresando una experiencia específica: que la sociedad feudal no sólo se ve amenazada dentro de su orden social sino, también, en su autoafirmación hacia el exterior.

Del mismo modo que, en su interior, el sistema feudal se basa en la relación entre privilegios y la obligación tributaria, también hacia fuera se basa en las armas, pues éstas eran el instrumento con el que se defendían los principales intereses (la tierra y los vasallos) y con el que se impusieron. Para este sistema de autoafirmación social, la economía burguesa supuso un profundo cambio. Génova y Venecia experimentan una expasión gracias no tanto al ejército como al comercio y a las instituciones bancarias que se crearon. En el siglo XVII, un país como Holanda pudo convertirse en un tenaz enemigo de España y erigirse en potencia mundial por operar con el comercio, la manufactura y la economía monetaria. La crisis que experimenta España en esta época radica en la crisis de una organización destinada a asegurar el poder, pero demasiado rígida como para integrar las nuevas formas económicas y demasiado reducida a las armas; una organización, por lo tanto, que en ese momento ya estaba históricamente obsoleta.

Parece que Quevedo se estuviera imaginando ese irrevocable proceso histórico cuando con asombro, casi quijotesco, percibe la astucia del dinero ("¡mirad si es harto sagaz!"), con el que se logra más que con el instrumentario militar, y además incluso de forma pacífica. Se da cuenta, dicho de otro modo, de que la economía monetaria no sólo destruye el nexo social de la sociedad feudal, sino que también le imposibilita su autoafirmación tradicional.

d) La posición de Quevedo

La movilidad social, la crisis del sistema de privilegios y, por último, incluso la impotencia de la política exterior —Quevedo registra atentamente todo lo que está viviendo en su sociedad como consecuencia del "don Dinero" proveniente de América. No cabe ninguna duda de cuál es su posición ante estos acontecimientos; a él le resulta escandaloso que a las estructuras feudales se superponga un principio común. El dinero, en su opinión, es remarcable, no como medio que realiza lo que es común, sino, precisamente, todo lo contrario, como instrumento que destruye un orden restringido de carácter medieval; la eliminación de las diferencias que había mantenido la sociedad feudal en España durante siglos, Quevedo la presenta como un caos[45]. En la letrilla de "don Dinero" –aunque se abstiene de hacer un comentario valorativo directo, con la excepción de que coloca de forma indiferenciada las transformaciones sociales junto a las observaciones moralistas, insinuando así que son dignas de crítica– sin embargo, la técnica de la

---

45   Véase también la última estrofa de la letrilla núm. 658 (36-42). El caos provocado por el dinero radica, entre otras cosas, en haber destruido una jerarquía de origen natural: "¿Quién la montaña derriba/ al valle, la hermosa al feo?/ ¿Quién podrá cuanto el deseo,/ aunque imposible, conciba?/ ¿Y quién lo de abajo arriba/ vuelve en el mundo ligero?/ El dinero".

polisemia que utiliza comenta indirectamente y de manera muy eficaz. Lo que el autor lleva a cabo con el lenguaje, es decir, la escisión de los significados, es, en su opinión, lo mismo que hace el dinero con la realidad social, esto es, destruye el sentido y lo inequívoco, creando, así, inseguridad. La inquietud que, según él, provoca el dinero es, en gran parte, el propio desasosiego por un proceso histórico de erosión que ya era imparable incluso bajo condiciones restauradoras.

3. Dinero y desorden moral

El tercer complejo que se puede distinguir en los textos de Quevedo en relación con los efectos que produce el dinero en movimiento es el del desorden moral. ¿Qué registra Quevedo cuando ve el dinero relacionado con una perversión de las normas morales y cómo se posiciona él mismo ante lo observado?

a) La inversión de los valores

Comencemos con la letrilla sobre "don Dinero", la cual también contiene puntos esenciales de la crítica de Quevedo contra el dinero como algo que borra la diferencia entre el bien y el mal —e incluso más allá del ámbito social que estamos tratando.

La muchacha que le cuenta a su madre los tiernos sentimientos que le profesa al caballero dorado (1-8), expresa con franqueza la regla según la cual actúa toda la sociedad de forma tácita, pues el valor moral se encuentra sólo allí donde los hombres pueden esperar obtener para sí un valor contante y sonante. Esta sustitución de los valores morales por el dinero queda ilustrada en los versos 49-56[46]. De los viejos se dice que, para protegerse de los ladrones (o de los "gatos", su sinónimo), guardan en bolsas ("gatos", 44) lo que influiría en el trato humano en general ("por importar en los tratos", 49) y lograría "dar tan buenos consejos"[47] (50). La experiencia de la vida

---

46   Citado en la p. 132.
47   "CONSEJO. Vale y se suele tomar por modo, camino o medio de conseguir alguna cosa"; *Autoridades*.

les ha enseñado para lo que son buenos esos ahorros. El dinero les
quita reparos morales y "recatos" (53) a los beneficiarios e incluso
"ablanda al juez más severo" (54).

Quevedo puso a menudo en la picota la corrupción de la justicia.
En un pasaje de la poesía núm. 658 habla de la repentina humanidad
que adquieren jueces que por lo general no transigen:

> ¿Quién los jueces con pasión,
> sin ser ungüento, hace humanos,
> pues untándolos las manos
> 25   los ablanda el corazón?
> ...
>
> El dinero.

También menciona a escribanos y abogados que, dependiendo del
honorario que se les dé, cambian y le dan la vuelta a las leyes en
favor de sus clientes[48]. Los alguaciles, tal y como aparecen en sus
Sueños, hacen un negocio lucrativo metiendo en un calabozo o man-
dando a galeras[49] al mayor número de gente posible, "aunque topen
un inocente"[50]. Culpa a los verdugos de actuar por su propia cuenta
a la hora de imponer condenas, poniendo en libertad por dinero a
criminales y prolongando "generosamente" las sentencias, hasta ago-
tar las reservas financieras de los acusados[51]. Así pues, en todas partes
se mira más por la propia ganancia que por satisfacer a la justicia; en
todas partes se acepta al dinero como argumento que hace olvidar la
cuestión sobre lo malo y lo bueno, sobre la verdad y la mentira[52].

---

48 "Escribanos cuya pluma pinta según moja en la bolsa del pretendiente"; Pr. 130
a. Y, semejante, en la Pr. 119 a.

49 Sobre esa justicia, que se ha convertido en una empresa económica de esbirros,
dice Quevedo lo siguiente: "Y todo delincuente y malo sea quien fuere, es hacienda del alguacil y él es lícito comer della. Estos tienen sus censos sobre azotes
y galeras, y sus juros sobre la horca"; Pr. 190 a.

50 Pr. 190 a.

51 Pr. 262. En resumen, dice: "... la cárcel ... servía de heredad y bolsa a los que la
tenían a cargo, que de los delitos hacían mercancía y de los delincuentes tienda,
trocando los ladrones en oro y los homicidas en buena moneda".

52 En la *Isla de los Monopantos* (cf. pp. 190 ss.) fustiga la corrupción de reputados
ministros, palabreros que, al fin y al cabo, siempre están pensando en su propio

La deformación que provoca el dinero en las relaciones humanas resalta de forma especialmente extrema en las relaciones amorosas. Uno de los temas que Quevedo retoma con obstinación y varía es el de la prostituta que, antes que camelar a su cliente, pretende conseguir la fortuna de éste[53]. En la letrilla aparece en la primera y la penúltima estrofa (65-72)[54], donde se asegura que ninguna dama se muestra huraña ante los cortejos del dinero; cuando ven una moneda, se venden baratas ("a las caras de un doblón/ hacen sus caras baratas", 67-68). En este contexto, pues, conceptos como la generosidad (65), la atracción y la pasión ("gusto y afición", 66) ya no caracterizan la relación entre el hombre y la mujer; los sentimientos ya no surgen entre los humanos, sino entre el individuo y el dinero. El autor, para darle aún más plasticidad al desorden que se ha creado con esa sustitución de los valores morales por los materiales, escribe sobre "don Dinero" que éste le lanza "bravatas/ desde una bolsa de cuero" (69-70), es decir, que tiene la desfachatez de dárselas de irresistible y héroe potente, y, al final, reírse de las que le han mostrado tanto aprecio[55]. Lo que vendría a expresar este gesto que se le atribuye al oro personificado es el peligro de la pérdida de la dignidad humana, un peligro del que se ve amenazada, según Quevedo, una sociedad que pone al dinero en el centro.

b) Argumentación moral y problemas estructurales

No es nuestra intención discutir aquí el problema de la legitimidad de una argumentación moral. La apelación moral, sin duda alguna, encuentra siempre su justificación ante las injusticias sociales, sin embargo,

---

provecho. Su crítica se dirige sobre todo contra el afán inmoral de enriquecimiento entre el gremio de los comerciantes, a quienes los considera en general injustos: "Del mercader, cosa es clara/ ser notable su codicia,/ pues jamás hace justicia,/ aunque le vemos con vara"; Poesía núm 681, 56-59.

53   Véase las poesías núm. 595, 664, 666, 667, 668, 671, 672; sobre la núm. 673, véase pp. 150 ss.

54   Citada en la p. 132.

55   "BRAVATA. s. f. Palabra, razón, u dicho, pronunciado con arrojo y temeridad, y de ordinario con presunción y desprecio de otro. Lo mismo que fieros, fanfarria, bravura, valentonada, que son propios de los que hablan mucho y se jactan de valientes"; *Autoridades*.

si se tiene como referencia precisamente a Quevedo, uno se quedaría en la superficie del problema si se quisiera conformar con constatar que es legítima la indignación moral que en él provoca la caza del dinero, indigna de ser humana, practicada en su sociedad[56]. Pues, por un lado, en ese momento histórico, hay coetáneos que, ante esos mismos problemas morales que ve Quevedo, no argumentan moralmente sino que remiten a estructuras de producción social que ya no satisfacen y ofrecen propuestas para poder cambiarlas. Por otro lado, en los textos del propio Quevedo se dejan resaltar los específicos momentos socioestructurales que condicionan los fenómenos por él mismo denunciados.

Cristóbal Pérez de Herrera es un comtemporáneo muy involucrado precisamente en los problemas de las capas sociales más bajas[57]. Bajo el reinado de Felipe II ejerció de protomédico de galeras y, en esta función, acompañó las flotas, lo que le llevó a conocer la miseria de los militares hambrientos y faltos de atención sanitaria. Más tarde se ocupó sobre todo del problema de las masas de vagabundos, de los mendigos que pululaban por las ciudades y de los niños de la calle. En el año 1598 escribe un memorándum en Madrid, *Amparo de los legítimos pobres y reducción de los fingidos*, en el que apela a la fundación de instituciones públicas que separen a los mendigos "legítimos", es decir, los que realmente no pueden ejercer labor alguna, de los "ilegítimos", los que están perfectamente capacitados para trabajar, y les suministren a éstos un trabajo con el que puedan ganar dignamente su sustento; además, propone acoger a las mujeres vagabundas en un albergue estatal donde, mediante trabajos en el sector textil, pudieran seguir ganándose el mantenimiento[58], y darles a los niños huérfanos una educación esmerada y procurarles, finalmente, puestos de trabajo en los diferentes talleres y manufacturas[59].

---

56 Aquí no nos vamos a detener ante el hecho de que, en ocasiones, la argumentación moral de Quevedo tenga rasgos explícitamente ideológicos; la aspiración a tener dinero la considera también amoral por incorporar el igualitario principio del cambio, lo que a él le produce bastante recelo. Cf. p. 81.

57 Véase la extensa introducción de Michel Cavillac al *Amparo de pobres* de Pérez de Herrera, ibídem.

58 Ibídem, pp. 122 ss.

59 Ibídem, pp. 103 ss.

Aparte de que Pérez de Herrera es consciente de la relación que existe entre, por una parte, la dependencia económica con el extranjero y el parón productivo de España y, por otra, el problema de los vagabundos[60], remite a la conexión que hay entre la organización improductiva de la sociedad española y su situación moral. Así formula la meta y la justificación de su propuesta:

> ... distinguir quién vive sin ocupación y anda vagabundo, para atajarle su modo de vivir y reducirle a alguna ocupación, pues es el fundamento de todo, para que no haya vicios ni robos.[61]

La política de ocupación que reclama la entiende como condición sin la cual es imposible combatir la inmoralidad y la criminalidad. Si el estado creara puestos de trabajo para los mendigos que fingen serlo y para que se les tenga controlados, entonces disminuiría el número de robos, pues "quedándose desocupados, hacen y cometen los delitos que les parece"[62]; en cuanto a las mujeres vagabundas que viven del robo, de los trucos de cartas, de la alcahuetería u "otra cosa por que merezca(n) vergüenza pública"[63], cree que se volverían virtuosas si tuvieran que trabajar ("saldrán hacendosas y enmendadas en vida y costumbre, como conviene")[64].

Lo único que se pretende mostrar con este ejemplo es que, en la época de Quevedo, hay una conciencia muy atenta y que exige consecuencias prácticas ante las deformaciones morales que afectan al proceso de reproducción de la sociedad española de la época, deformaciones que son producto a su vez de la crisis de la sociedad tradicional, cuyas estructuras productivas sólo abastecen lo necesario a una parte muy pequeña de la población, una sociedad que, además, descalifica socialmente la productividad económica. Precisamente en los fenómenos morales es donde se pone de manifiesto la relevancia de las cuestiones económicas planteadas por Cellorigo y Moncada.

---

60 Ibídem, pp. 106, 108-110.
61 Ibídem, p. 100.
62 Ibídem, p. 99.
63 Ibídem, p. 119.
64 Ibídem, p. 125.

Teniendo en cuenta este trasfondo es como hay que observar la relación que establece Quevedo entre la conducta moral y el tesoro americano, la cual resulta bastante reducida: la corrupción y la pérdida de normas morales en las relaciones humanas se las atribuye al dinero, con lo cual proyecta los problemas específicos que tiene la sociedad española con la producción y la defensa del tesoro en una cosa demoníaca a la que se le puede achacar, cómodamente, todas las experiencias desagradables. Sin dudar, repetimos, de lo legítima que es su argumentación moral, hay que constatar que, por su carácter exclusivo, se queda un paso atrás de la conciencia que ya se había alcanzado en su época. Por eso, aunque consigue crear algunas imágenes brillantes, cuando se trata de la relación con su realidad no ofrece más que conceptos confusos y mistificadores.

c) El dinero como botín

A continuación citaremos textos en los que nuestra tesis se hace más evidente.

Entre los repetidos motivos que aduce Quevedo a propósito del peligro moral que conlleva el dinero, se encuentra la imagen que tiene de una riqueza que se obtendría sólo por medio de la violencia y que no aportaría una felicidad duradera, pues despertaría en el prójimo la envidia y el deseo de robar y asesinar.

En un pasaje de *La Fortuna con seso y la Hora de todos*, define los metales preciosos americanos, incluso en su esencia, como objetos de robo por excelencia. Tomando de referencia un acontecimiento histórico[65], Quevedo escribe sobre los holandeses, quienes, para expander su comercio, intentan entrar en contacto con los indios chilenos; estos, sin embargo, por cuyas bocas habla la voz de la "Hora" –instancia que utiliza Quevedo en las escenas de este *Sueño* como representante de la verdad– advierten a los holandeses de su propia codicia y piensan que lo que se están imaginando acerca de la riqueza

---

65   En el año 1623 se envía una flota holandesa con la intención de crear un centro comercial fortificado en Chile o en el Perú, y para ello se esperaba la colaboración de posibles indios rebeldes, pero esta expedición fracasó; Lynch, ibídem, vol. II, p. 255.

americana es, evidentemente, falso. Como América, dice la Hora en boca de los indios, es una ramera rica e infiel a España, y tampoco le guardará fidelidad a otros conquistadores que vayan llegando[66], así también el oro del Nuevo Mundo, en su esencia, es engañoso:

> Los cristianos dicen que el Cielo castigó a las Indias porque adoraban a los ídolos, y los indios decimos que el Cielo ha de castigar a los cristianos porque adoran a las Indias. Pensáis que lleváis oro y plata y lleváis envidia de buen color y miseria preciosa. Quitáisnos para tener que os quiten; por lo que sois nuestros enemigos, sois enemigos unos de otros.
>
> Pr. 293 b

El reproche de la idolatría practicada por los indios y que tanto les gusta resaltar a los cristianos lo dirige ahora el autor contra los propios europeos, quienes, en su opinión, han convertido en ídolos al oro y la plata. Y ya que, como ídolos, son precisamente falsos objetos de idolatría, estos metales tampoco cumplen lo que prometen[67]. Se presentan como riqueza, pero en realidad no contienen más que envidia y miseria, pues los hombres se combaten tan duramente entre sí por obtenerlos como botín que, por su culpa, se vuelven todos enemigos.

Lo que, en cierto modo, se observa aquí a escala mundial es válido también para el marco de la propia sociedad. En el *Discurso de todos los diablos*, Quevedo deja que un alma exprese su descontento en el infierno al imaginarse que podría volver a nacer una segunda vez. Una razón por la que no desea otro nacimiento es porque sabe lo difícil que es en vida conseguir riqueza y, además, mantenerla:

---

66 Pr. 293 b.

67 El modelo de argumentación que utiliza Quevedo –no sólo en este pasaje– frente al dinero, esto es, la diferenciación entre el ser y la apariencia de un objeto (el dinero parece sólo riqueza, pero, en realidad, es miseria), lo ha tomado de la filosofía de tradición estoica. Tanto Séneca como Epicteto, a los que remite en sus tratados, consideran que casi todas las ideas que tienen los hombres sobre lo que son los bienes deseables no constituyen más que "opiniones" simples y falsas, mientras que el sabio estoico, para alcanzar su paz interior, tiene que saber reconocer el verdadero ser de esos bienes que, en el fondo, es poco atractivo; A. Rothe, *Quevedo und Seneca*, ibídem, pp. 86 ss.

Para ser rico habéis de ser ladrón, y no como quiera, sino que hur-
téis para el que os ha de invidiar el hurto, para el que os ha de
prender, para el que os ha de sentenciar y para que os quede a vos.

Pr. 227 a

Aquí también lo fatal de la riqueza es que, para llegar a obtenerla, se
entra en conflicto con la ley. Además, quien está dispuesto a ello, tiene
que defender el botín del resto de la sociedad codiciosa y corrupta;
tiene que contentar al envidioso, y todo el aparato jurídico, tanto los
verdugos como los jueces, lo acosan y se quedan con una parte.

En un poema sobre los buscadores de oro (poesía núm. 136), Quevedo utiliza los mismos argumentos para convencer de que el oro es,
por naturaleza, un "metal de la quietud siempre enemigo" (48) y "tan
contrario a la paz primera" que no merece la pena buscarlo:

> Deja (no caves más) el metal fiero;
> ve que sacas consuelo a tu heredero;
> ve que buscas riquezas, si se advierte,
> 80   para premiar deseos de tu muerte.
> Sacas, ¡ay!, un tirano de tu sueño;
> un polvo que después será tu dueño,
> y en cada grano sacas dos millones
> de invidiosos, cuidados y ladrones.

Luego, lo único que le aportará el oro a su dueño serán problemas.
Hace que los herederos le deseen la muerte (80) e incluso los consuela
(78). Por cada grano de oro aumenta el número de envidiosos y ladrones (83-84). En conclusión: la riqueza, tras de la cual andan los
hombres, aunque por ella tengan que vivir en discordia y en la inmoralidad, es una falsa riqueza que se erige en amo del hombre (81-
82) y a la cual no habría que permitirle el acceso a la sociedad.

Para Quevedo, el dinero en circulación, así se podría resumir
este texto, no es un medio de cambio general, sino el botín común.
Todos intentan hacerse con él y es como si su ser consistiera, precisamente, en causar una inquietud angustiosa y falta de respeto entre
los hombres.

Nosotros pensamos que, con estas descripciones, lo que expresa
Quevedo no es tanto la relación que hay en general entre el dinero y

la conducta moral, sino la situación específica de la sociedad feudal de su época, pues, el hecho de asociar la riqueza con el botín tiene una razón histórica no poco importante. En las sociedades feudales, la riqueza que iba más allá de lo necesario para subsistir se conseguía con frecuencia mediante atracos. El asalto a los vecinos, estuviera o no justificado ideológicamente, era más propio del señor feudal que la habilidad comercial, la cual se convertiría en una oportunidad para los burgueses. En el paso de la Edad Media a la Edad Moderna, en una época en la que la economía monetaria había ido ganando cada vez más funciones, los metales preciosos que se buscaron y hallaron en el Nuevo Mundo recién descubierto se convirtieron en el objeto ideal de los atracos. En América, al igual que la tierra, las tesorerías de los reyes indios estaban llenas de metal, el cual, ya en sí mismo, parecía puro valor y, en principio, hacía posible mantener la relación feudal con la riqueza, como si ésta fuera una cosa que se podía coger con un golpe de mano.

Es a partir de la época de Quevedo cuando los contemporáneos toman conciencia, aunque cada uno a su manera como veremos, de que esa relación con la riqueza y el oro se basa en una ilusión que tendrá graves consecuencias. El resto de los países europeos, aunque consideran también a América como el terreno de sus conquistas, acceden, sin embargo, a su parte de los metales mediante el trueque de mercancías y productos, de ahí que ellos experimentaran en mayor medida el oro como un mero representante de la productividad social, por lo que también la riqueza en principio se convirtió en algo controlable y estable. Pero para la sociedad española ahora se recrudece la propia relación con la riqueza como botín en la medida en la que su oro y su plata fluyen cada vez más al extranjero o se quedan en manos de los oligarcas, los cuales se limitan a administrar la riqueza en el ámbito del clero o de la burocracia en vez de convertirla, en el ámbito de la manufactura o del comercio, en algo que puede producir uno mismo.

Este estado de la praxis social encuentra su expresión adecuada en el concepto que tiene Quevedo de la riqueza americana, quien la considera el objeto que provoca una cadena de comportamientos rapaces. La tensión, por una parte, entre la validez general y la necesidad de poseer dinero y, por otra, la problemática escasez del medio de

cambio que observa y ve que lleva a los hombres a realizar todo tipo
de esfuerzos raros, corresponde a un momento en el que, aunque la
economía monetaria se ha convertido en una estructura central, la
sociedad española, sin embargo, ha desaprovechado la oportunidad
de adaptar su producción a las nuevas exigencias. Como no concibe
la propia productividad como fuente de riqueza, los metales preciosos
desaparecen tan rápidamente como vinieron, y algunos se ven obligados a adoptar un comportamiento característico de un animal
rapaz ante su presa y a emprender una caza cada vez más encarnizada
por la riqueza en vías de desaparición, sin darse cuenta de que es
precisamente su propio comportamiento rapaz el que hace desaparecer tal riqueza.

En *El Buscón*, es de las consecuencias extraídas de ese estado
antes mencionado de donde el padre saca la enseñanza que le da a su
hijo Pablillos para la vida, según la cual "Quien no hurta en el mundo,
no vive" (Pr. 323 a). La existencia del pícaro es como un punto de
cristalización en el que se experimenta, de una forma especialmente
drástica, una sociedad en la que, en su conjunto, las fronteras entre
la seguridad de la reproducción material y la inmoralidad amenazan
con borrarse[68]. Quevedo, no obstante, al definir el dinero como
presa, precisamente en un pasaje tan importante como es el del discurso de los indios chilenos a propósito ni más ni menos que del
destino de la riqueza americana, hace de la inmoralidad la consecuencia inmediata de ese mismo objeto, una inmoralidad que, en el
fondo, es la de las estructuras sociales específicas. De este modo, él
mismo fetichiza al dinero[69], que es, precisamente, lo que critica de
sus contemporáneos.

d) El poder de la miseria

En sus textos satíricos, Quevedo suele penetrar más profundamente en la realidad y sus contradicciones que en circunstancias en
las que argumenta directamente. Es significativo que sólo en la poesía

---

68   Véase, bajo este punto de vista, la poesía núm. 656.

69   En el siguiente fragmento, Quevedo parece proyectar la experiencia de la sociedad
     parasitaria incluso en su concepción general de mundo. El robo, la envidia, el

satírica núm 673 –citada a continuación– es donde encontramos un reflejo de lo que tiene que ver el problema del dinero y la moral con una situación de escasez objetiva. En este poema se reproduce el diálogo que mantienen una cortesana y su cliente:

	GALÁN	Si queréis alma, Leonor, daros el alma confío.
	DAMA	¡Jesús, qué gran desvarío! dinero será mejor.
5	GALÁN	Ya no es nada mi dolor.
	DAMA	¿Pues qué es eso, señor mío?
	GALÁN	Diome calentura y frío, y quitóseme el amor.
10	DAMA	De que el alma queréis darme, será más razón que os dé.
	GALÁN	¿No basta el alma y la fe en trueco de acariciarme?
	DAMA	¿Podré della sustentarme?
	GALÁN	El alma, bien puede ser.
15	DAMA	Y ¿querrá algún mercader por tela su alma trocarme?
	...	
25	DAMA	*Para una necesidad* *no hay alma como el dinero.*
	GALÁN	Queredme vos como os quiero, por sola mi voluntad.

hambre, el comer y ser comido, además de una Fortuna descontrolada como si estuviera enloquecida es lo que determina ahí también la vida de la naturaleza y una sombría historia salvífica: "toda ella (sc. la tierra) padece mudanzas, continuos robos de los ríos, perpetuas invidias del mar, frecuentes agravios y delirios de la fortuna, porfiadas transmutaciones y diferencias de la hambre del tiempo. Toda esta máquina visible va enfermando cada día para el postrero, en que será alimento de las llamas"; Pr. 1432 b.

	DAMA	No haremos buena amistad.
30	GALÁN	¿Porque vuestro humor la estraga?
	DAMA	Porque cuando un hombre paga, entonces trata verdad.

...

Aquí se esboza el intento de establecer una relación amorosa que fracasa o, concretamente, en la que ninguno de los dos llega a un acuerdo, porque la cortesana insiste con obstinación en exigir dinero y se niega a darse por satisfecha con el corazón que el galán está dispuesto a ofrecerle. A él le gustaría ver la relación definida sólo por motivos nobles y como un acto de buena voluntad (27-28), a lo que ella responde que un hombre es sincero y posee los valores que defiende siempre que pague (31-32)[70].

Por lo tanto, aquí también se tematiza la inversión de la relación entre los valores materiales y morales. Pero este diálogo se diferencia de otros textos, por ejemplo de la penúltima estrofa de la letrilla "don Dinero", en que no muestra la relación entre la mujer y el dinero como una deshonrosa subordinación a una cosa. El hecho de que el dinero determine las relaciones humanas, aquí no explica su poder demoníaco, sino, sencillamente, la gran miseria material.

La dama, sin lugar a dudas, es la que, en comparación con su amante, aporta los argumentos más realistas. Puede acaso alimentarse, se pregunta, con el corazón que él le quiere ofrecer (13) y ¿lo aceptarán los mercaderes como moneda cuando se quiera comprar tela en el mercado? (15-16). De una manera especialmente concisa formula el problema al constatar que "Para una necesidad no hay alma como el dinero" (25-26). Como uno ya se habrá percatado, aquí el problema no consiste en el consumo de lujo, sino de algo más básico. La reproducción social está totalmente regulada por el cambio, pero al mismo tiempo hay una significativa escasez de medios de cambio. Este déficit objetivo es el mismo que caracteriza y distorsiona incluso la comunicación íntima.

---

70 "TRATAR VERDAD. Phrase que vale professarla en todas sus acciones"; *Autoridades*.

Ante semejante objetividad de la miseria, el amante que presenta Quevedo es, en consecuencia, una figura ridícula. La defensa que hace de la moral y la espiritualidad es conmovedora, pero también torpe y hueca. Apenas menciona la cortejada el dinero, cesa su mal de amor, como él mismo dice, y siente "calentura y frío" (5-8). Esta retirada repentina del galán, que acababa de ofrecer incluso su alma, al notar que le exigen dinero, subraya el poder que tiene la miseria por encima de la validez de las normas morales, un poder contra el que se quería resistir afirmando los valores. Por estar él mismo, al parecer, obligado a ahorrar, el sentimiento que declarara con tanta solemnidad no resiste la prueba ante la ley de las necesidades materiales.

Este poema muestra que Quevedo, en un lugar en el que renuncia a argumentar explícitamente y adopta por completo el papel observador del satírico –un papel en el que a veces ataca los fundamentos sobre los que se suele apoyar cuando argumenta– refleja que el dinero ejerce un poder sobre las costumbres, precisamente por su escasez en una época de economía monetaria, lo que constituye un problema social específico. De este modo, se expresa consecuentemente una cierta desconfianza frente a los argumentos morales que normalmente utilizaba el propio autor; la esperanza de que se pueda actuar de acuerdo con las normas morales es prácticamente inexistente, pues se carece de una base material adecuada.

Sin embargo, tales reflejos sobre las contradicciones de la realidad social no influyen en la argumentación "seria" de Quevedo por lo que se refiere al dinero, ya que ahí, como hemos visto, prefiere estilizarlo, tildándolo de "tirano" (poesía núm. 136, 81) o también de "metal de la fuerza contra todo osada" (poesía núm. 43, 5-6), como un ser autónomo al que se le responsabiliza, junto con la malicia humana, de los problemas sociales[71].

---

71 El hecho de reconocer el "dominio" del dinero como un dominio de la necesidad
     material, más que impulsarle a Quevedo a llevar a cabo un análisis económico,
     al parecer, le molesta. En el *Marco Bruto* constata con cierto fastidio que el
     pueblo siempre ha reclamado el bienestar, de ahí que el dinero sea "El señor
     perpetuo de las edades: o reina siempre, o quieren que siempre reine. No hay
     pobreza agradecida ni riqueza quejosa; es bienquista la abundancia, y sediciosa
     la carestía"; Pr. 920 b.

Al convertirlos así en fetiche, manifiesta una relación con el dinero y la riqueza que, en el fondo, es ciega e impotente, tal y como los arbitristas lo habían observado en la mayoría de sus contemporáneos y a la que Quevedo le da una forma literaria.

VII. El paso hacia el capital

1. Planteamiento de la cuestión

Hemos analizado dos de las estaciones que, según Quevedo, marcan el paso de "don Dinero"[1]: su explotación en América y su circulación en la sociedad española. La última estación que se menciona, tras su breve final en España, es su sepultura en Génova.

Con Génova tenemos la etapa en la que se da el paso del dinero al capital. Esto hay que entenderlo de dos formas diferentes. "Don Dinero" desaparece en esta ciudad porque la corona española depende sobre todo de sus banqueros, quienes, desde Carlos V, conceden empréstitos estatales, con lo que se embolsan buenos beneficios de la plata que se envía desde América. Así pues, Génova representa la capitalización del dinero o, más concretamente, el capital de intereses.

Pero la estación genovesa marca, objetivamente y aún en otro sentido, una etapa del capital, la del déficit. El tesoro americano desaparece de la sociedad española poco después de haber llegado porque ésta, en definitiva, no lo puede convertir ella misma en la forma de una riqueza duradera y autorreproductora, es decir, en la forma del capital. A este déficit es al que se refieren autores como Cellorigo y Moncada, según los cuales a la sociedad española sólo se la puede salvar si se consigue el paso de la riqueza contenida aún en su forma metálica inamovible a un capital productivo.

Este capital productivo es lo que habían observado ya los arbitristas sin haber encontrado aún, como vimos, un término que lo definiera: una riqueza que se mantiene y se multiplica, porque se ha convertido en movimiento; por eso el dinero, como valor duradero,

---

1   Citado en la p. 15.

puede volver a salirse de la circulación, ya que, por un lado, él mismo
no es la riqueza –la cual consiste más bien en la producción de mercancías– y, por otro lado, convierte a la producción constantemente
en su propia forma[2].

---

2   Véase p. 59. A Cellorigo lo que le importa no es sustituir simplemente, por
     ejemplo, la productividad por el dinero, sino precisamente el mantenimiento
     del dinero que, en su opinión, sólo se consigue mediante el aumento de la pro-
     ducción de mercancías. Para Martínez de Mata, un arbitrista que publica a me-
     diados del siglo XVII, se presenta exactamente igual la dialéctica de la requerida
     economía manufacturera; escribe, por ejemplo, un discurso "en que se prueba
     cómo por haber librado España sus fuerzas más en las riquezas de las Indias
     que en las Artes con que las pudiera haber conservado, las ha perdido..." (Me-
     moriales y discursos de Francisco Martínez de Mata. Edición y nota preliminar
     de Gonzalo Anés. Madrid 1971, p. 143). El objetivo es conservar la riqueza
     americana, lo cual no se consigue acaparando los metales sino cuidando las artes
     ("mecánicas") productoras de mercancías.
     Más tarde, Marx podrá definir y exponer de una forma más rigurosa ese movi-
     miento dialéctico de la producción y la representación del valor producido que
     constituye el capital. Considera el paso del dinero a capital una consecuencia
     que se desprende de la lógica inmanente del propio dinero, pues éste "se presenta
     entonces en todos los sentidos como una contradicción que se resuelve en sí
     misma, que impulsa a su propia resolución" (Elementos fundamentales..., ibídem,
     p. 169). Son sobre todo dos contradicciones las que llevan de tal modo a la diso-
     lución del dinero como forma de valor. Por un lado, el dinero, como valor de
     cambio abstracto, aunque es ilimitado por lo que se refiere a su calidad –por lo
     que se puede convertir en cualquier mercancía– es limitado cuantitativamente
     hablando, ya que se dispone de él sólo en determinadas cantidades y, por eso
     mismo, sólo se puede intercambiar por un número limitado de mercancías. De
     ahí que, según Marx, el dinero tienda, debido a su forma, a acercarse a la infinidad
     de la riqueza (concreta). Por otro lado, el dinero representa la forma de existencia
     independiente del valor de cambio, visiblemente independiente en la moneda,
     pero esta independencia se deshace en cuanto el valor de cambio se tenga que
     demostrar como tal, esto es, al cambiarse por una mercancía destinada al con-
     sumo; es decir, la autonomía de su forma de valor desaparece en la circulación.
     Por eso el dinero, por su forma, tiende a conservar su autonomía frente a la cir-
     culación. El capital se desarrolla como superación dialéctica de esas contradic-
     ciones entre la limitación y la falta de limitación del valor de cambio, entre su
     autonomía y su dependencia de la circulación. Cumple las tendencias propias
     del dinero al trasladar el valor a una forma en la que éste puede tanto aspirar a
     la infinidad como afirmar su autonomía en la circulación. El capital es el valor
     que entra en el proceso social de producción y reproducción, pero que vuelve a
     salir de él multiplicado.

Reivindicar la salvación de la riqueza americana por considerar que la verdadera fuente de riqueza radica en las mediaciones sociales reales implica, al mismo tiempo, rechazar el capital de intereses. En opinión de Cellorigo, el hecho de que, en España, cualquiera que posea dinero quiera vivir como rentero sin preocuparse de la base de sus rentas, no hace más que acelerar el fatal círculo económico; dentro de un marco más amplio, el creciente poder de las naciones manufactureras y la paulatina decadencia de Génova deberían servir ya de lección. La fase que, en el verso de Quevedo, corresponde a la del eterno reposo del dinero en Génova, habría que describirla más bien como la fase en la que se decide si la riqueza americana se convierte en capital productivo o no.

A juzgar por los textos de Quevedo que hemos visto sobre la explotación y circulación del dinero, no podemos esperar un entendimiento por su parte hacia la problemática del objeto en su tercera "fase". La posición de Quevedo ante el complejo social cristalizado en el tema del dinero ya ha quedado bien clara. Ahora de lo que se trata es, sobre todo, de mostrar cómo se relaciona lo que escribe Quevedo con ese problema contemporáneo del paso del dinero al capital, y cómo el rechazo de una necesidad histórica entra, al final, en contradicción con sus argumentos.

Marx muestra también la base sobre la que es posible esa transformación del dinero en capital que se mantiene a sí mismo y es capaz de multiplicarse. El enigma de cómo se puede mantener y multiplicar el valor en la circulación sin desaparecer en el cambio por una mercancía equivalente se resuelve gracias a su propietario, que descubre en el mercado una mercancía especial, mercancía, precisamente, comprable y consumible, pero que, al mismo tiempo, no desaparece en su consumo sino que, a su vez, produce valor: la fuerza de trabajo humano. Por lo tanto, es el trabajo asalariado el que hace posible el paso del dinero al capital, que, aunque se le trata como un equivalente, él mismo crea nuevos equivalentes, por lo que se convierte así en condición para el valor de cambio que afirma su autonomía y anula su limitación cuantitativa precisamente a través de la circulación.

En este sentido, de las necesidades de la lógica del dinero y sus contradicciones Marx deduce la necesidad histórica de la evolución del dinero al capital productivo (y frente a los capitales de interés y mercantil que, históricamente constituyen meras fases previas y formas lógicamente derivadas, es sólo el capital industrial el que, de algún modo, se corresponde a sí mismo). Sobre esta temática marxista, véase el estudio de Helmut Reichelt, *Zur logischen Struktur des Kapitalbegriffs bei Karl Marx*, ibídem.

2. La avaricia o las contradicciones del atesoramiento

... caudal perdido cuanto más guardado...[3]

La forma de riqueza que comienzan a criticar los arbitristas es la del tesoro por acumulación de metales. Esta manera de asegurarse la riqueza acaparando plata y oro se da sobre todo en sociedades en las que por una parte –como es el caso de la española– ya se ha desarrollado el intercambio de mercancías como estructura de reproducción y, por lo tanto, el medio de cambio constituye un valor, pero en las que, por otra parte, aún no se produce para el cambio ni el dinero parece ser aún su resultado sino, en cierto modo, abundancia conservada[4]. Los españoles, por haberse apoderado del oro americano, pueden creer –conforme al estado de su sociedad– que, con el oro, se han apoderado para siempre de la abundancia o, al menos, por mucho tiempo. La crisis que comienza ya en el siglo XVI echará por tierra muy pronto esas esperanzas. Preparados ya por la visión de la Escuela salmantina, que, al reconocer que los precios –e implícitamente, por lo tanto, también el tesoro– son dependientes de la circulación, de factores inestables como la oferta y la demanda, acaba con la ilusión de la existencia objetiva de medidas de valor estables, los arbitristas advierten, pocos años después, del error de establecer una equivalencia entre los metales acaparados y la riqueza, un error que, a sus ojos, contribuye de manera fundamental a que esté teniendo lugar la crisis económica; pues, con sus análisis, la forma de tesoro[5] que tiene la riqueza se revela como contradicción: representa riqueza, pero, en la circulación, expone a dicha riqueza a su pérdida tan pronto como ésta tenga que demostrarse también como tal; esa forma es tan sólo el desaparecer de la riqueza, cuya fuente la oculta dentro de la circulación y, por eso mismo, no le puede ofrecer constancia o incremento.

---

3   Véase p. 121.

4   Véase Marx, *Das Kapital*. Vol. I, ibídem, p. 144.

5   El concepto de atesoramiento (*Schatzbildung*) que aplicamos aquí lo hemos tomado de Marx; cf. ibídem, pp. 144-148.

a) La pobreza del atesorador

En sus escritos ascéticos sobre todo, Quevedo se ha ocupado exhaustivamente de esa figura que invierte toda su pasión en acumular tesoros. En la *Virtud militante* le dedica todo un capítulo a ese comportamiento ante la riqueza y lo incluye en las "cuatro pestes del mundo". Por supuesto, no habla de atesoramiento, sino de avaricia, pues el acaparamiento de tesoros es para él un problema moral que le resulta muy conocido, y no un problema específicamente económico. Pero, sorprendentemente, los argumentos contra la codicia y la avaricia sobre los que hace tanto hincapié no se refieren tanto al comportamiento humano para con el tesoro como a sus propias contradicciones, tal y cómo se habían desplegado ya plenamente en la situación histórica analizada.

Al comienzo de su tratado sobre la avaricia, Quevedo retoma la definición que ofrece santo Tomás de ese vicio ("Sigamos en su definición la escuela escolástica, y oigamos la del doctor ángel Santo Tomás..."; Pr. 1412 a). Junto a las caracterizaciones de la avaricia dentro de las categorías escolásticas del pecado (pecado mortal, espiritual, etc.), cita a santo Tomás, quien la define como un "desordenado amor de tener" que se dirige "contra Dios, contra sí y contra el prójimo" (Pr. 1412 a)[6]. Para entender lo específico del discurso quevediano contra el atesoramiento que sigue a esa cita, merece la pena recapitular brevemente dónde radica la maldad de la avaricia para santo Tomás, al que remite Quevedo, pero para distanciarse de él.

Según santo Tomás, la avaricia es pecaminosa por atentar contra la medida adecuada en la que el hombre debe relacionarse con la riqueza; es *immoderatus amor habendi*[7]. Los tres tipos de pecado que comete el avaro consisten, por lo tanto, en transgredir el interés comedido de la riqueza; el avaro se carga con un "peccatum in proxi-

---

6   Quevedo aquí no cita de la propia *Summa theologica* (II-II, Q. 118, "De Avaritia"), sino del correspondiente párrafo de un índice de materias de las obras completas de santo Tomás, como lo ha demostrado Arnold Rothe, *Quevedo und seine Quellen*; en: *Romanische Forschungen*, 77.3/4, 1965 (Frankfurt/M.), pp. 343 ss.

7   *Summa theologica*, II-II, Q. 118, 1 (edición latino-alemana, vol. 20, ibídem, p. 228); véase Rothe, *Quevedo und seine Quellen*, ibídem, p. 345.

mum" por privar a otros de lo necesario, acumulando abundancia; un *peccatum hominis in seipsum*, pues, por su pasión desmesurada, desestabiliza el orden de los propios afectos; y, finalmente, un *peccatum in Deum*, ya que, con su actuar, confunde la jerarquía entre el bien eterno y el temporal[8]. Para santo Tomás, por lo tanto, la avaricia es el comportamiento erróneo con la riqueza, siendo el error, no la acumulación de tesoro, sino la falta de mesura humana que destruye los órdenes razonables y que simplemente se manifiesta en él.

"Yo conocí un avariento..." (Pr. 1412 a) dice Quevedo en una descripción con la que pretende llevar a cabo su propia definición de ese vicio, pues, aunque se sitúe dentro de la crítica escolástica, él ve desde otra perspectiva lo que realmente es sospechoso del atesoramiento:

> La avaricia es gravísimo pecado, es idolatría. "Servidumbre de los ídolos", le llama el Apóstol. A esto añade ser el disparate de todos los pecados. Todos solicitan los objetos de su apetito para gozarlos; ésta los codicia para no gozarlos. Su fin es tener, no por tener, sino porque otros no tengan. Al avaro tanto le falta lo que tiene como lo que no tiene. Gasta su vida en juntar hacienda, y no gasta un cuarto en mantener su vida. Adquiere sin saber para quién, y sabiendo que no es para él. Tiene frío y no se abriga, tiene hambre y no come. *Adquiere oro para ser pobre no para ser rico* ... Es el avaro invidioso de sí mismo, nueva y perversa invención de invidioso...
>
> No crió Dios criatura tan vil, ni produjo la naturaleza sabandija tan abatida. No crió animal que no fuese bueno para algo y para otros, y para quien no criase muchas cosas buenas. Sólo el avaro ni es bueno para sí ni para otro, ni para nadie ni para nada. El es el monstruo de todas las criaturas. Tiene un ser tan inútil, que sólo es útil dejando de ser...
>
> El es causa de sus mismas miserias, porque las riquezas que junta le irritan y no le hartan. Es todo contrariedad, siempre está diciendo verdad y mentira con sus propias palabras. Si le piden limosna o prestado, dice: "No tengo"; y siendo mentira, porque tiene, es verdad que no tiene para hacer buenas obras; es verdad, porque él no tiene la hacienda, sino la hacienda a él. Y sería lo pro-

---

8   *Summa theologica*, vol. 20, ibídem, pp. 228 s.

pio decir el avaro que él tiene el tesoro, que si el preso dijese que él tiene a la cárcel. Estos en adquirir riqueza son como el que bebiese agua salada para matar la sed. Su ansia es adquirir, y jamás tienen contento adquiriendo, porque aunque la fortuna no los aflija con negarles ni quitarles lo que codician, es su aflición cualquiera cosa que no adquieren. No quieren mucho, sino todo. No sólo quieren tener, sino que nadie tenga.

Pr. 1413

Apoyándose de nuevo en una autoridad eclesiástica, el apóstol san Pablo en este caso, quien llama idolatría a la avaricia (Col., 3,5), Quevedo desarrolla una idea de riqueza como contradicción en sí misma. En el texto, aunque aparece el calificativo "disparate" referido a este pecado y se lo atribuye también al apóstol ("a esto añade..."), todo lo que sigue a continuación habría que leerlo como de la propia cosecha del literato, sobre todo porque esa palabra no se encuentra en los escritos de san Pablo[9]. Lo que a Quevedo le parece tan reprochable de la actividad del atesorador es que ni siquiera cumple lo que promete, esto es, riqueza. Todos los pecados, como es sabido, quieren disfrutar de su correspondiente objeto de deseo, pero sólo la avaricia –atesoradora, habría que añadir– desea el suyo precisamente para no gozarlo. Pues es así que la avaricia, encargada de adquirir, y la codicia, que retiene, se juntan cuando se trata del tesoro que se ha acumulado y, al mismo tiempo, se defiende del consumo. El que aspira al enriquecimiento, protege lo que se ha conseguido no sólo de los otros, sino de sí mismo; el atesorador pasa hambre y frío pero no invierte un céntimo en satisfacer sus necesidades. Con lo cual, lleva a la práctica algo escandaloso, como advierte Quevedo, algo nuevo: la perversión de una envidia dirigida contra él mismo. Por eso, la conducta del avaro es un "disparate" que se basa en una contradicción: al avaro le falta precisamente lo que posee, y adquiere oro, no para enriquecerse sino, paradójicamente, para empobrecerse[10].

---

9 A nosotros nos parece más lógico leer "a esto añado...", como algo que nos debería hacer estar atentos a las reflexiones del propio Quevedo.

10 En otro pasaje, el atesoramiento es considerado, muy acertadamente, como un acto de enajenamiento humano: "hacen ajeno lo propio" (Pr. 14 31 a); los atesoradores ven en la riqueza lo suyo propio como algo completamente ajeno.

Aquí resulta evidente en qué se diferencia la crítica quevediana contra la avaricia del discurso escolástico. Mientras que para santo Tomás lo pernicioso de ese vicio es que hace perder la moderación humana en su relación con la riqueza, Quevedo dirige su punto de mira a la falsedad de la riqueza misma, y a la que él califica más claramente de tesoro. Si el poeta habla de la riqueza como "agua salada", entonces, claro está, retoma el tópico de una crítica espiritualista de la riqueza: ésta no mata la sed porque nada que fuese meramente material puede matarla. La riqueza material no es remedio adecuado para la sed humana. Pero, como muestra el contexto, Quevedo hace hincapié en la absurdidad del tesoro como forma contradictoria de la riqueza, destacando un problema económico y no espiritual. Los pecados del avaro contra sí mismo no se deben tanto, como piensa santo Tomás, a una pasión desmesurada por los apetitosos bienes que le hacen perder el equilibrio, sino más bien a la ignorancia con la que él mismo se engaña al considerar el tesoro una riqueza, siendo éste, en realidad, la forma que oculta la pobreza. Santo Tomás incluso atenúa expresamente la gravedad de la avaricia frente a un pecado como la idolatría y lo considera menos reprochable que éste, pues desea sus objetos para darles un uso y no para la mera adoración[11]; Quevedo muestra que la riqueza –contenida en forma de tesoro– tal vez sea idolatrada por todos, pero en ningún caso útil.

En el problema sobre el que Quevedo reflexiona en el texto citado volvemos a reconocer un problema que, en su época, ha devenido objetivo y que muchos contemporáneos lo describen también como el problema de la riqueza encerrada en los metales preciosos. A diferencia de santo Tomás, quien al tratar la avaricia no distingue entre el dinero y las riquezas concretas, Quevedo se escandaliza sobre todo por el tesoro monetario, aunque tampoco diferencia explícitamente. Escribe sobre la avaricia como comportamiento moral incorrecto, pero, objetivamente, expone las contradicciones de un específico estado de riqueza social analizado por lúcidos economistas. Él mismo no se da cuenta de cuál es ahí el objeto que, en realidad, está sometiendo a crítica, para eso está aún demasiado anclado en las ideas escolásticas. Por consiguiente, el texto oscila tanto en su con-

---

11 *Summa theologica*, II-II, Q. 118,5 ad 4, ibídem, p. 242.

cepto de riqueza, que, por un momento, se cosifica en oro y, después puede ser "cualquier cosa", como también en su juicio cuando se pregunta a quién habría que atribuir los fenómenos enigmáticos: ¿al comportamiento demasiado defectuoso, desde el punto de vista moral, del avaro, quien acumularía sólo por malevolencia, para que los demás se queden sin nada, y que es tan reacio a las buenas obras, o a ese tesoro que se convierte en cárcel de sus dueños, por no poder éstos ni siquiera gozar de los frutos de su sacrificio, y que lleva incorporada ya una contradicción que impide un uso sensato del mismo? Esta falta de diferenciación se debe, pues, a que el autor considera al atesorador como algo inconcebiblemente antinatural por excelencia, como un monstruo.

Pero todo ese pasaje que acabamos de analizar es un intento de ir tras las huellas de la dialéctica de la forma atesorada de la riqueza. Como hemos visto, el atesoramiento aparece como un "disparate", pues su objetivo es absurdo; desea, por así decir, un haber sin tener. La riqueza aquí se posee, pero esa posesión consiste en su retención, y una riqueza que se retiene y no se consume no es ninguna riqueza. Resaltando la ambigüedad lingüística que se puede observar en el avaro, se indica de una forma muy plástica esa contradicción del tesoro que consiste en representar la riqueza sin serla. Y el mismo avaro es "todo contrariedad", porque dice "verdad y mentira con sus propias palabras". Cuando afirma no tener nada, miente, pues tiene, pero, al mismo tiempo, dice la verdad, ya que no posee ninguna riqueza destinada a la circulación y al disfrute.

Lo que refleja con esto Quevedo es la contradicción de la riqueza encerrada en el tesoro de los metales preciosos que, según los contemporáneos, determina la situación económica de España. Cellorigo, cuando critica la equivalencia que se hace entre tesoro y riqueza, se basa, por experiencia, en esa misma paradoja de un estado en el que el poseer oro no es sinónimo de riqueza. Recordemos su cita:

> Y así el no haber dinero, oro, ni plata en España, es por haberlo, y el no ser rica, es por serlo: haciendo dos contradictorias verdaderas...[12]

---

12 Véase la cita en la p. 57.

Esa experiencia del atesoramiento contradictorio en sí mismo Quevedo la expresa aquí diciendo: "Adquiere oro para ser pobre no para ser rico". No hay ninguna diferencia entre si se hace más hincapié en el tesoro que se pierde en la circulación –como en el caso de Cellorigo, quien tiene presente la fluctuación al extranjero de los metales nobles– o en el tesoro que se cierra a la circulación —como en el caso de Quevedo, quien pretende describir los fenómenos como comportamientos morales más allá del tiempo; el objeto aporético es el mismo. Y Quevedo muestra también muy bien en qué consiste su aporía: en el dilema que supone aspirar a ensalzar la constante encarnación del exceso, pero teniendo que renunciar a tal aspiración si la abundancia se manifestara como tal y si, como representación constante, se tuviera que sacrificar en el cambio de bienes consumibles. El hecho de que el atesorador, por querer una riqueza infinita ("no quiere mucho, sino todo"), tenga que prescindir de canjear la abundancia del equivalente abstracto por la abundancia concreta rompe, al fin y al cabo, no sólo la ilusión de la constancia, sino también la de la incrementabilidad de la riqueza en el tesoro.

Esta contradicción que acabamos de exponer tal vez la haya descrito Quevedo con más claridad aún en otro pasaje donde formula de una forma estrictamente antitética. En su comentario a *De remediis fortuitorum*, un escrito atribuido a Séneca –aunque muy posiblemente sea apócrifo[13]–, que fue muy difundido en la Edad Media y que Quevedo, convencido de tener ante sí un auténtico texto de Séneca, traduce y comenta:

> "Tiene otro mucho dinero". No dices bien, que el mucho dinero tiene al otro. Si tiene el dinero, no le gasta; si no le gasta, no le goza; si le gasta, no le tiene.

> Pr. 1078 b

Aquel que se deja intranquilizar por el tesoro monetario que ve en los otros debe recuperar la calma de su alma de una forma verdaramente estoica, comprendiendo la insignificancia de esa fortuna. Pues,

---

el envidiado no posee ningún tesoro, más bien se ve presionado por lo que posee. Esta presión que amarga la riqueza es la contradicción de su forma atesorada. Tener dinero significa no gastarlo, no gastarlo significa no disfrutarlo, y gastarlo y disfrutarlo significa no tenerlo. Haga lo que haga el que tiene dinero, bien acumulándolo bien intercambiándolo, obra mal, ya que, en cualquier caso, el dinero no le ofrece ninguna riqueza, pues ésta implica ser tanto consumible como duradera.

En este pasaje, por cierto, se evidencia que el esquema argumentativo que utiliza Quevedo repetidas veces para la temática del dinero lo adopta de la tradición de la filosofía estoica, con la que comparte el interés y la técnica de la desilusión. El sabio estoico se esfuerza por interpretar las ideas sobre las cosas que le preocupan como meras opiniones humanas de las mismas, "desvelando" así como perniciosos, en realidad, objetos que en general se consideran bienes[14]. Quevedo, como hemos visto, le aplica con frecuencia al dinero ese procedimiento desilusionador[15]. Sin embargo, si se compara su comentario aquí citado con la correspondiente frase del original (*De remediis*), se puede constatar que aquí aún se mantiene la idea de una mesura y de que sólo su transgresión corrompe la relación con el dinero[16] –el propio Séneca, en definitiva, considera el oro como un *adiaphoron* que se podría utilizar tanto para el bien como para el mal[17]–, mientras que para Quevedo el mal no se basa en el comportamiento del que posee dinero sino, exclusivamente, en el propio carácter contradictorio del dinero. Con otras palabras, radicaliza la dialéctica estoica para poder expresar la experiencia específica de su época, esto es, que el dinero como riqueza constituye una contradicción, pero al

---

14   Véase nota al pie de página, VI, 67.

15   Véase p. 146.

16   La contradicción del tesoro monetario ya se había tematizado en el texto de Séneca apócrifo. Para demostrar que el atesorador posee poco, se dice (en la traducción de Quevedo): "Mucho posee: es avariento o pródigo. Si avaro, no lo tiene; si pródigo, no lo tendrá"; Pr. 1078 a. Aquí se menciona la contradicción, pero sigue unida todavía a la idea de una mesura, por lo tanto, aparece sólo en el caso de la avaricia o del derroche, es decir, de dos comportamientos extremos.

17   Véase p. 109.

mismo tiempo el estoicismo le ofrece un marco en el que puede volver a asumir esa experiencia dentro de las ideas tradicionales.

En su tratado ascético *La cuna y la sepultura*, lo que le importa a Quevedo, a semejanza de lo anterior, es crear un desengaño de la riqueza.

Mientras que con su argumento quiere atacar a la riqueza por antonomasia, lo que hace es, en realidad, atacar su forma de tesoro:

> Si la tienes (sc. la hacienda) y no la gastas, es como si no la tuvieses, pues no tienes provecho della. Si la gastas, no la tienes: luego forzosamente se colige que es bueno tenella para no tenella.

Pr. 1333 a

El que tiene un tesoro y no lo (inter)cambia, en el fondo no tiene ninguno, pues no le saca ningún beneficio. Pero quien lo cambia se queda sin él, por eso, según la aguda conclusión, el sentido del tesoro tiene que estar precisamente en su propia negación. Como en la cita anterior a ésta, aquí también se concibe exactamente la contradicción que describen los arbitristas en relación con los metales preciosos americanos, los cuales encarnarían la promesa de representar la riqueza de forma duradera, pero que finalmente se revelan como su simple representante pasajero, tal y cómo fue la amarga experiencia de la sociedad española.

Los arbitristas llegaron a la conclusión de que el tesoro monetario no es idéntico a la riqueza, y como consecuencia de ello trabajaron en un concepto de la riqueza entendida como un movimiento que parte de la base de la productividad social y que siempre puede volver a plasmarse como dinero, precisamente por no ser idéntico a él; Quevedo, por el contrario, dirige la experiencia del carácter contradictorio de la forma atesorada como un argumento contra la riqueza en su conjunto. En el contexto en el que muestra la absurdidad del dinero acumulado, ésta serviría de prueba de que no tiene sentido darle tanta importancia a la riqueza material, pues si sólo es bueno tener tesoros para no tenerlos, ¿no es, acaso, absurdo de antemano esforzarse por tener riqueza? El oro americano, por lo tanto, en cuanto forma contradictoria de la riqueza, constituye para Quevedo un simple episodio que atestiguaría por sí mismo la banalidad de la riqueza. Al creer que con el tesoro ataca también a la riqueza social en general, vuelve a producir precisamente la equivalencia que él mismo observa y presenta como contradicción.

En el caso de Quevedo, la sensibilidad y la incomprensión ante el carácter de su objeto se relacionan de un modo extraño. Más plásticamente no se puede mostrar la contradicción del atesorador que, tras haber extraído el oro de la tierra lo vuelve a enterrar rápidamente en sus arcas, sólo para que no se transforme en una riqueza concreta a la luz del día[18]:

> ¿Quién bastará a entender al avariento? Para tenerte, cava y te desentierra; y en teniéndote, por no tenerte (que es por no gastarte), torna a cavar, y te entierra otra vez.
>
> Pr. 1334 a

Esta pasión con la que aquí se desentierra y se vuelve a enterrar, y con la que se posee una falta de posesión es, en cualquier caso, inconcebible; el autor está convencido de que el entendimiento humano no basta para comprenderla. Para él la respuesta a ese comportamiento paradójico del atesorador está, en el mejor de los casos, en considerarlo un accidente de la naturaleza, un monstruo, como lo hace en el pasaje que hemos citado al principio. También la interpretación que propone en el siguiente texto, expresa más bien la resignación ante unas circunstancias que parecen sustraerse a cualquier esfuerzo de comprensión:

> Muchas veces he considerado qué parte del hombre persuade al avariento a no gastar consigo mismo lo que tiene. No se lo persuade la razón, que le constituye en ser racional, por ser cosa contra razón; no la parte animal, porque ésa es toda atenta a su comodidad y regalo … Esto me persuade que es castigo de Dios, y de los mayores que en este mundo ejecuta…
>
> Pr. 1414

---

18 Compárese también la siguiente formulación, la cual ilustra lo grotesco de la riqueza que se aparta de la circulación: "El avaro visita su tesoro por traerle a la memoria que es su dueño, carcelero de su moneda"; Pr. 1186 b.

Ni la razón ni los impulsos naturales son capaces de convencer al atesorador para que consuma su riqueza predestinada precisamente para el consumo; la razón no, porque actúa de un modo contradictorio y ésta no tolera la contradicción, y los impulsos tampoco, pues estos siempre buscan su satisfacción. De ahí que haya sólo una interpretación, y es la que ve la verdadera justificación en un motivo extraterrenal: un grave castigo de Dios. Mientras que santo Tomás se muestra totalmente comprensivo con la *avaritia*, que desarrolla un explicable interés por los bienes materiales y, por ese interés, perdería la mesura racional, para Quevedo la avaricia que no quiere en absoluto lo que posee es un auténtico sinsentido, pues no ve la avaricia como un fenómeno moral, sino la confusión, cometida por su sociedad, de la riqueza con su forma, es decir, el tesoro monetario; y a éste lo caracteriza como cárcel, pero no entiende por qué encarcela así a su dueño, por qué lo obliga a sufrir más bien privaciones que a gastar su riqueza; y es que el tesoro en sí representa la contradicción de la abundancia duradera y la irremediable consumibilidad, no entendida aún de forma dialéctica. Sólo desde una posición que reconoce la riqueza como un movimiento que se mantiene tanto por los bienes concretos como por su forma monetaria es desde la que se puede entender lo absurdo del tesoro[19].

b) El tesoro retenido y la caridad feudal

En el tesoro, lo que es un error es su retenimiento; en él, la riqueza se repliega de la circulación social, el único lugar donde la riqueza está en consonancia con su concepto. Cuando Quevedo cri-

---

19   Por supuesto, la dependencia que tiene el tesoro de la circulación, de la que parece independiente, es un problema más complejo que el que se revela en el problema de su consumibilidad; éste es sólo uno de sus síntomas. Los teóricos de la Escuela de Salamanca advirtieron de que el valor del dinero (como el de las mercancías) depende de los parámetros de la circulación, como la oferta y la demanda. Quevedo no se ocupará de estas relaciones excepto en una frase suelta de sus *Migajas sentenciosas*, una recopilación de aforismos y textos breves donde constata que "El precio de las cosas está en la falta de ellas"; Pr. 1115 b. Es notable aquí, cómo se convierte en aforismo común una observación económica de mediados del siglo XVI.

tica el atesoramiento se dirige, como vimos, contra ese bloqueo, y repetidamente contrapone a sus contradicciones como correctivo lo que ahora queremos analizar, concretamente la idea de una riqueza convertida en comunidad y, en esencia, viva. Con esto, sin embargo, se revela lo que ya era de suponer, al igual que observa los problemas de la forma atesorada según las categorías tradicionales de la avaricia, también intenta solucionarlos dentro de las tradicionales estructuras económicas.

Con los atesoradores, "que tienen sumas riquezas, y no las gozan ni las comunican", acuña esta imagen:

> Son balsas que juntan el agua corriente, para corromperla.
>
> Pr. 1431 a

El atesoramiento, pues, estanca la riqueza y la corrompe, la cual, sin embargo, debería fluir y estar en constante movimiento. Esta misma imagen se utiliza también en otro pasaje, en el que se dice del rico que encierra su haber en el monedero:

> ... es laguna de los bienes del mundo, donde están presos y detenidos en ocio inútil, dejando sedientas las plantas y confesando lo estantío con el olor...
>
> Pr. 1592 a

En el tesoro, los bienes terrenales experimentan un bloqueo; se detiene el río, tan necesario para la vida de la sociedad (que, en la imagen, aparece como naturaleza), y se le condena a la inutilidad, un metabolismo parado que ahora comienza a pudrirse. De forma semejante, en el siguiente fragmento se le reprocha al tesoro monetario el apropiarse de la riqueza y paralizarla:

> ¡Fuerza de hechizo tiene tu precio, oro! Pues con malas obras y mal tratamiento granjeas, sin ningún provecho, voluntad tan enamorada. Considerado he que donde te crías haces inútiles los montes, intratables al ganado, ásperos, desnudos y sin yerba y estériles a todas las sazones del año; que en ti gastas todo el caudal de la naturaleza. De costumbre lo tienes: no olvidas esa condición aun fuera de las entrañas de los cerros, pues lo mismo haces con el

hombre que te busca y te posee. ¡Qué estéril es de buenas obras el
rico avariento! No da fruto. Menos provechoso es que el monte
donde estabas; propiedad es tuya la estirilidad.

Pr. 1334 a

Esa atracción que, por lo general, produce el oro, seguramente se
deba a hechicerías, pues de otra forma no se podría explicar, según el
autor, que los hombres le tengan tal aprecio sin obtener de él ninguna
utilidad. Después de señalar las preocupaciones –que aquí ya no citamos– que le produce el oro a su dueño, quien lo tiene que extraer
de la tierra y vigilarlo con todo rigor para que, al final, se lo tenga
que transmitir a los herederos, se le atribuye al tesoro la característica
de ser estéril, y se concluye con la ya mencionada observación de lo
absurdo que es desenterrar el oro para volver a enterrarlo. El hecho
de que el oro provenga del interior o de los montes sin ninguna ve-
getación es considerado por Quevedo como un indicio de su carácter,
que absorbe y extermina toda riqueza con vida. La riqueza tanto de
la naturaleza como de la praxis humana se solidifica en metal, lo que
estaría predestinado al uso de la comunidad se petrifica, y el atesorador tampoco podrá disolver el bloqueo, pues, según la cita, no desempeña ninguna buena obra, no ofrece ningún fruto y sucumbe él
mismo a la ley de esterilidad de su tesoro.

Quevedo se da perfecta cuenta de lo que ocurre con la riqueza
que entra en la forma atesorada, y también de la necesidad de volver
a llevar el tesoro monetario a la verdadera riqueza, en un proceso en
el que ésta pueda circular y dar a conocer su sentido en el consumo
y la utilidad. Luego, la riqueza como hay que entenderla aquí, *ex negativo*, es lo contrario del tesoro inmovilizado, no es esterilidad sino
fertilidad.

Sin embargo, por muy profundamente que Quevedo analice el
problema de la forma atesorada de su época, no ofrece las nuevas soluciones que se requieren, a diferencia de los arbitristas. La necesaria
licuación de la riqueza solidificada en el tesoro, para él se da en un
medio conocido, en la limosna:

> Tú eres, si sabes ser rico, heredad del pobre, como la heredad es
> hacienda para ti. Dióte Dios los bienes para que los dieses, no para

que los hicieses inútiles ... porque puedas con la *caridad* merecer
que te lo multiplique.

Pr. 1421 s.

El rico ilustrado en el sentido cristiano sabe que su tesoro no está
destinado a bloquear la riqueza, sino a ponerlo al servicio de la comunidad; lo posee por voluntad divina, sólo para que llegue a los necesitados. Aquí se menciona tanto la contradicción del tesoro, que
representa la riqueza pero que no sirve de nada, como también la necesidad de conservar sin pérdida alguna la riqueza representada en el
tesoro, mediante la circulación general —el proceder caritativo, por
el contrario, la debería aumentar. Pero la estructura dentro de la que
se salvaría el tesoro es la de la sociedad feudal. Aquí, donde se trata
de un concepto contrario al problemático tesoro metálico, se vuelve
a identificar la "hacienda" con la "heredad", la riqueza con una herencia proveniente de un orden divino, y el abismo entre los que po-
seen y los desposeídos se cerraría cuando los ricos comprendan que
son la herencia de los pobres, a quienes tienen que cuidar dándoles li-
mosnas. Por lo tanto, para Quevedo la posibilidad de una riqueza
común, capaz de circular en comunidad y, no obstante, estable, sólo
se ve garantizada en el patriarcado, en una estructura social pasada,
en la que, por supuesto, no está afianzada la comunicación de todos,
sino que, al fin y al cabo, se mantiene el abismo que finge superar.

Quevedo ha defendido repetidas veces el patriarcado feudal y su
autolegitimación, la limosna[20], con lo cual toma posición en un debate
que se lleva a cabo ya en el siglo XVI, concretamente en el debate

---

20 El proyecto que planeaba sobre una biografía de Fray Tomás de Villanueva
traiciona la intención de escribir en alabanza de un noble rico manchego que reparte desinteresadamente toda su hacienda entre los pobres, haciéndole así frente
con conciencia a los mercaderes en cuanto tercer estamento que quiebra la relación patriarcal (Pr. 1264 ss.; especialmente pp. 1267 b s.)
El siguiente pasaje, tomado de otro contexto, que parece dictado por una especial
presión a legitimar el patriarcado feudal es suficientemente claro: "Según esto,
el pobre se sirve del rico, y el rico es pies del pobre; aquél tiene el cuidado de
mayordomo y las ansias de padre, éste el descanso, y socorro y regalo de hijo ...
¿Quién negará que este repartimiento de la divina Providencia no es tan justificado como maravilloso y igual?"; Pr. 1595 b. Cf. también Pr. 1441.

sobre el problema de los pobres que, como ha observado Michel Cavillac, hay que interpretarlo, en definitiva, como una discusión por la subsistencia del orden feudal o la construcción de una sociedad burguesa productiva, en la medida en que la defensa de la limosna como una medida suficiente para el problema de los pobres sirva al *status quo* social, mientras que los partidarios de los controles estatales de los mendigos y vagabundos y de su obligación de trabajar continuamente en el taller o la manufactura tienden a una situación burguesa[21]. Ahora, cuando escribe Quevedo, el estado del dinero pugna por salir de sus propias contradicciones y llegar a una liquidez en el sentido productivo burgués, pero el autor, defensor acérrimo del pensamiento contrarreformista y la restauración social, se aferra a la caridad, definida desde el punto de vista feudal, como la única solución a todas las contradicciones.

Son numerosísimos los pasajes en los que hace de la caridad el instrumento que vendría a salvar las riquezas corrompidas. Ya tan sólo la caridad consigue depurar al oro de su perniciosa materialidad y elevarlo al cielo,

> … para que los metales, que tuvieron su cuna en las vecindades del infierno, a intercesión de la limosna y habilitados con el cuño de la caridad, en el cielo hagan oficio de estrellas…
>
> Pr. 1515 b

La moneda llega a verdadero estado líquido cuando se convierte en limosna y, de esta forma, introduce su valor, como se dice en un pasaje, en el "comercio eterno" (Pr. 1592 a)[22]. La riqueza tendría que

---

21   "Por la pluma de los padres Soto y Medina, se enfrentaban, en realidad, más allá de los defensores del tradicional derecho del pobre a la limosna y de los partidarios de soluciones secularizadoras al estilo de Vives, dos concepciones irreductibles de la ética social: una que, en nombre del *statu quo*, reflejaba la axiología de la aristocracia señorial; otra en la que despuntaban los valores de una posible burguesía"; con estas palabras resume el debate Michel Cavillac en su introducción al *Amparo de pobres* de Pérez de Herrera, ibídem, p. XCVII.

22   En la siguiente poesía (núm. 42, 9-14), concurren de una forma especialmente clara la observación del carácter contradictorio del tesoro y el modelo argumentativo dualista (dinero = materia vs. espíritu): "Al asiento de l'alma suba el

salir de su bloqueo en el tesoro monetario y circular, pero la circulación en la que piensa Quevedo es una celestial, separada totalmente de la circulación de las mercancías, esto es, del comercio secular, por llamarlo así, en el que el tesoro, efectivamente, podría mostrar su utilidad común y mantenerse realmente[23].

Sorprende ver cómo Quevedo en sus tratados ascéticos –donde parece estar embebido en argumentaciones que enfocan un más allá de las cosas terrenales– se refiere a los problemas de su presente tal y como los debaten los arbitristas. Precisamente la cuestión que éstos se planteaban de cómo debería actuar de forma más razonable la sociedad española, tras la deprimente experiencia con los metales preciosos americanos, para adquirir riqueza y además mantenerla, encuentra su eco en Quevedo, en un capítulo sobre el elogio de la pobreza donde se ofrece una apodíctica respuesta:

> Este es el modo de adquirir riquezas y conservarlas: guardar las del alma, y repartir y dar las del cuerpo.
>
> Pr. 1333 a

Aquí se aborda el debate contemporáneo sobre la difícil situación económica, pero para esta posición, que se concibe preferentemente como si estuviera escrita desde la eternidad, parecen no existir dificultades históricas específicas a tomar en serio como tales. Sin embargo, en la política de la caridad, sintomática del sistema feudal, y en la lealtad a los valores tradicionales (en los que tal vez se mezcle aquí también la lealtad estoica hacia el yo espiritual) queda marcada cuál sería la forma social que aquí se asocia como ideal eterno.

---

oro;/ no al sepulcro del oro l'alma baje,/ ni le compita a Dios su precio el lodo./ / Descifra las mentiras del tesoro;/ pues falta (y es del cielo este lenguaje)/ al pobre mucho; y al avaro, todo." Sobre la limosna como solución del problema del tesoro, véase además, Pr. 1079 b, 1594 a.

23 Una observación que hace Quevedo sobre el valor de la moneda, en una carta de 1628, constata que, en contextos económicos reales, reconoce que es necesaria la circulación para el valor de las monedas. Aquí advierte de que las cantidades de moneda que han aumentado debido a la devaluación de ésta, dificulta mucho la circulación y comenta: "Monetae vita in motus fuga consistit, et, ut Virgilii nostri Fama, 'Mobilitate viget viresque adquirit eundo'"; Quevedo, *Epistolario*, ibídem, p. 209.

En pasajes como estos se vuelve a retomar la discusión de la época y, al mismo tiempo, se cierra al no permitirse más que una retrospectiva social. En la frase que sigue a continuación referida al atesorador emerge un momento de "modernidad" semejante:

> Injusto eres, pues quieres que a ti sobre lo que a otros falta, y quieres más tener ociosos los dineros en tu cofre, que alimentando al necesitado.
>
> Pr. 1333 a

Lo que está en el trasfondo de esta frase es la experiencia de la falta de comunicación de la forma atesorada y de la contradicción consigo misma, el haber reparado en que, evidentemente, los problemas de dicha forma de tesoro están relacionados con la inactividad de esa riqueza, y, finalmente, la exigencia de poner a esa riqueza en actividad y en comunicación. Nos gustaría interpretar así esta frase y decir que el dinero tiene que trabajar en vez de quedarse inactivo en las arcas, pero una vez más se revela la discrepancia entre el reflejo de Quevedo ante un problema actual y su receta. El bloqueo del tesoro tiene que disolverse convirtiéndose éste en alimento inmediato de los necesitados; el hecho de que al atesorador se le llame injusto hace suponer la misma exigencia de que supere sus problemas con ayuda de la moral caritativa. Así pues, la única no ociosidad que Quevedo, al parecer, se puede imaginar es la labor virtuosa de la limosna y la asistencia, aquí entendida como lo contrario del ocio. Y tampoco tiene en mente otra actividad humana en este pasaje en el que denuncia la riqueza de la praxis humana como víctima de la esterilidad del tesoro ("No da fruto", Pr. 1334 a) sino la praxis reducida al esfuerzo caritativo[24].

---

24 En las *Migajas sentenciosas* aparece la siguiente frase: "A la compañía de trabajos pocos meten su caudal"; Pr. 1215 b. Quevedo estaría pensando aquí en las compañías a las que se asociaban los mercaderes de su época para invertir juntos ("meten su caudal") en el comercio a distancia y hacerse cargo, también juntos, de los riesgos que conllevaba. Pero su concepto de "trabajo" no reconoce, al parecer, la actividad mercantil capitalista, sino sólo el trabajo en el sentido de sufrimiento, de esfuerzo virtuoso que no produce ninguna ganancia. Lo que denuncia aquí, por lo tanto, es la tendencia de sus contemporáneos a la inversión capitalista en vez de moral.

Con lo cual, aquí se intenta solucionar el problema del tesoro retrocediendo, en cierto modo, a una estructura social pasada, en la que la forma atesorada de la riqueza aún no constituía ningún problema, pues la limosna y la asistencia, la distribuición de la riqueza sin convertirla de hecho en algo común, es lo que caracteriza a la típica transmisión del patriarcado feudal.

3. El comercio como alquimia

Naturalmente, Quevedo conoce muy bien un método que puede solucionar las contradicciones que ha observado en el tesoro bloqueado y en constante fuga: el comercio. En numerosos pasajes lo compara –junto con la artesanía y oficios como los del médico o el barbero– con la alquimia[25], para resaltar que con la venta de productos se consigue perfectamente lo que los alquimistas estuvieron intentando en vano durante años: obtener y multiplicar el oro.

Aunque la relación de Quevedo con los alquimistas es en sí misma compleja y estaría caracterizada tanto por una cierta fascinación como por una crítica hacia ellos[26], sin embargo, en lo que concierne a su esperanza de poder crear oro de forma sintética mediante combinaciones secretas de sustancias no muestra más que rechazo o burla, pues sabe que hay métodos mucho más fáciles ante cuya sencillez y éxito los esfuerzos de estos cocineros de oro y sus filosofías parecen charlatanería estúpida.

El texto que vamos a analizar aquí como el documento más revelador respecto a la posición de Quevedo frente al comercio es la trigésima pieza de *La Fortuna con seso y la Hora de todos*; en él se demuestra de una forma muy plástica la superioridad del comercio, a la hora de hacer oro, frente al laborioso esfuerzo de aquellos.

Aquí (Pr. 279 b ss.), un alquimista que está delante de la puerta de un vendedor de carbón le cuenta a un transeúnte su descubrimiento

---

25   Además de los textos aquí citados, véase también Pr. 128 b, 169 a.

26   Alessandro Martinengo ha investigado las relaciones de Quevedo con la alquimia, sus conocimientos, la crítica, el rendimiento poético de los procesos e imágenes alquímicos en *Quevedo e il simbolo alchimistico. Tre studi*. Padova 1967.

del elixir del oro, con el que se podría "ahorrar los viajes de las Indias" (Pr. 279 b), y le intenta sacar algunas monedas de oro con la promesa de crear con ellas un gran tesoro en la retorta, mediante una fórmula secreta, y devolverle después a su mecenas la cantidad doblada y triplicada de lo prestado. Para conseguir esto, dice, sólo necesita mezclar algunos ingredientes sin valor como, por ejemplo, cáscaras de huevo, cabellos, sangre, orina y, por supuesto, conocer a toda una serie de autores de las ciencias ocultas. En ese momento, llega la Hora de la verdad, el vendedor de carbón, que hasta ahora sólo había estado escuchando, interviene en la conversación, pero en contra del embaucador y muy enfadado, porque para todo ese proceso no habría que gastar carbón. En su opinión, el verdadero arte de multiplicar el oro se consigue de otra forma:

> ... todos esos autores te hacen a ti loco, y tú, a quien te cree, pobre. Yo vendo el carbón, y tú le quemas; por lo cual, y le hago plata y oro y tú hollín. Y la *piedra filosofal verdadera* es comprar barato y vender caro, y váyanse en hora mala todos esos Fulanos y Zutanos que nombras...

Y, dirigiéndose al transeúnte, sigue diciendo el vendedor de carbón:

> Y vuesa merced haga cuenta qe hoy ha nacido su dinero, y, si quiere tener más, el trato es *garañón* de la moneda, que empreña al doblón y le hace parir otro cada mes.
>
> Pr. 280 b s.

Según el vendedor, el alquimista debería ahorrarse el estudio de todas esas autoridades que menciona, pues lo único que hacen es volverle loco, y "la piedra filosofal verdadera", dice, es el comercio basado en el principio de comprar barato y vender caro, con lo cual, sin teoría y al parecer sin esfuerzo, se convierte en el verdadero poder alquimista capaz de multiplicar el dinero. Él, afirma, hace del carbón oro y plata, mientras que la alquimia simple hollín. Al transeúnte, ante tal alternativa, sólo se le puede aconsejar, por lo tanto, que no meta el dinero en la redoma de un alquimista, sino que lo invierta en algún negocio para que, como dice el vendedor, se haga "garañón de la moneda", que la deje preñada y la haga duplicar cada mes.

Si bien describe la forma de funcionar del capital mercantil de un modo rudo y simplista, no por ello es, en principio, desacertado. Aquí se trata de dinero que, aunque entra en circulación, no sólo vuelve a salir de ella ileso sino incluso incrementado; y el comercio es el lugar más idóneo para esa transformación del dinero como medio de cambio en un movimiento en el que tal dinero se convierte constantemente en el resultado del cambio, es decir, en capital. En el comercio, el dinero, siguiendo las reglas, se invierte en mercancías que se obtienen más baratas de lo que después se venden, las cuales luego se transforman en plusvalía de dinero, y todo esto se presenta como un proceso sujeto al tiempo que se desarrolla con regularidad y es aparentemente ilimitado. Con lo cual, el capital mercantil logra la estabilidad de la riqueza que es, precisamente, en lo que fracasa la forma atesorada.

Sin embargo, en este pasaje se presentan algunas dificultades para distinguir la posición inequívoca de Quevedo ante el capital mercantil, esbozado en el ejemplo del vendedor de carbón. ¿No aconseja éste, acaso, ese tipo de inversión del capital que acaba con la búsqueda de la piedra filosofal y cuyo secreto no son capaces de descubrir los alquimistas por mucho que se esfuercen? ¿Y no se vuelve a presentar al comercio, por otra parte, como un truco un tanto trivial? ¿No hay incluso cierta simpatía, como cree Alessandro Martinengo[27], por ese hacedor de oro que, estudiando los viejos escritos hermenéuticos, espera conseguir en vano lo que consigue el comercio mediante un mecanismo banal?

Seguramente sea esa misma tensión entre la razón y lo recónditamente sospechoso la que caracteriza la visión que tiene Quevedo del comercio. Por un lado, éste es, sin duda, la forma más razonable de inversión monetaria, pues la alquimia más bien echa a perder las monedas que requiere como punto de partida de su magia en vez de incrementarlas.

Si se piensa en la realidad histórica que tiene la alquimia en la época en la que aparece el texto, la razón que, al parecer, caracteriza al comercio queda confirmada y puesta de relieve. A partir el siglo XVI los alquimistas salen de la clandestinidad de los monasterios y son re-

---

27 Martinengo, ibídem, pp. 59 s.

cibidos en diferentes cortes europeas, donde se les instaba a que hicieran, no tanta especulación natural como solían, sino oro que se pudiera utilizar. Es un hecho histórico que los príncipes creían ver en la alquimia una esperanza concreta para los crecientes gastos y la escasez de dinero; algunos incluso se dedicaron a ese arte[28]. En el siglo XVII, apunta Hermann Kopp[29], todavía se la puede considerar "arte principesco", pues no disminuye el interés que tenían personalmente tanto los pequeños como los grandes gobernantes, a pesar del poco éxito[30].

Para el texto de Quevedo se puede considerar un punto de referencia muy relacionado con ese trasfondo histórico general. Es de suponer –y esta relación la estableció ya Gregorio Marañón[31]– que ese pasaje se dirige directamente y de forma calculada contra Olivares y determinados episodios de su actividad política en los que éste se deja vincular con ciertos experimentos de ese tipo[32]. Marañón menciona varios casos[33] en los que los alquimistas, bajo la protección de Olivares, pudieron probar suerte en la corte española; tales casos indican que el Conde-Duque veía en ellos una esperanza para las arruinadas finanzas españolas. Entre esos alquimistas había, al parecer, un adepto extranjero que, a semejanza del charlatán del texto de Quevedo, había prometido convertir cosas de poco valor[34] en plata,

---

28 Véase Plos/Roosen-Runge/Schipperges/Buntz, *Alchimia. Ideologie und Technologie.* München 1970, pp. 188 s.

29 Hermann Kopp, *Die Alchimie in älterer und neuerer Zeit.* Reprografía. Reproducción de la edición de Heidelberg 1886, Hildesheim 1962, vol. I, p. 128.

30 Como ejemplos se puede mencionar al emperador Rodolfo II, el rey danés Federico III y los duques sajones; para más información véase Hermann Kopp, ibídem. También Richelieu, al parecer, puso su confianza en un alquimista, un tal Dubois, que ante la promesa de hacer oro se le concedió un título nobiliario, pero que al final tuvo que pagar su fracaso en la horca; véase J. G. Krünitz's *Ökonomisch-technologische Enzyklopädie.* 172. Teil, Berlin 1839, pp. 108 s.

31 Gregorio Marañón, *El Conde-Duque de Olivares. La pasión de mandar.* Madrid 1969 (1936), p. 87.

32 *La Hora de todos* data de los años 1635/36; por esa época Olivares llevaba ya 14 años en el poder.

33 Marañón, ibídem, pp. 86 s.

34 "de cosas muy viles", cita Marañón (ibídem, p. 86); obsérvese los ingredientes que quiere utilizar el personaje de Quevedo (Pr. 279 b).

por lo que se puso a su disposición un laboratorio en el Buen Retiro, además de dos mil ducados como base para sus experimentos; pero cuando vio que no obtenía el resultado esperado, debió de poner pies en polvorosa[35].

Si se tiene en cuenta que, en la *Hora de todos*, Quevedo critica[36] con especial mordacidad otra faceta de la política financiera del ministro sin apenas ocultarla, entonces es muy probable que el blanco de su burla sean esos experimentos patrocinados por Olivares. Lo que muestra aquí es que el dinero que se invierte en la alquimia es dinero malgastado y que el comercio es una alternativa de inversión mucho más sensata. Si observamos ese nexo concreto que hay en su sátira –una situación de crisis económica en la que al ministro más importante del país se le ocurre hacer potajes para obtener oro, además de otras medidas de escaso resultado–, entonces el texto se nos presenta como un alegato a favor del comercio en cuanto razón histórica necesaria en ese concreto momento.

Y, sin embargo, al comercio se le presenta aquí, entre otras cosas, como algo un tanto sospechoso. La racionalidad que se le atribuye al compararlo con la alquimia, si se mira más detenidamente, queda mermada. Hay, en concreto, dos momentos en el texto en el que se abrigan reservas tradicionales contra el comercio. Primero se explica el misterio de su ganancia a partir del cálculo de la compra barata y la venta cara. Es decir, el comercio se presenta no tanto como una actividad que cumple un sentido social y lo convierte en fuente de riqueza, sino más bien como una serie de golpes astutos que se les han ocurrido a ciertos individuos, los cuales quieren beneficiarse de la forma de vida de la comunidad. Por consiguiente, Quevedo no deja escapar la oportunidad de aclarar que es por el propio egoísmo ofendido por lo que el vendedor de carbón reflexiona enojado sobre la razón de su negocio: está furioso simplemente por no haberle podido vender carbón al alquimista ni haber sacado provecho de su es-

---

35 Aquí también se da un paralelismo con el texto de Quevedo: su carbonero habla de un vecino que, para el mismo propósito, le pagó a un embustero mil ducados sólo para carbón y, al final, éste acabó robándole. Pr. 280 b.

36 En la pieza sobre los Monopantos (véase el apartado 5 de este capítulo).

tafa, siendo él mismo un estafador[37]. Reducir así al comercio a un truco facilón de individuos egoístas está en la misma línea tanto de la observación de santo Tomás, según el cual el comerciante tiene algo infame (*turpitudo*)[38], como en la de Aristóteles, para quien el mercader apenas podría obtener ganancias sin perjudicar a los demás[39].

El segundo momento del texto expone quizás con más evidencia todavía la clásica crítica al beneficio. La metáfora del comercio como "garañón de la moneda" está relacionada con un conocido pasaje de Aristóteles. Éste, en su *Política*, critica el cobro de intereses con el argumento de que el interés representaría un incremento del dinero generado por sí mismo –el término griego para intereses, τόκος, viene, según indica, de τίκτω, yo doy a luz– pero como el dinero, en su opinión, es mero medio de cambio y no algo vivo, no se podría engendrar a sí mismo; de ahí que el cobro de intereses se considere un medio de adquisición antinatural y detestable[40]. Pero no sólo el préstamo con intereses, sino todo dinero resultante del cambio, es decir, también del cambio de mercancías, es para Aristóteles antinatural, puesto que con él el proceso de cambio se convierte en una fuente de adquisición[41]; por lo tanto, el argumento aristotélico de que el dinero no es algo vivo, en la escolástica no se aplicará sólo contra los intereses sino contra el capital en general[42].

Igualmente, la metáfora del garañón presenta el beneficio como la contradicción de algo social y, al mismo tiempo, natural, de una cosa muerta y, a la vez, viva. Lo describe, también, como una especie de autoengendración del dinero; la moneda, fecundada por el comercio, queda embarazada y, puntualmente, da a luz a sí misma. Aunque Quevedo y los contemporáneos no hayan evocado conscientemente la prohibición clásica del beneficio, por la semejanza de

---

37 "Estaba oyendo este embuste el carbonero, dado a los demonios de que había dicho no había de gastar carbón"; Pr. 280 a.

38 Véase p. 34.

39 Véase p. 31.

40 Patricio de Azcárate, *Obras filosóficas de Aristóteles*, ibídem, p. 35.

41 Véase p. 30.

42 Wilhelm Weber, *Geld und Zins in der spanischen Spätscholastik*, ibídem, pp. 128 s.

la metafórica nos encontramos aquí con la misma sospecha respecto a la ganancia, la cual aparece como el producto de un proceso antinatural cuya violencia sólo se puede expresar mediante una burda metáfora. También con esto el comercio no queda tan legitimado como cuestionado en su legitimidad.

Estas dos implicaciones del texto vuelven a colocar al comercio al lado de esa manipulación alquimista, aunque, como vimos, habría que establecer una diferencia entre ambos, pues, Quevedo, al reducirlo a un simple golpe que aparece sospechoso tanto ante la sociedad como ante las monedas, niega precisamente lo que, en comparación con la alquimia, lo convierte, en realidad, en eficaz fuente de riqueza: el rendimiento que produce el trabajo mediador y necesario desde el punto de vista social. Dos decenios más tarde aproximadamente, un arbitrista como Francisco Martínez de Mata vuelve a colocar juntas la alquimia y la manufactura, pero ahora, por el contrario, con la intención de resaltar la diferencia que hay entre las dos e indicar por qué es superior esta última: por el esfuerzo productivo o, lo que es lo mismo, la "industria"[43]. Quevedo, al desacreditar ese momento del trabajo en el comercio –y lo mismo hace con la artesanía en otros pasajes[44]– vuelve a revocar también su adelanto en racionalidad.

---

43 Martínez de Mata prueba que la comparación entre la industria y la alquimia en esa época se usa no sólo con la intención de desacreditar sino también de ilustrar. En un tratado escribe sobre la crisis española y la necesidad de la manufactura, de la industria, en alianza con sus hijas, las diferentes capacidades productivas ("artes"), como si esto fuera la piedra filosofal: "Todas las Artes son hijas de la industria, y para que los hombres se aficionasen a ellas hablaron de la industria los Filósofos en metáfora de la piedra filosofal, a la cual fingieron tal virtud, que aplicándola a los metales, los transustanciaba en oro"; *Memoriales y discursos...*, ibídem, p. 145.
Martínez, como sabe que el trabajo únicamente es la fuente de riqueza (el cual no transforma sólo metales en oro: "la industria convierte en plata y oro todas las simples materias"; p. 146), utiliza la comparación con la alquimia –poniéndola en boca de autores clásicos– no como equiparación sino, de una forma racional, como mera metafórica con sentido didáctico: los hombres tienen que advertir que es su propia fuerza lo que en la alquimia se atribuye a sustancias secretas. De este modo, Martínez esclarece la diferencia abismal que hay entre la razón y la magia oscura, mientras que Quevedo la hace desaparecer intencionadamente.

44 Esa supresión sistemática del trabajo como el verdadero momento generador de oro en la industria se puede observar con toda claridad también en un texto

Luego, como se refleja en este pasaje, la posición de Quevedo
frente a la práctica comercial se caracteriza por una particular contradicción; dicha posición la presenta como la única alternativa razonable en comparación con la alquimia, pero evoca reservas tradicionales con las que la convierte en algo sospechoso desde el punto
de vista moral. Percibe cómo funciona el capital y el papel que tiene
a la hora de incrementar la riqueza, pero por no saber reconocer el
decisivo momento del trabajo, le adjudica el carácter de un mecanismo
antinatural. Especialmente si se piensa en el trasfondo histórico al
que, con gran probabilidad, se refiere el texto, a saber, el experimento
de Olivares con la alquimia, que no hace más que documentar la
desorientación ante la crisis, entonces esa contradicción se hace evidente en su tensión: Quevedo ve la praxis burguesa como la Hora
que tenía que llegar, pero al mismo tiempo la difama y no se convierte
en su protagonista; por una parte, condena la absurda práctica de los
que tienen la responsabilidad política, pero al mismo tiempo denuncia
la que él mismo reconoce como alternativa[45].

---

en el que llama a los artesanos, es decir, a los productores precisamente, los
únicos alquimistas eficientes de su tiempo ("Y es cierto que sólo los oficiales
hacen hoy oro y son alquimistas, porque los demás antes lo deshacen y gastan";
Pr. 128 b.). Del zapatero, por ejemplo, afirma que hace oro "del cuero y las
suelas" (ibídem), y, ciertamente, logra éste la "obra maestra" de la transformación,
pero sólo cuando el zapato está fabricado y terminado, de manera que tampoco
aquí se reconoce el trabajo como la base de la ganancia, sino que, al contrario, se
crea la impresión de que con los productos se convierte en oro lo que ya había
antes. Es esta reducción, precisamente, la que asemeja de nuevo el trabajo manufacturero al abracadabra alquimista, cuando, por otra parte, se presenta como
su superación.

45   El texto analizado aquí, ejemplar para la posición de Quevedo frente al comercio,
nos parece especialmente ilustrador en el sentido de que muestra una tensión
que está oculta tras la agresión que el autor suele dirigir contra los comerciantes.
En un enfrentamiento, por ejemplo, entre venecianos y uscoques, una tribu
serbia especialmente beligerante por su situación política, describe a los comerciantes (venecianos) como afeminados, "apenas son hombres", cobardes, pícaros
e impíos, y a los soldados, por el contrario, con los correspondientes atributos
positivos ("masculinos"); Pr. 795 b. En tal confrontación sólo toma en serio a
los soldados, y a los comerciantes los difama y se burla de ellos. Menos claro es,
sin embargo, otro pasaje semejante de La Hora de todos. Un español que va huyendo de las consecuencias que tendrán las fechorías que ha cometido, se topa
en las montañas con mercaderes franceses. Al conversar con ellos constata lo

4. Crítica al lujo y manufactura

Quevedo apenas se pronunció sobre la manufactura española, pero en cuanto al problema de la "saca de la moneda", el flujo crónico del dinero español a cambio de mercancía extranjera, sí tomó cartas en el asunto, y de forma muy vehemente. Ahora veremos cómo esa posición implica una postura ante la manufactura española.

Bajo la impresión de que la situación política de España está cada vez más amenazada y la propia sociedad, al mismo tiempo, aletargada, Quevedo escribe en 1609 el tratado *España defendida y los tiempos de ahora*. Este escrito se manifiesta enérgicamente: junto a los extranjeros que, al parecer, tienen la osadía de no reconocer la hegemonía española –aunque la lengua española deriva de una no menos digna que la del Antiguo Testamento, signo éste de legitimación superior que el autor se esfuerza por señalar– les reprocha a sus propios contemporáneos que ellos mismos son los responsables de la crisis actual por haberse desviado del gran ejemplo que constituía la sociedad soldadesca de la Edad Media[46]. Quevedo espera que surja

---

divergentes que son sus formas de praxis económica: "dijo que el oficio de los españoles era la guerra, y que los hombres de bien, pobres, pedían prestado o limosna para caminar, y los ruines lo hurtaban, como los que son en todas las naciones, y añadió que se admiraba del trabajo con que ellos caminaban desde Francia por tierras extrañas ... con mercancía..."; Pr. 281 a.

La escena termina con que el español se enoja por los planes que tienen los franceses, quienes, con sus mercancías, van a sacar el oro de España, y tira por una pendiente todo su surtido de fuelles, ratoneras, peines y agujas. Si bien el arrojado español recibe el aplauso de algunos que pasan por allí y actúa en armonía con la Hora, que suena justo cuando él empieza a enojarse, no estaría de más preguntarse si, en este pasaje, no se estaría tematizando al mismo tiempo el anacronismo de semejante relación quijotesca entre el elogio a las armas y la crítica al comercio. En otro contexto, por otra parte, Quevedo se basa claramente en el sentido de la actividad comercial. Les reprocha a los genoveses no querer otra cosa que comprar títulos nobiliarios en vez de continuar con su ocupación, y advierte de las consecuencias económicas: "... han dado en adolecer de caballeros, úntanse de señores y enferman de príncipes. Y con esto y los gastos y empréstitos se apolilla la mercancía y se viene todo a repartir en deudas y locuras"; Pr. 205. Aquí, Quevedo casi argumenta como un arbitrista que le presenta al ocioso aspirante a noble el sentido social que tiene el comercio.

46 Dice, lamentándose: "Pues si bajamos los ojos a las costumbres de los buenos hombres de Castilla, de quinientos y de cuatrocientos años a esta parte, ¡qué

también una solución a los problemas económicos de la época, evocando ese pasado militar y austero. Para el flujo imparable del dinero al extranjero dispone de la correspondiente explicación:

> *Las mujeres* inventaron excesivo gasto a su adorno, y así, la hacienda de la república sirve a su vanidad. Y su hermosura es tan costosa y de tanto daño a España, que sus galas nos han puesto necesidad de naciones extranjeras, para comprar, a precio de oro y plata, galas y bujerías, a quien sola su locura y devaneo pone precio; de suerte que nos dejan los extranjeros el reino lleno de sartas y invenciones y cambray y hilos y dijes, y se llevan el dinero todo, que es el *niervo y sustancia del reino.*
>
> Pr. 588 a

La razón de la "saca de la moneda" de la que se lamentan tantos autores, para Quevedo, al parecer, tiene fácil explicación: las mujeres, que desde el pecado original estarían acostumbradas a la introducción de nocivas innovaciones, han caído en la tentación de un lujo especial para adornar su belleza, y como los productos que necesitan no se producen al parecer en España, hay que adquirirlos a precios caros de los fabricantes extranjeros. De modo que, por la vanidad de las damas, entra en el país toda clase de mercancías, como collares, invenciones a la última moda, finas telas de lino procedentes de los telares de Cambrai, en la Picardía, "hilos y dijes", y a cambio de todo esto salen de España inmensas cantidades de plata y oro. De este modo, el afán de lujo femenino habría hecho dependiente a la nación de los extranjeros y agotado considerablemente las reservas nacionales de dinero que –obsérvese la concesión del autor a la economía monetaria– es, en definitiva, "el niervo y sustancia del reino". Se ve, pues, que el propio desenfreno, del que se aprovechan encantadas las manufacturas extranjeras, es el culpable de esa crisis actual.

Aparte de la visión mitificadora quevediana del pecado original, se plantea, por supuesto, la seria cuestión de si no habría, de hecho, una relación entre el considerable consumo de lujo por parte del círculo privilegiado de la sociedad española y su decadencia total. En cualquier

---

santidad, qué virtud y qué verdad veremos, que no imitamos ni heredamos, contentándonos con los (sic) menos, que es el hombre!"; Pr. 586 b s.

caso, hay contemporáneos que comparten la interpretación de Quevedo en cuanto a la relación entre el lujo y la salida de dinero[47].

No obstante, si se consideran los análisis de autores como Cellorigo y Moncada, se evidencia que tal interpretación es demasiado fácil. Cellorigo advierte del peligro de confundir el tesoro de los metales preciosos con la riqueza social, e insiste en que sólo la productividad que crea mercancías vendibles en el mercado internacional garantiza una riqueza nacional duradera. Que el flujo de dinero al exterior cobre dimensiones tan amenazantes, a él le resulta claro, pues los españoles no entienden esa relación o la descuidan de forma insensata. Luego, consecuente con esa visión, Moncada exige que se prohíba la exportación de materia prima nacional y la importación de productos fabricados en el extranjero, para, de este modo, volver a hacer exportable la manufactura española y fortalecerla como fuente de riqueza. Por eso, en referencia al consumo de lujo contemporáneo, apunta que, en España, se saca lo necesario y se introduce lo superfluo, mientras que el sentido del comercio debería estribar en introducir lo necesario y sacar lo que no hace falta[48].

Esta confusión entre el tesoro monetario y la riqueza social criticada por Cellorigo es, precisamente, en la que volverá a caer Quevedo en el texto citado; para él, proteger obstinadamente el dinero contra el consumo sería ya la salvación de la economía estatal[49]. Y

---

47 Pedro Fernández Navarrete, que en su *Conservación de Monarquías* (1619) trata exhaustivamente la situación económica, también ve la sangría del oro como consecuencia de una decadencia moral. Critica el hecho de que se gaste tanto en obras, en el mobiliario de viviendas, en carrozas, ropa y comida, y hace responsable de la falta de dinero al afeminamiento de los españoles y la astucia de los extranjeros; junto con las telas de Milán y Florencia, y los caros tapices de Bruselas, cree que los diversos artículos de lujo importado inundan al país, lo debilitan y empobrecen: "... trayéndose asimismo otros mil impertinentes adornos con que la astuta prudencia de los extranjeros va afeminando el valor de los españoles y sacando juntamente toda la riqueza de España"; Fernández Navarrete, *Conservación de Monarquías*. En: *Biblioteca de Autores Españoles*. Vol. XXV, Madrid 1947, pp. 449-546 (aquí p. 525). Luego, Quevedo no es el único en opinar así.

48 Moncada, ibídem, p. 111.

49 Una idea semejante la expresa en una letrilla, donde considera que la sociedad española se puede sanear simplemente protegiendo rigurosamente el tesoro mo-

así como confunde ingenuamente el dinero con la riqueza, así también de obstinado mantiene una argumentación moralista en lo que se refiere a la dañina dependencia, desde el punto de vista económico-nacional, de la manufactura extranjera, argumentación según la cual en España habría espacio para el idealizado ejemplo de forma de vida limitada al estilo medieval, pero no para una sociedad productora de su propia mercancía.

Un poco más tarde, Martínez de Mata se contrapondrá de forma más explícita aún que Moncada a la tesis de que el consumo de lujo es el culpable de la paradójica miseria monetaria. Lo que hay que objetar, en su opinión, no es que haya "gastos superfluos", sino que ese dinero se entregue a cambio de los bienes extranjeros en vez de ponerlo a trabajar en la propia industria[50]. Por el contrario, en el consumo de lujo de las capas acomodadas ve incluso un estímulo para las ciencias y una condición previa para las posibilidades de vida de toda la sociedad[51], siempre y cuando se fomente con conciencia la manufactura nacional, pues, como otros anteriores a él, ve la causa de la ruina de la sociedad española en el descuido de esa tarea financiera-nacional[52].

Comparado con ese análisis que lleva a cabo Martínez de Mata sobre la relación entre el consumo de lujo y la economía nacional, la posición de Quevedo ante ese problema es realmente evidente. Mientras Martínez explica el estado de emergencia de la sociedad española a partir del hecho de que la nobleza acaudalada, y en primer lugar, naturalmente, el rey, con su consumo de lujo –expresamente legitimado– se ahorra ocuparse de la propia economía nacional, Quevedo, en vez de mostrar agudeza analítica, tiende a una ciega agresividad.

---

netario de los contactos extranjeros: "Sólo hallo una invención/ para tener los dineros,/ que es no tener extranjeros..."; Poesía núm. 663, 27-29. Para él, la compleja situación se reduce aquí a la presencia de extranjeros.

50 Martínez de Estrada, ibídem, pp. 137 ss.

51 Dice Martínez: "Porque lo que a unos sirve de desvanecerse, a otros ha servido de honesto ejercicio, y con lo que unos gastan demasiado, otros comen lo necesario, si todos se retirasen con avaricia a no gastar más de lo preciso, cesaría el comercio, artes, tratos y rentas, y ciencias, con que pasan todos, y vivirían en continua ignorancia y miseria..."; ibídem, pp. 137 s.

52 Martínez, ibídem, p. 140 (pasaje 11).

Busca un chivo expiatorio al que le puede cargar la culpa de la desgracia y elige para ello a las mujeres, quienes serían responsables del desastre por su presunción y por el inconcebible deseo de cambios perniciosos en el mundo[53]. La propia manufactura sólo la presenta como agencia de la ruina histórica e instrumento de la astucia política del extranjero, pero no como posible fuente de la propia riqueza española. Sí se da cuenta de que los metales preciosos salen a cambio de las mercancías extranjeras, pero la idea de si, por el contrario, no se podría atraer dinero a España o mantenerlo circulando en el país mediante la propia producción –"corriendo aquel dinero por la República dando provecho a todos", como lo imaginaba Martínez[54]–, queda bloqueada por verse obligado a proyectar, como salida salvadora, el regreso a estructuras de producción y consumo pasadas y menos desarrolladas. A esto hay que añadir que Quevedo considera el flujo monetario más bien como un problema del reino español en cuanto unidad indudablemente homogénea, mientras que Martínez se da cuenta de que ese problema es también social, por lo que sólo se podría superar si se tuvieran en consideración las necesidades de los "vasallos" trabajadores[55].

Pero no es sólo la necesidad de buscar un chivo expiatorio lo que muestra, en ese texto, la debilidad de la argumentación de Quevedo ante su objeto. Lo realmente asombroso aquí es que a la idea de que la sociedad debería buscar su salvación comportándose de forma feudal y con una austeridad soldadesca, y a la desconfianza tan evidente que suele tener frente a la economía monetaria, se añade la declaración de que el dinero es "niervo y sustancia del reino", es decir, tanto un medio de comunicaciones central como incluso sus-

---

53 En el siguiente apartado (5.a) nos ocuparemos más detalladamente de ese mecanismo psicológico, consistente en echarle la culpa a una persona o a un grupo por los males de una compleja situación social.

54 Martínez, ibídem, p. 138.

55 Dice Martínez: "Lo que gastan los Reyes en sus recreaciones, como en ello trabajen sus vasallos, redunda en beneficio propio, aunque sea en gastos quiméricos (!); porque es como el corazón, que comunicando su virtud a los miembros, ellos con ventaja se la retornan"; ibídem, p. 139. Pero Martínez no ve que se dé en España precisamente esta condición de una armonía social.

tancia, como la verdadera fortuna de la sociedad. Con esta observación se muestra un respeto a las estructuras económico-monetarias de la época verdaderamente asombroso. Aquí, donde Quevedo, con el flujo de dinero, toca un problema económico cuyo alcance político se entiende inmediatamente –al fin y al cabo, la fuerza militar, y por lo tanto el poder del imperio, ya depende del estado de la Hacienda pública[56]–, se ve obligado, por intereses políticos, a reconocer la necesidad de una organización económico-monetaria estable para España. Incluso llega a hacer de la economía financiera el verdadero e imprescindible principio de su sociedad, al apuntar que el dinero es el nervio vital, a pesar de que normalmente critica con vehemencia el hecho de que la economía financiera se superponga sobre los principios estructurales feudales, "que sin sus escudos reales/ no hay escudos de armas dobles"[57] —mismamente en un apartado anterior al pasaje citado de *España defendida* vuelve a denunciar el poder del dinero, que se atreve a penetrar todos los ámbitos de la vida[58].

Esa observación esclarece la posición de Quevedo ante todo el complejo del dinero y lo que está ligado a él en cuanto problemática de la época y, concretamente, como problemática aporética. Por un lado, se reconoce la riqueza en dinero como factor político de primer rango, como garante de la estabilidad política (la cual está en peligro por la fuga de dinero que causa el consumo "femenino"), pero, por otro lado, lo que se ha experimentado como de importancia vital desde el punto de vista social permanece en su esencia incomprendido y tabuizado. Pues lo que debería constituir la sustancia de la sociedad, su propio principio de vida, se queda fuera de ella, como algo extraño que deslumbra y que ella debe guardar como si fuera un tesoro y agarrar obstinadamente como si fuera un botín en peligro. Con lo cual es conse-

---

56 A propósito de la superioridad del poder político del dinero sobre el de las armas, véase p. 214 y p. 138.

57 Cita en la p. 131.

58 Dice aquí: "Alcanzan a todas partes las fuerzas del dinero, o, por lo menos, se atreven, bien que el oro nació con tal imperio en la cudicia de los hombres"; Pr. 587 b. Maravall también advierte de la contradicción que aparece en ese pasaje entre la crítica y el reconocimiento de la economía financiera. *Estado moderno...*, ibídem, vol. II, p. 93.

cuente que se exprese de forma tan evidente esa aporía precisamente en el problema de la dependencia de la manufactura extranjera: ese problema, al fin y al cabo, se relaciona objetivamente con la cuestión de la propia producción de mercancías, condición para que la sociedad española pudiera hacer del dinero un equivalente de su propia capacidad productiva y, a través de ello, una propiedad efectiva y desfetichizada. Por lo tanto, la aporía de Quevedo se puede caracterizar como la de la misma sociedad feudal contemporánea, cuya existencia depende completamente de la economía financiera, la cual, aunque es su propia base existencial, sigue siendo algo extraño para tal sociedad[59].

El abismo que se abre entre la incapacidad de entender la base del dinero que, aunque ahora se presenta como riqueza, todavía no aparece como producto, y el comprender que se necesita urgentemente una economía monetaria que funcione, es lo que produce la particular tensión de este texto entre los modelos explicativos racionales y mitificadores (las mujeres...). Por ser el intencionado regreso histórico aporético, fracasa en su intento de argumentar convincentemente y le da rienda suelta a una agresividad cuyo fácil objeto son las mujeres, a las que declara culpables de semejante situación.

---

59   El pasaje de Martínez de Mata que sigue a continuación aclara lo mucho que depende la solución a cada uno de los problemas presentados por Quevedo, más o menos aisladamente, dentro de una difusa temática monetaria, de la respuesta a la cuestión de una manufactura española. Dice Martínez de Mata: "El daño y pobreza general de España consiste y procede en que todo lo que se gasta, así demasiado como lo necesario ... no se queda el provecho en el cuerpo desta República, porque pasa el dinero de estos gastos, consumiendo ropa extranjera a los Reinos extraños, sustentando vasallos ajenos ... con lo que por este medio chupan de España y las Indias, no volviendo a España jamás este dinero, el cual había de andar en torno, utilizando y aumentando a los vasallos de Vuestra Majestad y fertilizándola, sin dar lugar a la esterilidad en que se halla..."; ibídem, p. 140.
Una producción de mercancías española, por lo tanto, no sólo pararía el flujo de dinero al extranjero, de fatales consecuencias tanto desde el punto de vista social como del poder político, sino que también resolvería las contradicciones de la forma atesorada del dinero de las que se queja Quevedo: la riqueza circularía, sería en general fructífera y tendría continuidad, y en una circulación productiva no se originaría el problema de la esterilidad que Quevedo le atribuye como característica al dinero ("propiedad es tuya la estirilidad"; Pr. 1334 a), cuya mitigación se la imagina en la caridad.

5. El capital de intereses; el dinero como Narciso;
A vueltas con la alternativa histórica

a) El capital de intereses ("La isla de los Monopantos")

La tendencia a mitificar las relaciones económicas se puede observar especialmente en un análisis que hace Quevedo del capital de intereses. Se trata de un pasaje de la *Hora de todos* (Pr. 298 a-304 a), conocido como "La isla de los Monopantos", la mayor denuncia que ha escrito contra el "dominio" del dinero, el reproche más grave dirigido contra Olivares y el testimonio más mordaz de su antisemitismo.

Intentemos ahora describir brevemente el escenario de ese pasaje. Codificado bajo el anagrama "Pragas Chincollos" (Gaspar Conchillos)[60], el Conde-Duque aparece en calidad de jefe de los "Monopantos", un grupo de políticos españoles adeptos a Machiavelli[61] que, como ya sugiere su nombre, buscan reunir todo el poder en una mano. Chincollos envía a Salónica una delegación de esa alianza, donde los judíos, a su vez, están organizando un encuentro con toda Europa, y con los que tienen que establecer contacto. En esta conferencia se pone de manifiesto la intención de tal conexión, pues ambos, tanto los judíos como los Monopantos, son correligionarios: ambos adoran al dinero como ser supremo.

Primero, un rabino, en representación de su pueblo, describe lo que ya desde bien pronto en la historia se podía reconocer como sus particularidades e intenciones. El episodio del becerro de oro, dice con franqueza, muestra que los judíos siempre tienen a Dios en la boca y su corazón es tan "idólatra del oro y de la usura" (Pr. 299 b) que la verdadera "religión de nuestras almas era el oro y cualquier animal que dél se fabricase" (Pr. 299 b). Que no se reconozca a Cristo como el verdadero mesías llevará más tarde, dice, a rechazar a Dios, y el aplazamiento de la esperanza no haría más que encubrir el hecho de que no se está esperando a ningún mesías (Pr. 300).

---

60 Gaspar es su nombre, Conchillos el apellido de su abuelo materno; véase también lo que anota Julio Cejador y Frauca en su edición de los *Sueños*, vol. II (= Clásicos Castellanos, 34), pp. 231-234.

61 "... Nicolás Machiavelo, que escribió el canto llano de nuestro contrapunto"; Pr. 304 a.

Lo que en realidad quieren los judíos, por el contrario, sigue explicando el rabino mediante sus manipulaciones en el presente, es multiplicar sus dineros a costa de la destrucción de lo que existe. Los judíos portugueses bautizados ("cristianos postizos", Pr. 301 a) no sólo han apoyado en Brasil a los intrusos holandeses, es decir, aun siendo vasallos del rey español han colaborado con sus peores enemigos; la red de la conspiración está muy bien enredada en toda Europa, según explica el rabino:

> Nosotros tenemos sinagogas en los Estados de todos estos príncipes, donde somos el principal elemento de la composición desta cizaña. En Ruán somos la bolsa de Francia contra España, y juntamente de España contra Francia (y en España con traje que sirve de máscara de la circuncisión)[62] socorremos a aquel Monarca con el caudal que tenemos en Amsterdán en poder de sus propios enemigos, a quienes importa más el mandar que le difiramos las letras que a los españoles cobrarlas. ¡Extravagante tropelía servir y arruinar con un propio dinero a amigos y a enemigos y hacer que cobre los frutos de su intención el que lo paga del que lo cobra! Lo mismo hacemos con Alemania, Italia y Constantinopla, y todo este enredo ciego y belicoso causamos con haber tejido el socorro de cada uno en el arbitrio de su mayor contrario; porque nosotros socorremos como el que da con interés dineros al que juega y pierde, para que pierda más.
>
> Pr. 301

Por lo tanto, en la mayoría de los países europeos, e incluso más allá de sus fronteras, los judíos tendrían sucursales desde las que operaban. Su táctica consistiría, pues, en conceder créditos "con interés" a países enemistados entre sí, todos ellos con necesidad de dinero, y con preferencia del país enemigo del imperio correspondiente. En el caso de España, serían los judíos, quienes, ocultos bajo la capa de la conversión, pondrían a disposición del rey dinero procedente de los correligionarios de Ámsterdam, es decir, de la enemistada Holanda, que está más interesada en suspender las letras de cambio, útiles para

---

62 (…) = variante textual; véase la edición de Luisa López-Grigera de *La Hora de todos*. Madrid 1975, p. 197, y las observaciones crítico-textuales, pp. 53-59 (ibídem).

los españoles, que éstos están interesados en cobrarlas. A raíz de esto se provocaría un caos pernicioso donde no importaría si el crédito ayuda o perjudica al amigo o al enemigo, sino únicamente si los acreedores judíos, repartidos por doquier pero colaborando unos con otros, obtienen beneficio.

Pero el oro y la plata no sólo serían la gran tentación de los judíos, sino también, en su opinión, dos demonios subterráneos a los que venera todo viviente, a pesar de que le hayan declarado la guerra al cielo. Así pues, todos estarían participando en esa conspiración del oro contra la divinidad, bien sea extrayendo el metal, acuñándolo, acumulándolo o robándolo, sin que ningún estrato social lo llegue a despreciar:

> Ha considerado esta sinagoga que el oro y la plata son los verdaderos hijos de la tierra que hacen guerra al Cielo, no con cien manos solas, sino con tantas como los cavan, los funden, los acuñan, los juntan, los cuentan, los reciben y los hurtan. Son dos demonios subterráneos, empero bienquistos de todos los vivientes; dos metales, que cuanto tienen más cuerpo, tiene(n) más de espíritu. No hay condición que le(s) sea desdeñosa...
>
> Pr. 301 b s.

Los Monopantos tienen aspiraciones muy semejantes. Después de que el rabino explicara con gesto aprobatorio que éstos lo que quieren es destruir el cristianismo –que los unos nunca han querido y los otros ya no quieren– y una Jerusalén de oro y piedras preciosas (Pr. 301 b), y tras haber propuesto colaborar mutuamente, uno de los Monopantos presenta a su grupo (Pr. 302 a s.). No son, dice, banqueros, sino políticos, pero, como a los judíos, a ellos también lo que les interesa es reducir a puro poder redes políticas tradicionales[63]. Para ellos, no obstante, la encarnación de ese poder es también el dinero, pues, en su opinión, para la mayoría de los humanos, el dinero y la riqueza son, aunque en secreto, dioses universalmente venerados, y en todo el mundo se tolera la codicia como principio del discurso

---

63 "No tenemos ni admitimos nombre de reino ni de república; ni otro que el de Monopantos; dejamos los apellidos a las repúblicas y a los reyes, y tomámosles el poder limpio de la vanidad de aquellas palabras magníficas..."; Pr. 303 a.

político[64]. Como el dinero es, según afirma, un mago tan prodigioso, capaz de conciliar cualquier discrepancia, lo han elegido como norte de su camino y brújula, es decir, como instrumento y meta a la vez[65]. La colaboración entre los judíos y los Monopantos, a la que también estaban dispuestos estos últimos por compartir las mismas intenciones, al final sólo se realiza de una forma muy indirecta. El representante de Pragas Chincollos insinúa que éste quiere ponerse al frente del consorcio, una intención que crea desconfianza entre los judíos y, al final, hace que suene la Hora. Se separan armando un terrible caos, pero intentan llegar a la misma meta, "tratando unos y otros entre sí de juntarse, como pedernal y eslabón, a combatirse y aporrearse y hacerse pedazos hasta echar chispas contra todo el mundo" (Pr. 304 a) para fundar juntos la nueva herejía, que sería simplemente otra forma de ateísmo ("para fundar la nueva seta del dinerismo, mudando el nombre de ateístas en dineranos"; ibídem).

Lo que Quevedo presenta aquí de forma exagerada como una visión de una conspiración entre Olivares y el capital de intereses judío, tiene como referencia el siguiente trasfondo histórico: en la primera fase del reinado de Felipe IV y, sobre todo, a partir de 1627, los conversos portugueses tendrán un papel importante para la economía española, es decir, los descendientes de los judíos que fueron expulsados de España a finales del s. XV y que se bautizaron en Portugal[66]. Estos aparecen ahora como comerciantes, arrendatarios de diferentes rentas reales y, en especial, como asentistas, esto es, como prestamistas del rey. Con lo cual les suplantan la hegemonía a los banqueros geno-

---

64 "El dinero es una deidad de rebozo, que en ninguna parte tiene altar y en todas tiene adoración secreta; no tiene templo particular, porque se introduce en los templos. Es la riqueza una seta universal en que convienen los más espíritus del mundo, y la codicia, un heresiarca bienquisto de los discursos políticos y el conciliador de todas las diferencias de opiniones y humores"; Pr. 302 b.

65 "Viendo, pues, nosotros que es el mágico y el nigromante que más prodigios obra, hémosle jurado por norte de nuestros caminos y por calamita de nuestro norte, para no desvariar en los rumbos"; ibídem.

66 Para la historia de los conversos y la influencia que tuvieron por esos años, véase el capítulo "Los hombres de negocios portugueses" en el estudio de Antonio Domínguez Ortiz, *Política y hacienda de Felipe IV*, ibídem, pp. 127-139, así como también el de Julio Caro Baroja, "La sociedad criptojudía en la corte de Felipe IV". En: *Inquisición, brujería y criptojudaísmo*. Barcelona 1974³, pp. 11-180.

veses, que, en gran parte, se habían arruinado en 1627 a causa de la bancarrota estatal, e intentan, en su lugar, cubrir la constante necesidad monetaria del rey. Para llevar a cabo esta tarea establecen contactos con otras colonias judías de las grandes ciudades europeas, como, por ejemplo, con las de Ruán[67], en Francia, a la que se refiere Quevedo. También, como consta él mismo, hubo contactos de carácter financiero con judíos de la ciudad enemiga de Ámsterdam[68].

La relativa tolerancia, aunque reacia, que tuvo la inquisición con la nueva influencia de los conversos tiene que ver, al parecer, con que los economistas que regresaban a España contaban con la protección especial del Conde-Duque[69]. Se supone que Olivares se había esforzado por impedir las pesquisas de los inquisidores, y con su caída, en 1643, se acaban también en España, de hecho, tanto la libertad de movimiento de los conversos como sus funciones de economistas. Por otro lado, el propio Felipe IV defendió públicamente a los marranos portugueses por considerarlos vasallos de provecho y, en general, respetuosos[70]; la dependencia que tenía de cualquier fuente que le diera acceso a los créditos seguramente le ayudó a superar prejuicios. El hecho de que entre los antepasados de Olivares hubiera conversos y que, por ocupar el cargo más importante, estuviera exento de tener que demostrar su limpieza de sangre[71], podía alimentar la fantasía de los que querían ver una conspiración en su colaboración con los banqueros de los que se desconfiaba, tal y como era seguramente el caso de Quevedo al respecto[72].

---

67 Caro Baroja, ibídem, p. 61.

68 Ibídem.

69 La Inquisición no dejó de manifestar su oposición por lo que se refiere a este asunto, tal y como se deduce de un apunte escrito por un autor en 1641: "He sabido por cosa cierta se trata de restituir y traer los judíos que estén en las sinagogas de Holanda y otras partes ... Opónese a ello constantemente la Santa Inquisición"; cita tomada de la *Historia social y económica* (Vicens Vives), Vol. III, ibídem, p. 221.

70 Domínguez Ortiz, ibídem, p. 133.

71 Caro Baroja, ibídem, p. 133.

72 Caro Baroja supone que por eso, precisamente, eligió el apellido de Conchillos entre los otros muchos del valido y lo convirtió en anagrama, pues los Conchillos eran los antepasados conversos; ibídem.

No cabe duda de que una de las mayores motivaciones que llevaron a Quevedo a componer el escenario de los Monopantos fue el de crear tal polémica contra Olivares, al que le gustaba presentar como el traidor de la causa española. El texto, escrito en 1639[73], se puede leer como un acto de venganza personal contra el Conde-Duque, del que había intentado ganarse su favor durante nada menos que diez años, aunque siempre al parecer con desconfianza. Por eso, Julián Juderías supone que el motivo del arresto de Quevedo, que sigue sin estar aclarado del todo, y su encierro en la prisión de San Marcos de León (1639-1643), se explicaría por este panfleto[74].

Pero lo que tiene una gran importancia para la interpretación de este texto es el abismo tan evidente que hay entre el objeto expuesto y la forma en la que se expone. Se trata de una fase histórica concreta de la política absolutista dirigida a encontrar la solución a los problemas financieros, pero dicha fase queda integrada en una dimensión teológica, de tal modo que aparece distorsionada por una visión del mundo maniqueísta, como si se hubiera desatado el mal de forma apocalíptica. En ese abismo que hay entre el objeto y su descripción, la cual parece producto del pánico, habría que buscar, entonces, el contenido objetivo del pasaje, es decir, la desconfianza de un representante de la pequeña nobleza, que cree aún en las estructuras de la sociedad feudal del pasado, frente a la política absolutista-maquiavélica de su época, y la falta de comprensión ante los complejos problemas económico-monetarios, una inseguridad contra la que intenta reaccionar creando una visión demoníaca de la prepotencia del ministro y también del dinero.

Aparte del reproche dirigido contra la política maquiavélica de Olivares y sus confidentes, "La isla de los Monopantos" trata también de la visión del dinero en cuanto poder oculto que, no obstante, determina de forma cada vez más exclusiva el curso de la historia. Quevedo, además, parte de la experiencia concreta del papel que tiene el

---

73 Más tarde, no obstante, se añadiría a la *Hora de todos*; J. Cejador y Frauca sobre *Los Sueños*, Vol. II, ibídem, p. 231.

74 Julián Juderías, *Don Francisco de Quevedo y Villegas. La época, el hombre y las doctrinas*. Madrid 1922, p. 163. La prueba de esta suposición no es solamente la gravedad de la acusación, sino también el hecho de que el manuscrito estuviera confiscado durante el arresto y no volviera a aparecer hasta después de la caída de Olivares y la consiguiente puesta en libertad de Quevedo.

capital de intereses en España, pero lo considera como la expresión del dominio total del dinero, un papel que lo equipara con el dominio de la voluntad humana para conseguir la riqueza material, tal y como queda claramente expresado sobre todo por el representante de los Monopantos. Al final, demoniza el dinero, convirtiéndolo en el verdadero Anticristo –le ha declarado la guerra al cielo, y sus discípulos trabajan para destruir la cristiandad–, y un determinado grupo social, los judíos, sería su agente especial.

Alarcos García ha querido ver en la conspiración que se imaginó Quevedo de los banqueros judíos una ingeniosa anticipación del poder que tiene el capitalismo moderno sobre el mundo[75]. El poder que tiene la ley de la riqueza abstracta sobre el acontecer político es ya, sin lugar a dudas, una experiencia moderna[76]. Y, sin embargo, este pasaje no dice tanto, por ejemplo, de una economía burguesa como de la sociedad feudal, a la que la propia situación le resulta opaca y que, por sentirse amenazada, intenta verter su agresividad en teorías irracionales como en la del antisemitismo[77].

Y no es casualidad que el capital de intereses sea el motivo que, en esa época, provoca una reacción tan histérica, pues es un mal que está fundado doblemente en la misma sociedad feudal, la cual no lo quiere entender como su propio problema, de ahí que lo convierta en un mal que viene de fuera. En primer lugar, constituye algo como un complemento necesario de su propia forma de economía. Desde hace ya siglos, el feudalismo se ha sabido servir de las ventajas que tiene el sistema de créditos en situaciones en las que hay una especial

---

75 "Entendida así, esta sátira se nos revela como una ingeniosa anticipación de lo que, andando los años, habría de acontecer en el mundo. Hoy podríamos encerrar dentro del cuadro imaginado por Quevedo una asamblea de banqueros internacionales y hombres de estado tratando de ponerse de acuerdo para conservar y, a ser posible, acrecentar el dominio y poder del capitalismo sobre los pueblos"; Alarcos García, ibídem, p. 428.

76 Véase p. 202.

77 Según J. A. van Praag, la conferencia imaginada por Quevedo de los conspiradores judíos de todo el mundo se utilizaría más tarde, probablemente, como modelo de la propaganda antisemita moderna; "Los 'Protocolos de los Sabios de Sión' y la 'Isla de los Monopantos' de Quevedo". En: *Bulletin hispanique*. 51, Bordeaux 1949, pp. 169-173. En cualquier caso los paralelismos saltan a la vista.

necesidad monetaria, y la relación entre ambos es complementaria, en el sentido de que el poder de los señores feudales no significa necesariamente disponer de dinero, pues los tributos, en su origen, apenas se daban en forma monetaria, y aquellos sólo podían apoderarse del dinero a través de botines. En la fase actual, esta relación con el capital de intereses, por consiguiente, se ha agudizado al convertirse en dependencia, ya que el dinero, por su parte, ha pasado a ser una decisiva mediación social global, pero la sociedad feudal, por otra parte, se esfuerza por mantener su estructura, la cual reconoce el dinero en calidad de botín, pero no como un producto propio. De modo que, si quiere seguir manteniendo su supremacía sin adecuar, no obstante, su estructura a las exigencias de una economía que puede producir constantemente dinero, seguirá dependiendo del capital de intereses, una cadena que se ha forjado ella misma, por así decir, y que tendrá que seguir arrastrando por no entender las nuevas condiciones que supone la independencia financiera y política o por dificultarlas debido a la rigidez de su propia estructura[78].

El hecho de haber intentado reprimir –utilizamos aquí un término de la psicología que podría explicar bien este fenómeno– el problema que suponía la falta de preparación para la autoafirmación dentro de la moderna economía monetaria de la que adolecía la propia estructura tradicional, y haber delegado la solución de tal problema a los de fuera es lo que ha causado que el capital de intereses esté, por lo general, en manos ajenas, extranjeras o no cristianas (en Génova, concretamente, y en las de los conversos). La exterioridad del capital de intereses, condicionado de semejante forma, ofrece la posibilidad, por lo tanto, de proyectar en ese extranjero la propia dependencia y la miseria, y de convertir a ese capital de intereses y a sus representantes en los destructores de un equilibrio original. El hecho de que esa "solución" no haga más que perpetuar y agravar los problemas, no se presenta como el resultado de la represión sino como consecuencia de la pérfida extranjerización, que encarnaría el mal por excelencia, de la que uno se considera víctima.

---

78 El hecho de que Olivares se diera cuenta de que el Estado español necesitaba reservas de dinero propias, atestigua su proyecto, que no llegó a realizarse, de un banco estatal (los llamados erarios); Domínguez Ortiz, ibídem, p. 22.

Estos mecanismos socio-psicológicos son, precisamente, los que expone Quevedo en "La isla de los Monopantos". La pasión con la que los escribe resulta del sentir que su sociedad está existencialmente amenazada, pero la indignación y la incapacidad de ver esa amenaza relacionada con la propia crisis de la estructura social hacen que la experiencia de amenaza se transforme en una agresión irracional. En vez de indagar el origen de esa carencia monetaria crónica que sufre España y de su irremediable endeudamiento, se toma como chivo expiatorio a un grupo social al que se le puede calificar de extranjero por su raza, sus creencias y, finalmente, por su praxis económica. Quevedo considera que ese papel les viene a los judíos como hecho a la medida, pues éstos, que bailaron alrededor del becerro de oro, que traicionaron a Cristo, que desde tiempos remotos se ocupan de negocios y que ahora desenmascara como intrusos que se meten en la política económica española, representan, en su opinión, la encarnación de la destrucción de toda la tradición existente y de lo cristiano. La visión de su predominio sobre el acontecer de la historia, que parece haber llegado al final de los tiempos, no es más, según la lógica del mecanismo antes expuesto, que una expresión de la impotencia que siente la sociedad feudal española por no quererse enfrentar a la pérdida cada vez más evidente de su posición como sujeto de la historia[79].

---

79   Annette Leppert-Fögen, en su estudio sobre la pequeña burguesía del siglo XX, ha analizado la relación que hay entre la impotencia de una sociedad cuya organización tradicional ya no corresponde a las exigencias de la época y que, por eso mismo, ya no puede garantizar a sus miembros el papel de sujeto histórico, y su interpretación irracional de la situación que reprime. *Die deklassierte Klasse. Studien zur Geschichte und Ideologie des Kleinbürgertums.* Frankfurt/M. 1974, pp. 185-258. Los mecanismos que se observan aquí son muy semejantes a los del texto de los Monopantos: "Las causas económicas que no se quieren descubrir se sustituyen en categorías tomadas de la biología o incluso de la mitología por otras extraeconómicas o, simplemente, se personalizan: el mal que no se puede entender se busca en personas o en grupos que aparecen como cómplices de una desgracia ontológica arraigada en la antropología o simplemente dada"; ibídem, p. 253.
Precisamente por lo que se refiere al antisemitismo, Leppert-Fögen remite al miedo ante la propia pérdida del papel social como el momento en el que se genera ese irracionalismo. El hecho extraño de convertir a los judíos, un grupo al margen precisamente, en prototipo de la desgracia dominante, lo explica a través de Frenkel-Brunswik: "Aun cuando se califica de poderosos a grupos extranjeros, como por ejemplo a los judíos, se prestan para ser los chivos expiatorios precisa-

En el texto no se tematiza en absoluto la segunda circunstancia que contribuye a que el capital de intereses sea un problema propio de España, a saber, que dicho capital representa una forma de dinero muy extendida entre los propios españoles. Cualquier descripción del "poder" del dinero debería tratar también esa circunstancia para llegar a ser analítica. No es sólo que haya españoles que, junto con los genoveses, conversos portugueses y Fugger (o Fúcares), sirven como asentistas al rey[80], por muy reducido que sea su número, sino que, en la sociedad española, el capital de intereses es considerado, sobre todo por los que no forman parte de la nobleza, como un garante de la subsistencia muy apreciado. La crítica de Cellorigo a sus contemporáneos se dirige decididamente, como vimos, contra la tendencia de que todos los que sólo pueden reunir una suma, los comerciantes, los agricultures y los artesanos, quieren darla "a censo"[81]. La práctica de los censos y otros negocios de préstamo que denuncian los arbitristas no es que sea peligrosa porque, como pensaban los escolásticos, persigue un beneficio prohibido y expone un "predominio" de los valores materiales, sino, al contrario, porque no se preocupa de la base de su beneficio y se manifiesta en ella una falta de entendimiento frente a las relaciones económicas de fatales consecuencias. Pues, para Cellorigo, lo que está mal del capital de intereses no es que con él se quiera ganar dinero, sino que es tan improductivo como la propia sociedad feudal y no indaga por la fuente de posibles riquezas —"sin ahondar de donde ha de salir lo que es menester

---

mente por eso mismo, porque se sabe que, en el fondo, son débiles" (cita tomada de Leppert-Fögen, ibídem, p. 256), y apunta: "La amenaza social se 'externaliza' tanto en su parte pasiva como en la activa, pues, evidentemente, los 'Outgroups' ya están al margen de la sociedad, y su marginalidad social es tan sólo el símbolo del destino que le espera a la propia pequeña burguesía"; ibídem, p. 256.
En los argumentos de Quevedo se puede apreciar un mecanismo semejante; su odio hacia los judíos, que, de hecho, no eran muy bien tratados en España, se explicaría, en definitiva, por el miedo a su propia marginación social. Este paralelismo con la psicología pequeño-burguesa –que no seguiremos problematizando aquí– evidencia, además, que es su posición como representante de una baja nobleza que ya no funciona la que hace que le afecte a él en especial la crisis general de su sociedad.

80 Domínguez Ortiz, ibídem, pp. 147 ss.
81 Cf. p. 56.

para semejante modo de vivir", para decirlo con sus propias palabras[82]. Los comerciantes y productores sucumben a la tentación del capital de intereses, a costa de su trabajo, y renuncian, de este modo, a la base de una riqueza duradera y general.

Quevedo oculta por completo el hecho de que el capital de intereses no sólo sea un mero complemento, sino un problema inminente de las estructuras españolas[83]. Además, la dependencia del capital de intereses extranjero ante el que, con razón, manifiesta tanto malestar, hay que relacionarla con el hecho de que en la propia España está extendido en forma de capital, lo que impide la producción de mercancías, la cual garantizaría la independencia económica. Pero tal como Quevedo, por una parte, atribuye el capital de intereses a los judíos y lo convierte en algo totalmente ajeno, por otra parte, al dinero, que no lo diferencia de la riqueza material, lo considera un demonio que gobierna a todo humano y funda una secta (una "seta universal", Pr. 302 b) sin distinguir entre razas, estatus social ni creencias. Así pues, el carácter extraño que adquieren el dinero y la riqueza en esta visión maniqueísta, no se debería leer como un atributo que le otorga una preocupación por la moral independiente, sino que habría que entenderlo, más bien, como la expresión de una falta de relaciones muy profunda ante la que se encuentra esa sociedad feudal con sus propios problemas económicos; y la irracionalidad y la agresión que hacen del dinero el cabecilla de una conspiración universal contra todo lo bueno y lo divino, demuestran, más que una idea clara, la impotencia y el pánico que se tiene ante tales dificultades.

Por todo lo dicho antes, queda claro que la escena de los Monopantos es un documento especialmente revelador en cuanto a la posición que toma Quevedo ante la realidad. El hecho de que el autor haya tenido el coraje de escribir semejante denuncia contra Olivares, el más poderoso después del propio rey, es un indicio de que la idea de un feudalismo preabsolutista y de carácter cristiano le ofrece todavía, al parecer, el suficiente respaldo como para llevar a cabo tal

---

82 Cf. p. 55.

83 Quevedo conoce y critica también la despreocupación con la que utilizan algunos de sus contemporáneos esos créditos ("a censo tomaremos; dineros no han de faltar"), cómo los gastan y, de esta forma, se arruinan; véase Pr. 52 a.

empresa en solitario; con otras palabras: en esa estructura reconoce su propia identidad social que hay que defender. Pero su planteamiento grotesco e irracional –como tal se revela su ataque– habría que entenderlo, a la inversa, como un signo de desesperación, como el precio que tiene que pagar por hacer apología de aquella vieja identidad dentro de un presente que no entiende bien.

b) Una metáfora: "el dinero es el Narciso"

En otro pasaje, Quevedo sí se ocupará, por el contrario, de lo que constituye un error en el capital de intereses, que, junto con la forma de tesoro, es donde radica el especial problema monetario de España; y lo hace no de forma conceptual, sino mediante una imagen con la que, al mismo tiempo, se aclarará más aún el momento de la crítica objetiva al capitalismo, un momento que ya se encontraba en el pasaje de los Monopantos.

En otro texto, que para nuestras intenciones no es necesario tratarlo con más detalle, apunta:

> Si fuera lo que Dios quisiere, fuera siempre lo justo, lo bueno, lo santo; no fuera lo que quiere el diablo, el dinero, la cudicia. Pues hoy lo menos es lo que Dios quiere y lo más lo que queremos nosotros contra su ley. Y ahora el dinero es todos los quereres porque él es querido y el que quiere, y no se hace sino lo que él quiere, y *el dinero es el Narciso*, que se quiere a sí mismo y no tiene amor sino a sí.
>
> Pr. 209 a

El texto formula una declaración sobre qué instancia sería, en opinión del autor, la que en esos momentos hay que considerar como el principio central de la historia. Primeramente, son dos las que se presentan como posibles principios: Dios, por un lado, y, por otro, un espacio terrenal dominado por el diablo, el dinero y la codicia. A continuación se resume ese espacio inmanente y terrenal regido por la voluntad humana y que se rebela contra la ley divina. Lo interesante es, ahora, cómo se manifiesta el dinero, según el texto, en cuanto principio único de la historia contemporánea, un principio que le disputa el papel de sujeto no sólo a Dios, sino también a los hombres.

La voluntad divina –así se podría parafrasear el texto– no es, en ningún caso, la que define la historia, pues, de lo contrario, reinaría la justicia, la bondad y santidad por encima de todo. Y tampoco los hombres son sujetos de sí mismos, aunque con su voluntad se opongan a Dios. Creen perseguir sus propios planes, pero no hacen más que contribuir a que se realicen los planes del dinero que ellos veneran, pues el dinero es el verdadero sujeto de la historia, él es "todos los quereres", la voluntad de los hombres y también la suya propia en cuanto objeto querido y reconocido, y en cuanto principio exclusivo que obra por sí mismo. En la metáfora del Narciso se especifica lo que hace que el dinero sea independiente y capaz de dirigirse contra Dios y contra los hombres: éstos no pueden esperar de él amor, pues está ocupado en amarse y desearse a sí mismo.

La metáfora del dinero como Narciso, vista desde el trasfondo del estado histórico del dinero en España, resulta muy acertada, pues describe una tensión como la que caracteriza a su realidad contemporánea.

Esa metáfora, en principio, capta la tendencia al capital, esto es, la tendencia al valor abstracto, el cual se quiere a sí mismo en cuanto resultado de cualquier movimiento que intermedie. Hablar del amor propio que se tiene a sí mismo viene a captar la economía capitalista en el sentido de que ésta se basa en el proceso de la autoincrementación del valor de cambio abstracto.

Como en otros textos[84], aquí Quevedo tampoco desaprovecha la oportunidad de resaltar el momento de la enajenación social que caracteriza a ese proceso: los hombres quieren el valor de cambio,

---

84   La fatal consecuencia del predominio que tiene el valor de cambio sobre los valores de uso concretos y las relaciones sociales se describe de una forma especialmente drástica en el siguiente pasaje, donde se dice del avaro: "Más quisiera al sol de oro para acuñarle, que de luz para ver y vivir. Quisiera que el aire lloviera dineros, y no agua … El avaro se congoja con la fertilidad de los tiempos, y con la abundancia se encoge; y aborrece todas las cosas de que no puede juntar moneda"; Pr. 1422 b s.
No obstante, aquí habría que cuestionarse si estas observaciones no conciernen más bien al sistema de monopolio adoptado de la Edad Media que al capitalismo moderno, el cual supera sus límites. En otro lugar, Quevedo critica expresamente a los monopolistas, a quienes se los imagina incluso en el infierno, afanándose por sus monopolios: "Hombre destos ha ido al infierno que viendo la leña y

pero éste despliega otro mecanismo que se afirma como independiente frente al control humano, con lo cual, al final, la sociedad se convierte en mero instrumento de su propia ambición, que es, buscarse a sí mismo. Nótese que ahí donde Quevedo marca la independencia señalada, está expresando una crítica objetiva al capitalismo; igual, en definitiva, que anteriormente Aristóteles y los escolásticos habían advertido, con razón, del peligro que suponía que el medio de cambio se independizara de su función social. Dicho de otra forma: la visión del dinero como un Narciso que se busca a sí mismo, amenazando, así, con convertirse en un sujeto de la historia, refleja el principio económico de la sociedad burguesa que se está formando en esa época, y también constituye un correctivo crítico de la misma.

Pero también la metáfora del Narciso es, al mismo tiempo, la fórmula, precisamente, de esa especial limitación que caracteriza la situación del dinero y el capital en España. El deseo del personaje mitológico, que se enamora de su propio reflejo, es ya un deseo fatídico porque no se relaciona con ningún objeto; Narciso se muere de deseos de sí mismo, como cuenta el mito, y, al final, como castigo, se transformará en una flor. La comparación entre el dinero y esta figura mitológica recoge perfectamente la contradicción que se da en una de las formas determinantes del dinero en España, a saber, la forma de tesoro. Éste, como vimos, también se busca a sí mismo –como riqueza constante– y también como Narciso acaba hundiéndose, porque no busca su constancia en la mediación sino en la fijación en sí mismo. Esta metáfora, además, caracteriza con la misma exactitud también otra forma, la del capital de intereses, y en qué forma es éste complemento a gran escala de la política española e incluso cómo se practica dentro de la sociedad española. Precisamente en la práctica de los censos y los negocios prestamistas, ante los que los arbitristas mostraban sus reparos, se evidencia el bloqueo de esa forma de capital, que busca la inmediata incrementación de sí mismo, sin asegurar, de forma mediada, la constancia y la ganancia en la producción. Los arbitristas recordaron con la suficiente insistencia las consecuencias de ese intento de inversión de capital realmente "narcisista" que, a largo

---

fuego que se gasta, ha querido hacer estanco de la lumbre; y otro quiso arrendar los tormentos, pareciéndole que ganara con ellos mucho"; Pr, 153 b.

plazo, por no establecer una relación con la verdadera abundancia de riqueza, no podrá ni siquiera salvar sus propios depósitos y que será el culpable, en gran medida, de la miseria de la época.

En este sentido, se podría decir que aquí Quevedo hace una reflexión sobre el estado actual del dinero en España: es capital, pero no un capital productivo como sería lo característico de una economía burguesa. Su imagen de la infertilidad del dinero refleja las limitaciones de ese capital que tiende al automantenimiento y a la autoincrementación dentro de su sociedad que, aunque es mediada por el dinero, también es, sin embargo, refeudalizada. Pero, al equiparar al dinero con Narciso, esta imagen permanece fijada en la situación que describe de un modo tan acertado. De forma semejante a como lo vimos en el análisis del dinero en circulación, también en el caso del capital –el dinero que se quiere a sí mismo– Quevedo, aunque ve una situación social específica, emite un juicio sobre la esencia por excelencia de ese capital.

c) A vueltas con la alternativa histórica

Con otro pasaje de un arbitrista dejaremos claro en qué consiste la alternativa histórica al capital de intereses y, de este modo, la alternativa a la crítica conservadora –sin mencionar las visiones tremendistas– de ese capital.

Gabriel Pérez del Barrio, en 1613, se dirigió con un escrito a todos los administradores de latifundios y burócratas que podían influenciar en la situación económica, para convencerlos de que era necesario un aumento general de producción[85]. Lamenta la decadencia de la manufactura textil[86] española y se manifiesta tanto a favor de la reanimación de la industria como de la flexibilidad de los llamados mercados francos[87]. También la agricultura debería someterse al imperativo de la productividad y de la rentabilidad, lo que en concreto sería la puesta

---

85 Gabriel Pérez del Barrio, *Dirección de secretarios de señores ... y un compendio en razón de acrecentar estado y hacienda*. Madrid 1613.

86 Ibídem, fol. 229 (cita tomada del ejemplar de la Biblioteca Nacional, Madrid).

87 Ibídem, fol. 231 a.

en cultivo del campo[88]. En el texto que sigue a continuación y de cuya importancia ya ha advertido Maravall[89], Pérez del Barrio pone incluso al burgués de ejemplo para el éxito de la agricultura:

> A esta gente he deseado verla manejar la agricultura, para que nos diera ejemplo, porque la tengo por la más animosa de cuantas tratan del servicio común, que a trueque de sus ganancias se meterán por las picas, como lo hacen por los fuegos y por los mares y por las entrañas de la tierra; della sacan los metales y los funden, cendran, acrisolan y quilatan, al mar entregan sus naves y tesoros sin temor de sus bramidos, que éstos los arrullan; sus ondas tienen por música, y sus bajíos por pasatiempo; y si esta gente de tanto valor y ánimo hubiera dado en la agricultura, tuviera más que agradecerle que a los que ahora la tratan, que como gente aguda y discreta hubiera buscado la industria y traza del aprovechamiento, y se desvelara en procurarlo, aventurando su caudal; y así está tan flaca y desvalida, por tratarla la más ignorante, miserable y pobre, desfavorecida y maltratada de aquellos a quien más sustenta...[90]

Cuatro décadas después de Tomás de Mercado, se vuelve a elogiar otra vez con énfasis el capital productivo y a la figura del burgués que lo maneja; sin embargo, ahora, claro está, esto se hace no tanto en el sentido de una realidad actual sino como una lejana reminiscencia. Con "esta gente", seguramente Pérez del Barrio se refiere a los comerciantes de los que antes ha hablado, pero, en el texto, él mismo ofrece la decisiva definición del grupo que se está imaginando. Menciona a aquellos que "a trueque de ganancias se meterán por las picas"[91], y que penetran el fuego, el mar y las profundidades de la tierra, extraen metales y los perfeccionan a base de duro trabajo, y a aquellos que entregan toda su fortuna al mar, es decir, los comerciantes, los mineros y metalúrgicos; pero no se trata tanto, al parecer,

---

88 "... rompiendo montes, allanando montañas, desaguando los campos cenagosos, y haciendo acequias"; ibídem, fol. 226 b.

89 J. A. Maravall, *Estado moderno*..., ibídem, vol. II, pp. 135 s. Maravall cita de una edición más tardía y algo diferente.

90 Pérez del Barrio, ibídem, fol. 220 s.

91 "Se meterán por las picas": "Pasar por las picas. Frase que vale pasar muchos trabajos e incomodidades"; *Autoridades*.

de las actividades particulares cuanto de la relación entre el trabajo y
la ganancia que es común a todas ellas y de las que son sólo un ejemplo, pues si esta gente, de esto está seguro Pérez del Barrio, se dedicara
a la agricultura, lo que él espera, establecería también ahí la relación
entre la productividad y el beneficio propio, pudiendo acabar, así,
con la miseria que padece ese sector tan descuidado, y esa relación
resultaría además beneficiosa para toda la sociedad. Apostaría todo,
sin temor a los riesgos y "aventurando su caudal", buscando "industria y traza del aprovechamiento", para producir rentabilidad.

Lo que está pidiendo aquí Pérez del Barrio es, por lo tanto, un
capital productivo. Éste no sólo supone una alternativa histórica a la
economía feudal –contra la que lanza graves acusaciones, en las últi-
mas líneas, en relación a la explotación abusiva que se hace del campo
y de las gentes– sino también al capital de intereses. Pues, si bien, lo
que exige es la posibilidad de una inversión monetaria individual y
beneficiosa, sin embargo es una inversión en la que los intereses individuales son, precisamente, la condición para el provecho común.
De entre los pioneros burgueses, no sólo nombra a los que con más
audacia se entregan a la causa del "servicio común", sino a aquellos
que lo hacen de la forma más eficaz; y por eso, precisamente, se les
recomienda encarecidamente, en calidad de modelos ejemplares, a
los señores feudales y a sus consejeros.

Pérez del Barrio condena la praxis del capital de intereses[92] por
considerar que ha arruinado a la economía española y, al mismo
tiempo, ve en el capital productivo todo excepto un movimiento
narcisista y encerrado en sí mismo; para él es un instrumento conveniente para el control humano y universal de la naturaleza, y la condición para la supervivencia de su sociedad. Esta diferencia hace que
pueda hablar de una forma bastante distendida del beneficio como
un momento sensato de la actividad humana, mientras que Quevedo,
que se negaba a establecer tal diferencia, demoniza simplemente el
dinero y el capital, y los encasilla en un esquema mítico-maniqueo.

---

92   Véase Pérez del Barrio, fol. 226 b s.

VIII. Praxis social e identidad

1. Planteamiento de la cuestión

Y hablando de alternativa histórica, un texto como el citado alegato de Pérez del Barrio muestra claramente que, en ese debate en torno a la que sería la praxis social conveniente, se trata y se decide también la cuestión de la posibilidad de identidad en ese tiempo. Por eso, antes de ocuparnos de Quevedo, volvamos a echarle un vistazo a la cita anterior.

La figura del burgués que se evoca en ella casi con nostalgia se presenta, al mismo tiempo, como modelo de una unidad ejemplar: se mantiene como sujeto de su mundo y, con su conducta, queda legitimada socialmente como ninguna otra figura social. También en este sentido, Pérez del Barrio coincide totalmente con Mercado. La navegación, que para Quevedo y Horacio era una empresa horrenda y mortal, para el burgués que él describe resulta más bien una actividad serena y alegre: el rugir del mar le produce tranquilidad, las olas suenan en sus oídos como música y los bajíos le resultan un pasatiempo. El mar, por lo tanto, para él ya no significa el control brutal de una limitación impuesta por la naturaleza, cuya transgresión sacrílega le supone una amenaza de fracaso. La facilidad con la que soluciona los problemas viene a indicar más bien que es en la forma de su praxis en la que encuentra una identidad que le aporta éxito y sentido.

Esta praxis, además, sabe acoger los valores sociales tradicionales, volverlos a concretizar e integrarlos en una nueva unidad. Pérez del Barrio resalta con un énfasis especial los atributos de "valor y ánimo" (fol. 229) que le aplica a los burgueses, virtudes estas que la mentalidad tradicional le había negado al hombre de negocios[1] y que, en el

---

1   Cf. p. 38.

fondo, se consideraban propios del señor feudal y de los soldados. Pero eso no es todo, pues el valor burgués no es ciego, y aquellos que lo tienen son presentados como "gente aguda y discreta" (ibídem), características que, en el siglo XVII, no se asociaban con el burgués, sino que se reducían sobre todo al campo de las letras y al de la política cortesana[2].

Pérez del Barrio quiere mostrar la praxis burguesa como la integración de unos ideales que, en la sociedad existente, se encuentran tan sólo aislados, desmoronados o tabuizados, uniendo la valentía y el raciocinio, la autoafirmación individual y una reflexión social que, lejos de quedar abstracta, muestra un sentido de la realidad al abordar en las artes mecánicas la necesidad de la producción material. Dicho de otra forma: el alegato que hace a favor del capital productivo va cargado de tanta urgencia porque en él ve, al mismo tiempo, el garante histórico que permitiría el desarrollo completo y la seguridad de una identidad tanto individual como social que considera amenazada.

En este último capítulo se analizará la relación entre la praxis social y la identidad en la obra de Quevedo. Para evitar ciertas repeticiones, prescindimos de presentar textos en los que nuestro autor deja claro que, para él, la única base identitaria que se puede imaginar es el viejo orden feudal[3] –encarnado, por ejemplo, en la figura del

---

2   Recuérdese el peso que pone Gracián en los conceptos de la agudeza y la discreción; *Obras completas*, ibídem, pp. 236 ss. y 75 ss.

3   Es especialmente en su aportación al debate sobre el copatronato donde queda plasmada con toda claridad la defensa que hace de la praxis feudal militar como única base también para la identidad de su época. A principios del siglo XVII se empezó a reclamar, sobre todo por parte de los carmelitas, a Santa Teresa como copatrona junto con Santiago que, hasta entonces, era el único al que se le había encomendado llevar, como representante, la causa de España ante el trono de Dios. En su escrito *Su espada por Santiago*, Quevedo defiende el patronato del apóstol como el único posible, alegando que, como era sabido, fue él el que ayudó a los Reyes Católicos a obtener la victoria en la Reconquista y que, al igual que en aquellos tiempos, aún seguía garantizando el bienestar de España (Pr. 483 a); al final, advierte de que su símbolo es la espada y el de Santa Teresa, sin embargo, sería la rueca (los carmelitas planearon, entre otras cosas, la instalación de telares en sus conventos para, de ese modo, animar a los monjes a que se aseguraran productivamente su subsistencia). Quevedo, haciendo notar los diferentes símbolos, considera que la Santa artesana está des-

soldado– y nos ocuparemos inmediatamente del siguiente problema. Si, como ya hemos visto, la postura de Quevedo ante las dificultades económicas de su tiempo está marcada por el rechazo a las soluciones burguesas –lo que resulta aporético por tenerle que conceder cierta razón a lo que rechaza– y si su reacción al problemático complejo cristalizado en el tema del dinero, como en el caso de la crítica a los Monopantos, hay que entenderla ante el trasfondo del miedo que le produce notar que la sociedad feudal pueda perder su papel de sujeto histórico, entonces habría que preguntarse si, en su obra, no se podrían divisar también reflejos de la praxis burguesa, puesto que ésta

---

calificada; en su opinión, sólo un líder militar puede garantizar la continuidad de la existencia y autoconcepción de la sociedad española (Pr. 484 b). Véase al respecto, Américo Castro, *La Realidad Histórica de España*. Edición renovada, México 1971[4], pp. 391 ss.

De forma semejante, en la confrontación entre uscoques y venecianos (donde utiliza polémicamente los contrarios de masculino y femenino) o entre los viajeros españoles y los comerciantes franceses, el autor les aplica sólo a los soldados atributos como la autoafirmación y la integridad; véase nuestra nota al pie de página, cap. VII, 45.

La personalidad que mejor correspondía a la idea que tenía Quevedo del señor feudal ideal sería, al parecer, el duque de Osuna, quien tuvo a su servicio a nuestro autor durante los años que pasó en Nápoles en calidad de virrey. En un interesante artículo, Segundo Serrano Poncela describe la relación entre Quevedo y Osuna y anota: "Osuna era la personalización del hombre de mando preconizado en su 'España defendida' (el panfleto temprano en el que Q. cree tener que defender a España y su tradición de los ataques extranjeros, E. G.) precisamente por esos años. Un tipo poseedor de las virtudes tradicionales de valor, decisión y afán de aventura que caracterizaron a las generaciones españolas inmediatamente pasadas...". El propio Osuna le confesó una vez por carta a su hombre de confianza que se sentía como alguien nacido demasiado tarde: "pudiera Dios haberme hecho nacer cien años antes o guardado para estos tiempos los hombres que tuvo en aquéllos". En él vio Quevedo, seguramente, un último representante de ese ideal de un feudalismo guerrero que se afirmaba a sí mismo y de una identidad exitosa (él mismo describe en una ocasión cómo Osuna, "acompañado de su sola espada", se enfrentó y redujo a la población insurrecta de toda una ciudad, y celebra esta acción como una grandiosa "hazaña"; Pr. 980 a); seguramente, al menos tras la caída de Osuna, se percató de que ese ideal ya se había convertido en un anacronismo en su época; Segundo Serrano Poncela, *Quevedo, hombre político (Análisis de un resentimiento)*. En: del mismo, *Formas de vida hispánica*. Madrid 1963, pp. 64-123 (aquí, pp. 93 y 75). Véase también la nota al pie de página 12.

parece constituir, en aquel momento histórico, la condición misma de la identidad. Formulado de otra forma: ¿puede Quevedo, acaso, mantener sin fisuras la negativa, tan radicalmente expresada en el *Sermón estoico*, a reconocer los logros, registrados con tanta minuciosidad, del burgués en cuanto sujeto, cuando él mismo se está esforzando por conseguir una identidad?

2. Momentos de la praxis burguesa como garantías de identidad; la negación de la posibilidad de la identidad por antonomasia (sobre la última escena de *La Hora de todos*)

> No leí en él cosa alguna que no sea
> contra la dicha pretensión, y en sus
> propios renglones no se halla paz...[4]

Existen dos textos en los que Quevedo refleja de forma aprobatoria momentos de la praxis burguesa en cuanto garantes de identidad. Ambos, más que indicar un cambio en su posición, ponen de manifiesto el carácter aporético de ésta.

El primer texto trata de la última escena de *La Hora de todos*. Primero expondremos brevemente el escenario en general para, después, ocuparnos de un aspecto central.

a) El texto

En el texto (Pr. 304 a ss.) se simula una situación política palpitante. En la ciudad neutral de Lieja se congregan los vasallos de todas partes, tanto de las monarquías como de las repúblicas; se han reunido para "desahogar su sentir" (Pr. 304 a) expresando sus quejas, y para dejarse aconsejar sobre cómo remediar las opresiones que están sufriendo. Pero esta reunión resulta un absoluto caos ("todo estaba mezclado en tumulto ciego y discordia furiosa"; ibídem), y los diferentes puntos de vista y deseos no parecen tener un

---

4   Cita de Quevedo sobre un adversario en la disputa en torno al copatronato; Pr. 495 b.

denominador común, una situación que, realmente, hace imposible que los presentes lleguen a un acuerdo, por lo que el conflicto se mantiene candente.

La primera disputa que tiene lugar documenta esta confusión: cada uno considera más válido el sistema estatal del otro, los republicanos esperan de la monarquía que cumpla sus expectativas y los vasallos de los príncipes quieren una república. La discusión la llevan a cabo un saboyano noble y un burgués genovés. El saboyano se muestra preocupado por la política de su duque –que, por ansias de poder, manda al pueblo constantemente a la guerra– y pone todas sus esperanzas en el acuerdo entre saboyanos y piamonteses para formar una república en la que, según su parecer, reinarán la justicia, el parlamentarismo ("consejo", Pr. 304 b) y la libertad. El genovés, furioso, alega en contra la experiencia que tiene de la república como forma de gobierno por considerarla esclavismo. El senado, dice, es un caos, y es más fastidioso tener que obedecer a muchos que a uno solo; el gobierno de los nobles viene a ser, en definitiva, lo mismo que el de los plebeyos, una simple y constante lucha de intereses, de ahí que exija, por su parte, que se le asigne el poder a un príncipe para que sea únicamente él el que establezca el equilibrio entre los diferentes intereses. Aunque Quevedo expone más detalladamente los argumentos del republicano decepcionado a favor de la monarquía que los de su adversario, llama la atención el hecho de que a ambos les atribuya por igual reflexiones razonables y que el debate quede sin resolverse.

La siguiente disputa que tiene lugar en esta reunión de oprimidos se produce entre una mujer y un hombre. Aquí se trata del dominio y la opresión en relación con los dos sexos. La representante de las mujeres acusa a los hombres de mantenerlas atadas mientras que ellos se permiten toda clase de libertad; por eso, exige para sus compañeras más participación en la vida política y leyes más justas (Pr. 306 a). De la contraofensiva masculina se encarga un doctor, quien se esfuerza por mostrar que, como la mujer fue la primera que quebrantó la ley divina, en realidad, son ellas las que tienen dominio sobre los hombres, pues su belleza los deja a todos embrujados, etc. Aunque es en la parte femenina donde, sin duda alguna, se alegan los mejores argumentos, hay que constatar también aquí que, como en la anterior controversia, a las dos tesis se les da su parte de razón –téngase en cuenta que, en su obra, el propio autor trata normalmente a la mujer con desconfianza– con lo que se evita llegar a una posible síntesis o, lo que es lo mismo, entre esos dos agresivos rivales resulta imposible o no se aspira a ella.

El tercer orador que toma la palabra es un francés, quien, poniendo por ejemplo a Richelieu, denuncia el favoritismo y exige que cualquier rey que tolere el poder de un ministro pierda su derecho a la corona, y que al favorito traidor se le ajusticie por preocuparse sólo de sus propios intereses (Pr. 307 a s.). A esta crítica, que coincide con los ataques que suele dirigir Quevedo contra el poder de un Olivares, el autor no le ofrece ninguna réplica; sólo se habla de un italiano belicoso que teme que el francés critique también el nepotismo italiano y lo enzarce en una pelea; evidentemente, para Quevedo ni el favoritismo ni el nepotismo merecen una defensa argumentativa.

El siguiente discurso que se puede escuchar en este encuentro lo pronuncia alguien calificado sólo como "letrado bermejo" (Pr. 308 a ss.). No tiene ningún adversario directo y habla desde una tarima elevada en el centro de la reunión, lo que subraya la importancia de su aparición, y presenta una solicitud en nombre de todos. Si bien se dice de él "que a todos los había revuelto y persuadido a pretensiones tan diferentes y desaforadas" (Pr. 308 a), en su intervención –la más larga de las escenas– viene a presentar algo así como una utopía social general.

Comienza haciendo un resumen de cómo se imaginan la libertad los ahí reunidos. Los vasallos, tanto en las monarquías como en las repúblicas, deberían dejar de ser objeto de opresión para convertirse en compañeros y sujetos libres:

> La pretensión que todos tenemos es la libertad de todos, procurando que nuestra sujeción sea a lo justo, y no a lo violento; que nos mande la razón, no el albedrío; que seamos de quien nos hereda, no de quien nos arrebata; que seamos cuidado de los Príncipes, no mercancía, y en las Repúblicas, compañeros y no esclavos; miembros y no trastos; *cuerpos y no sombras.*
>
> Pr. 308 a

De modo que tiene que reinar la razón y no la arbitrariedad, y así como los súbditos de los príncipes no quieren ser ni botín ni mercancía que se lleve de acá para allá como a uno le plazca, sino un legado respetable, también los republicanos quieren dejar de ser objetos muertos y convertirse en miembros vivos de su sociedad o, como se dice de una forma muy plástica, "cuerpos y no sombras".

Esta idea de libertad y armonía social depende del equilibrio pacífico entre ricos y pobres. Incluso los propios gobernantes tienen que hacer todo lo posible para que los pobres se hagan ricos:

> Que el rico no estorbe al pobre que pueda ser rico, ni el pobre enriquezca con el robo del poderoso. Que el noble no desprecie al plebeyo, ni el plebeyo aborrezca al noble, y que todo el gobierno se ocupe en animar a que todos los pobres sean ricos y honrados los virtuosos, y en estorbar que suceda lo contrario.
>
> Pr. 308 a s.

Pues, como se dice a continuación, la igualdad social es la condición para la paz social ("la igualdad es armonía, en que está sonora la paz de la república"; Pr. 308 b), una constatación esta que, aunque parece dirigirse a la república[5], Quevedo la hace también en otros contextos[6] y que parece tener validez general dentro de esa visión utópica.

Según el "letrado bermejo", también en la relación entre las repúblicas y las monarquías debería reinar la armonía. Al igual que la tierra y el mar, que pugnan constantemente por el terreno, pero que consiguen al final mantener un equilibrio respecto a sus exigencias,

---

[5] En este pasaje, el concepto de "república" se utiliza, por una parte, como contraposición a la monarquía y, por otra, sirve para definir, además de la forma estatal parlamentaria, también la sociedad y la nación en general; cf. *Autoridades*.

[6] Quevedo, pensando en la propia España (habla en clave del "gran duque de Moscovia"), comenta –también en *La Hora de todos*– que la desigualdad social también es fatal por razones de poder político: "El que enriquece los súbditos tiene tantos tesoros como vasallos; el que los empobrece, otros tantos hospitales y tantos temores como hombres y menos hombres que enemigos y miedos"; Pr. 276 a. Que el discurso del erudito aspira al menos a ser de validez general, se pone de manifiesto, además, en la manera en cómo está descrito su comportamiento ante los reunidos: "en el centro del concurso le miraba en iguales distancias"; Pr. 308 a.

éstas deberían formar también una unión estable. A este tenor ma-
quiavélico sigue diciendo que las repúblicas deberían utilizar la rivalidad de las monarquías, emparentadas entre sí pero siempre enfren-
tadas, para conseguir así la moderación que desean todos los vasallos.
En general, las repúblicas deberían hacer política no tanto con las armas sino con táctica y, sobre todo, partiendo de un capital suficiente.
Con una economía estatal sana sería posible aprovechar cualquier
oportunidad y tomar decisiones que convengan a los gobernantes:

> Estas (sc. las repúblicas) siempre han de militar con el seso, pocas
> veces con las armas; han de tener ejércitos y armadas prontas en la
> *suficiencia del caudal*, que es el luego que logra las ocasiones.

Pr. 308 b

La praxis social de las repúblicas ideales que se insinúa aquí, la concretiza así el orador:

> *Harán nobilísima la mercancía*, porque enriquece y lleva los hom-
> bres por el mundo ocupados en estudio práctico, que los hace doc-
> tos de experiencias, reconociendo puertos, costumbres, gobiernos
> y fortalezas y espiando designios. Serán meritorios al útil de la Pa-
> tria los estudios políticos y matemáticos, y a ninguna cosa se dará
> peor nombre que al ocio más ilustre y a la riqueza más vagabunda.

Pr. 309 a

El comercio, por lo tanto, llegaría a ser una "nobilísima" ocupación,
y merece esta gran apreciación por enriquecer a los hombres y apor-
tarles experiencia mundial; conociendo otras costumbres y formas
de gobierno aprenden también cómo se defienden los otros y qué
intenciones tienen, por lo que el comercio conlleva una importante
función informativa desde el punto de vista político. Además, "los
estudios políticos y matemáticos" serán de utilidad para la patria, y
nada estará peor visto que el ocio, aunque sea el "ocio más ilustre",
es decir, el propio de la nobleza, que tampoco cumple una función
social sensata.

También los juegos públicos, continúa proponiendo el erudito,
tienen que ser de utilidad; en los eventos festivos hay que usar armas,
sobre todo las modernas de fuego, para aprender a manejarlas; y a

los teatros le gustaría verlos convertidos en academias con la función de enseñar y no de entretener ("entonces será decente frecuentar los teatros cuando fueren academias"; ibídem).

Es a más tardar en este fragmento donde queda claro que Quevedo no le deja desarrollar a su letrado una utopía específica diseñada sólo para las repúblicas y en contraste con las monarquías, aunque sólo se hable de aquellas. De lo que se trata es, ante todo, de una visión social general que podría servir para España o, mejor aún, que sería concretamente para ella: la inquietante polarización entre ricos y pobres, el desprecio hacia el comercio por no ser una actividad noble, el descuido de las ciencias naturales y un ocio debido, en el mejor de los casos, a la pasión por los juegos y el teatro, son todos ellos, al fin y al cabo, síntomas conocidos precisamente de la sociedad española de la época.

Tras criticar con mordacidad la figura del valido, que oprime sobre todo a los vasallos de los reyes (Pr. 309 b), y legitimar el tiranicidio –como ejemplo de legítima autoliberación se cita la astucia de Ulises contra Polifemo, que amenaza con devorarlo (309 b s.)– el orador expone una serie de consejos que podrían atenuar la arbitrariedad de los gobernantes, tanto en las repúblicas como en las monarquías (310 s.). Los funcionarios del estado deberían permanecer en sus puestos y no olvidar cuál es su verdadera tarea por ambiciones de ascenso; sólo deberían ser empleados los experimentados y exclusivamente en el terreno que dominan. Las condecoraciones habría que concederlas sólo a los que tienen méritos y no a los ociosos; y los nobles deberían justificarse por su virtud y valentía y no tanto por viejas genealogías; y, finalmente, juez tendría que ser tan sólo aquel que no conociera la avaricia.

Antes de que llegue la Hora a este escenario y se aclare todo, aparece un grupo especial: el gremio de los pastores (Pr. 311 b). Su intervención en medio del texto tiene la función de añadir una parábola que viene a ser la interpretación de la reunión de los vasallos y que prepara la llegada de la Hora justiciera.

Las ovejas, dicen, se han sublevado contra sus pastores, pues se han enterado de que las protegen de los lobos para que no haya pérdidas y las puedan ellos mismos esquilar y matar. Como los lobos sólo sacrifican una parte y no a todas las ovejas, consecuentemente,

deciden que es preferible ser protegidas por sus enemigos que por
sus propios pastores. Esta reflexión de las ovejas les resulta a todos
los presentes muy inteligente y en medio de esta convicción llega la
Hora de la verdad:

> En eso, los cogió la HORA, y, enfurecidos unos decían: "Lobos
> queremos"; otros: "Todos son lobos"; otros: "Todo es uno"; otros:
> "Todo es malo". Otros muchos contradecían a éstos.

> Pr. 311 b

En medio de tal confusión, esas voces que contradicen a las anteriores,
más que presentar una perspectiva alternativa, defienden el principio
que determina todo el escenario en general: el de una insatisfacción
colectiva y el de un caos de opiniones que no ha logrado la coesión. Al
final se volverá a mencionar expresamente este principio. Cada uno
de los participantes, ya dispuestos a marcharse, siguen descontentos
con su situación personal y deseosos de cambiarla por la de los otros:

> En fin, detenidos y no acallados, se fueron todos quejosos de lo
> que cada uno pasaba y rabiando cada uno por trocar su estado con
> el otro.

> Pr. 312 a

Con lo cual, la llegada de la Hora no ha decidido nada sobre los por-
menores de la controversia mantenida por los que se habían reunido,
sino más bien al contrario, resalta la duda ya presente en ese escenario
sobre la posibilidad de una razón susceptible de ser decidida y asienta
el origen de las controversias y argumentaciones, no en la necesidad
humana y legítima de un universal verdadero (el final de la múltiple
represión), sino en una fatal o ridícula insatisfacción del hombre con
su propio estado. "Nemo sua sorte contentus", este tópico, conociendo ya el final, parece ser la quintaesencia de la historia[7].

---

7   Cf. Raimundo Lida, "Para *La Hora de todos*". En: *Homenaje a Rodríguez-Mo-
     ñino*. Madrid 1966, vol. I, pp. 316 s. Lida ve en la destrucción de las falsas aspi-
     raciones humanas causantes de semejante insatisfacción una de las intenciones
     centrales de *La Hora de todos*.

b) Un alegato por la constitución de la identidad sobre la base de la praxis burguesa

Lo sorprendente en este pasaje es que Quevedo alega momentos de la praxis burguesa en un contexto en el que éstos adquieren el carácter de garantes de una identidad social con sentido.

La introducción del discurso del letrado motiva a hablar de esa identidad que él mismo va desarrollando como el verdadero objeto de su visión (Pr. 308 a). La necesidad que sienten los oprimidos es la de ser "compañeros" en vez de esclavos, miembros de una sociedad en vez de "trastos" inútiles y muertos, cuerpos en vez de sombras, como se expresa con una imagen especialmente ilustradora. Es decir, los vasallos no son ellos mismos sino objetos del arbitrio y del capricho de otros, un destino que les quita la posibilidad de determinar el desarrollo de su propia vida. En contra de esto reivindican el derecho a determinarse ellos mismos sujetos de sus relaciones sociales –aunque la radicalidad de esta reivindicación quede algo amortiguada por el reconocimiento de un gobierno "a lo justo"– y, en consecuencia, una estructura social cuyo carácter general esté marcado por ser horizontal en vez de vertical. La imagen de la vitalidad que se invoca aquí es, por lo tanto, la imagen de la identidad: una existencia que garantice y exprese carácter subjetivo y general.

En el discurso, la esperanza de lograr tal identidad está relacionada con la esperanza de una praxis social con rasgos claramente burgueses. Aunque ahí también se dan momentos más bien característicos de una utopía moralista (el premio a los virtuosos, el respeto mutuo entre nobles y plebeyos y, especialmente, los últimos consejos del letrado, Pr. 310 s.) e incluso se pueden detectar indicios de una ética social cristiano-feudal ("sólo ha de ser diferencia entre el pobre y el rico que éste dé el socorro y aquél le reciba"; Pr. 309 a), no obstante el marco en el que aparecen estos momentos es completamente burgués. En primer lugar hay que mencionar la relación que se focaliza aquí entre trabajo y prosperidad: la exigencia de que el gobierno anime a los pobres a mejorar su situación económica implica reconocer el acceso individual a la riqueza material y la necesidad de cambiar el *status quo* social marcado por la polarización, haciendo un esfuerzo para conseguir mayor igualdad, más allá de las limitaciones económicas y de la rigidez de la sociedad feudal. Esta exigencia se contrapone a la posición conservadora de una política caritativa que rechaza las propuestas que se hicieron en el siglo XVI para solucionar estructuralmente el problema de los pobres[8] y que Quevedo, como hemos visto, también la defendió en su obra.

En segundo lugar, la indicación de la necesidad de capital estatal suficiente se da, por cierto, tan sólo en relación con las repúblicas, pero Quevedo, con esto, prosigue su intuición de que la riqueza monetaria es un factor político general de primer rango, al que llama nervio y sustancia del reino, como vimos en su crítica al lujo respecto a España[9]. El capital monetario es capital real y políticamente muy eficaz; es como el "el luego" (Pr. 308 b), el instante inesperado en el que uno puede decidir las cosas a su favor y, en este sentido, un contrapunto a la tradicional violencia de las armas, igual de eficaz o incluso más. Mientras que el dinero queda eliminado en otra utopía todavía más anclada en la idea de una época dorada, esto es, la de Tomás Moro[10] (1516) –por cierto, muy apreciada por Quevedo[11]–, la visión del letrado le otorga a la economía monetaria una posición importante, reflejando así las necesidades de la propia época.

Pero el carácter burgués de esa sociedad que se presenta como ideal se evidencia, sobre todo, en tercer lugar, cuando se pronostica que ésta elevará el comercio al rango de una actividad "nobilísima" (Pr. 309 a). La legitimación que se hace aquí, en medio de esta obra quevediana, de la ampliación del tráfico mercantil coincide argumentativamente, para nuestra gran sorpresa, con la que hiciera Tomás de Mercado, como ya vimos. Enriquecimiento que, como producto

---

8   Véase al respecto la introducción ya mencionada de Michel Cavillac a Pérez de Herrera, *Amparo de pobres*.

9   Véase p. 184.

10   Como los utopianos no regulan su gestión de bienes con dinero sino con una instancia social directa, desprecian el oro y la plata y los utilizan sólo para hacer con ellos, como anota con agudeza Tomás Moro, orinales y bacinillas. *La Utopía de Tomás Moro...*, traducida del latín al castellano por Gerónimo Antonio de Medinilla y Porres, Madrid 1790, pp. 61 s.

11   Introdujo un prefacio a la traducción española de *Utopía* y, según sus propias palabras, fue él quien indujo a que se llevara a cabo la traducción. Pr. 537 s.

de una actividad, no se discrimina sino que incluso se celebra, expansión universal de la experiencia y la utilidad política —esta unidad civilizatoria de la función tanto material como cultural y política del comercio la resalta el letrado de Quevedo como antes lo había hecho Mercado.

Pero no sólo se exige comercio, sino una actividad general social que apueste conscientemente por la utilidad. La crítica de este pasaje se dirige contra un estado social en el que la ociosidad de los nobles se considera un ideal de "praxis" al que casi todos aspiran y que ya había sido condenado por Cellorigo. No obstante, lo decisivo es que la alternativa no se sitúa dentro de un feudalismo pasado y belicoso —como suele hacer Quevedo ante la común pasividad[12]. La figura del letrado considera tan importante romper con la idea tan extendida en España de que la nobleza es incompatible con la industria como fomentar el estudio de la política y las matemáticas. También con esto último Quevedo refleja reivindicaciones expuestas por autores de su época de orientación burguesa. Sancho de Moncada aconseja la fundación de una universidad política, criticando con ello explícitamente la constante influencia de las autoridades tradicionales en el pensamiento de la época, a la que le gustaría ver sustituida por la entrega a una realidad siempre cambiante y que incita a ser comprendida[13]; los "estudios políticos" que reivindica el letrado tematizan un malestar semejante. La inclusión de las matemáticas en el progama de estudios útiles supone un reconocimiento al desarrollo de la racionalidad, sin la cual serían impensables la expansión del cálculo comercial –los comerciantes del norte de Italia iniciaron la doble contabilidad[14]– y las tecnologías más modernas (navegación y arti-

---

12 Véase al respecto especialmente la "Epístola satírica y censoria contra las costumbres presentes de los castellanos", poesía núm. 146; o, en otro pasaje: "Ahíto me tiene España,/ provincia, si antes feliz,/ hoy tan trocada, que trajes/ cuida, y olvida la lid"; poesía núm. 763, 5-8.

13 Véase p. 66.

14 Varios tratados matemáticos del siglo XVI están dedicados a los comerciantes como sus futuros usuarios; sobre la interrelación entre las matemáticas y el desarrollo burgués, véase Edgar Zilsel, *Die sozialen Ursprünge der neuzeitlichen Wissenschaft*. Editado por Wolfgang Krohn, Frankfurt/M. 1976, pp. 52 s.

llería). Pérez de Herrera hace de las matemáticas ("cosa de gran utilidad para la república") una materia imprescindible dentro de un
proyecto de formación profesional para niños huérfanos y lo justifica
diciendo que España, precisamente, depende de navegantes expertos
para el transporte marítimo de sus riquezas[15]. El hecho de que aquí,
en definitiva, se proscriba la riqueza ociosa y se destine al aprovechamiento social, se puede interpretar, en este contexto de un utili-
tarismo generalizado, casi como un alegato a favor de la inversión
productiva capitalista[16].

Así de específica es, por lo tanto, la praxis a la que parece ir
unida, en esa visión, la posibilidad de identidad en esa época. Dentro
de todo el escenario, el carácter utópico de esa visión se confirma,
por una parte, porque –a diferencia de lo que sucede entre los argumentos de los monárquicos y los republicanos o entre los de la representante de las mujeres y los del médico– no se le añade una refu-
tación en defensa de otros conceptos de utopía social (sólo la rebate
el caos que, al final de la escena, elimina cualquier posibilidad de
utopía), y, por otra parte, por reunir en sí más características positivas
que ningún otro argumento en ese escenario. Si bien se enfatiza con
cierto retoricismo la apología a la monarquía, no obstante, como
dicha apología se ahorra mencionar el verdadero problema de la praxis, parece apuntar, en el mejor de los casos, a algo así como una
cierta indolencia, mientras que la visión del letrado promete realmente
una ganancia de identidad.

---

15   Pérez de Herrera apunta: "… pues se sabe perfectamente con ellas (sc. las mate-
     máticas) el arte de navegar, que es de mucha consideración, teniendo V.M. tantos
     reinos para donde se navega, y de adonde por mar se traen tantas riquezas que
     es bien asegurarlas con buenos pilotos"; *Amparo de pobres*, ibídem, p. 107.

16   El lugar histórico de la primera parte de la utopía del "letrado bermejo" que
     acabamos de ver gana en contura si se compara con las utopía sociales de la Es-
     paña del XVI. En éstas desempeña un papel importante la idea de un momento
     histórico contrapuesto a la actualidad, la idea de una Edad dorada bucólica, im-
     pregnada por una vida campestre "original", no por la ciudad, y por un autoa-
     bastecimiento natural en vez de mercantil; J. A. Maravall, *Utopía y contrautopía
     en el Quijote*. Santiago de Compostela 1976, pp. 169 ss. La figura de Quevedo,
     por el contrario, ve su ideal en una sociedad que afirma y promueve el proceso
     del desarrollo de las fuerzas productivas y de las estructuras de mediación.

Como garante de identidad ("ser cuerpos y no sombras"), la praxis burguesa que se invoca aquí como ideal se manifiesta de una forma semejante a la ya conocida de Pérez del Barrio o Mercado. Reúne en sí una cantidad de atributos que testimonian una completa subjetividad con un sentido general. Con ella se estimula tanto la valentía –los comerciantes se encargan de recoger informaciones en frentes lejanos ("espiando designios", Pr. 309 a)– como la inteligencia; las repúblicas que gestionan con dinero operan más "con el seso" (Pr. 308 b) que con las armas, el esfuerzo intelectual y el sentido de la realidad se unen en el "estudio práctico" (309 a), y como estos ciudadanos burgueses son "doctos de experiencias" (ídem.), es decir, asumen una formación que está viva por basarse en la experiencia inmediata, su praxis alcanza lo universal social: trabajan para lo "útil de la Patria" (ídem.), luego muestran una responsabilidad que atestigua su integridad moral y asegura una aportación positiva a un sensato sistema de valores sociales.

Por lo tanto, de una forma semejante a como lo hiciera Pérez del Barrio, el orador de Quevedo le atribuye a la praxis burguesa la capacidad de integrar ideales y el máximo grado de logros subjetivos humanos reales. El hecho de que la llame "nobilísima" (ídem.) indica –al igual que los argumentos de Mercado– no sólo que la considera compatible con la nobleza, sino también que en ella ve realizado lo que los hombres, hasta ese momento, relacionaban con ese concepto, sin que su contenido enfático siguiera estando unido al privilegio de nacer noble.

Si los diferentes vasallos dejaran de ser sombras para convertirse en seres vivos sociales y autónomos, en el espectro de la escena aquí analizada, sólo podrían hacerlo mediante una praxis que aquí se destaca como burguesa frente a la feudal existente. Con lo cual, Quevedo extrae una consecuencia asombrosa del malestar de la sociedad española.

La prueba de que es el mismo autor el que habla aquí a través de la figura del letrado –sin querer simbolizar con ella simplemente a un representante de los arbitristas– nos la proporciona la crítica que hizo a la erudición escolástica. Contra ésta, pues, se dirige de forma polémica la imagen de los ciudadanos burgueses en cuanto "doctos de experiencias" y, con ello, la exigencia implícita de una ciencia que se relacione con la praxis y se base en la experiencia. Para saber lo importante que era para el propio Quevedo una crítica como esta a la escolástica, analizaremos un fragmento que incluimos aquí de su tratado *La cuna y la sepultura*.

Excurso: La crítica de Quevedo a la escolástica

El capítulo cuarto del mencionado escrito (1634) condena muy duramente el mundo científico de la época. Quevedo, que estudió en Alcalá, un "bastión del aristotelismo"[17], donde se familiarizó con la escolástica, cuestiona de una forma radical el sentido de sus especulaciones metafísicas y opina que no hay ninguna relación entre estas y la realidad social, y que no le aportan nada a la vida del individuo. Dice interrogando:

> ... dime, ¿de qué te puede aprovechar a ti saber ... toda la confusa cuestión de los indivisibles y entes de razón y universales, siendo cosas imaginarias, y fuera del uso de las cosas (,) no tocantes a las costumbres ni república interior ni exterior, universal ni particular, y que cuando las sepas, no sabes nada que a ti ni a otro importe a las mejoras de la vida, si bien sirven a la cuestión escolástica?[18]

Pr. 1345 b s.

Quevedo lo que pretende es instaurar una ciencia que sustituya las interpretaciones aristotélicas abstractas y los consiguientes debates sobre los universales –aunque en este mismo pasaje cargado de ideas ascéticas y estoicas volverá a revocar este ataque crítico[19]– y que esté dirigida por su propio interés y una razón que ya no se deje constreñir por la autoridad de los clásicos, sino que confíe en la experiencia directa. En todo caso, denuncia el poco espacio que encuentra esta razón en España:

---

17 A. Rothe, *Quevedo und Seneca*, ibídem, p. 22.

18 La frase restrictiva "si bien sirven a la cuestión escolástica", que vendría a suavizar algo la radicalidad de la crítica, la añadió Quevedo en una fase posterior; Arnold Rothe, ibídem, p. 64, nota 68.

19 Véase ppp. 226 s.

Pocos son los que hoy estudian algo por sí y por la razón, y deben a la *experiencia* alguna verdad; que cautivos ...[20] de la autoridad de los griegos y latinos, no nos preciamos sino de creer lo que dijeron; y así merecen los modernos nombres de creyentes como en los antiguos de doctos. Contentámonos con que ellos hayan sido diligentes, sin *procurar ser nosotros más que unos testigos* de lo que ellos estudiaron.

Pr. 1345 b

Esto es también típico de Quevedo: en el terreno de la ciencia registra perfectamente la inercia de la propia sociedad, que se ha atado a las ligaduras de la tradición y ha dejado de comportarse como sujeto de sí misma para ser tan sólo, como lo formula a las claras, testigo de una remota realidad. Al confrontarse con esta situación intelectual adopta la postura crítica de un arbitrista como Moncada y reconoce que está en juego la identidad de su sociedad y que, para salvarla, no hay que apelar al pasado sino enfrentarse con el presente[21].

A partir de esa afinidad entre la propia crítica de Quevedo a la escolástica y los razonamientos subversivos de su letrado bermejo se puede evaluar en todo su conjunto la importancia que tiene esa visión. Esa falta de relación entre la sociedad de su época con la realidad que le reprocha a las universidades la constata aquí, de forma ficcional, focalizando su práctica en general. Que el comercio debería ganarse el atributo de actividad nobilísima no significa simplemente que sea necesario rehabilitarlo, más bien pone al descubierto a la

---

20 Aquí se ha dejado la frase restrictiva "en las cosas naturales", la cual, tal vez como concesión a la metafísica escolástica, no la incluyó, como en el caso anterior, hasta la última versión del texto; Arnold Rothe, ibídem, p. 61.

21 Las siguientes declaraciones apuntan también en la misma dirección que su crítica a la escolástica. La orientación cada vez mayor a lo empírico y a las pruebas racionales que se estaba dando en esa época lo constata la siguiente frase: "En la prueba consiste la satisfacción humana; que mucho ha, y cada día más, no se cree sino lo que se toca y ve"; Pr. 1186 a. Y el propio autor se incluye en ese desarrollo cuando declara que la curiosidad intelectual es una necesidad humana básica, curiosidad que había sido condenada como vicio por la escolástica (véase Hans Blumenberg, *Der Prozeß der theoretischen Neugierde*, ibídem): "Como el deseo de saber es tan natural a los hombres, en ignorar padece el alma violencia"; Pr. 1246 b.

propia sociedad feudal que, por ociosa, ha desaprovechado la oportunidad de intervenir en los problemas de su época mencionados explícitamente (la necesidad de una economía estable y una política
igualitaria del bienestar social), por lo que ya no estará a la altura de
sus propias exigencias. La praxis militar del pasado[22] evocada por
Quevedo en varias ocasiones como solución, tampoco tiene cabida
en esa utopía; recurrir a ella resultaría absurdo teniendo en cuenta la
mencionada situación; además, incluso las armas de fuego, recono-
cidas expresamente, han producido nuevas circunstancias[23]. En otras
palabras, Quevedo expone aquí a grandes rasgos la crisis de identidad
de su sociedad, la cual ya no se puede afirmar a sí misma ni a sus valores; y, al mismo tiempo, señala una alternativa: según su texto,
sólo si se consigue integrar la praxis burguesa se penetrará en la realidad, entendida ésta como condición para la identidad.

c) Revocación y contradicción

El sorprendente conocimiento al que se llega queda revocado,
no obstante, por el contexto. Del letrado bermejo, que es quien lo
transmite, se dice que es un agitador que incita a los demás a la des-
mesura, una observación que hace que su discurso parezca sospechoso
ya desde el principio. El alegato a favor de la praxis burguesa queda
anulado sobre todo por el final pesimista de la escena. El sentido de
la parábola de las ovejas rebeldes es mostrar que no sirve de nada esforzarse por cambiar el destino social para alcanzar un ideal; por lo
tanto, lo único que pueden hacer los pueblos, en el mejor de los
casos, es elegir qué lobos los gobierna, pero no estar libres de un gobierno ni de una existencia de víctima aterrorizada [24]. La llegada de

---

22 Véase notas 3 y 12.

23 Éstas suponen nuevas exigencias para los soldados, como consta el autor en
    otro pasaje; véase p. 237.

24 Con la funesta relación entre las ovejas y el lobo lo que estaría caracterizando
    Quevedo no es tanto la situación general de la humanidad cuanto del absolutismo
    feudalista español, un absolutismo sin burguesía. Thomas Hobbes (1588-1679),
    teórico de Estado y burgués, parte también –con la misma metáfora– del carácter
    lupino de los gobernantes, pero como en su caso no hay ovejas sino que todos

la Hora cumple la misma función. Al igual que en otras escenas de este "Sueño" en las que adopta el papel de árbitro, aquí también consigue "aclarar" y revelar el "verdadero" carácter de la reunión de los vasallos: todos se contradicen mutuamente y están descontentos y "rabiando" por cambiar su estado por el del otro. Con lo cual, parece que la razón por la que los reunidos se han esforzado en argumentar se basa tan sólo en las simples ganas de un cambio caótico; al fin y al cabo, todos ellos no son más que la expresión de una constante necedad fatal y antropológica.

A través de la parábola de las ovejas y la decisión de la Hora, la duda sobre una verdad posible se contrapone, por una parte, a los debates sobre las formas de estado y la relación entre los dos sexos que, en cuanto controversias, parten precisamente de la idea de una verdad que hay que aclarar con argumentos –pues de lo contrario no participaría nadie– y, por otra, al proyecto utópico del letrado. El hecho de que, como resultado de esa escena, sea la Hora de la verdad la que dé a conocer en cierto modo su propia imposibilidad entre los humanos[25], le otorga un valor especialmente importante al tópico de la inquietud general y la insatisfacción humana. Así pues, la esperanza de una praxis social capaz de transformarse por el interés de ganar identidad se ve bloqueada con una contundencia especial.

Pero esta revocación no nos sorprende mucho si consideramos el trasfondo de toda la obra. Lo que sí nos parece remarcable es la

---

los hombres son lobos ("homo homini lupus"), el lobo gobernante (el soberano absolutista) es, precisamente, la condición para que se garanticen los intereses de los individuos reunidos en el tratado de Estado y se mantengan en armonía; cf. Ernst Bloch, *Vorlesungen zur Philosophie der Renaissance*. Frankfurt/M. 1972, pp. 146-149. Según se podría deducir de esa parábola, Quevedo, a traves de su sombría visión de un pueblo indefenso ante el soberano, proyecta en un desastre eterno la particular situación española en la que ninguna fuerza burguesa con conciencia de sí misma puede reducir el poder de la nobleza ni pactar con un príncipe absolutista.

25 De todas formas, la posibilidad de la verdad se presenta en general como muy dudosa en esta sátira, la mayor, de Quevedo: los dioses, que escenifican la Hora del juicio sobre los hombres, tienen ellos mismos rasgos humanos y son también blanco de la sátira; luego, en calidad de jueces, inspiran muy poca confianza (véase el marco narrativo).

claridad con la que se expone aquí el precio que habría que pagar para negar la alternativa social en ese momento: el de la negación de la posibilidad de identidad por antonomasia.

Como hemos visto, la alternativa de la que se trata en esa escena ya no es la praxis feudal o burguesa; aunque hay un debate sobre cuál sería la forma de estado adecuada, la monarquía o la república, sin embargo no se lleva a cabo ninguno sobre la praxis feudal o burguesa como garantes alternativos de identidad. El texto indica que si la sociedad española quisiera conservar o recuperar la identidad, ésta sólo se podría conseguir integrando la praxis burguesa. Pero, al mismo tiempo, parece que es vedado alcanzar la identidad; antes ésta se encuentra como encerrada y asfixiada en una situación falta de perspectivas y sacrificada a la visión de una humanidad que, por autodestruirse a sí misma permanentemente, no llega a construir una comunidad con sentido y no regida por particularidades.

Esta tensión que hemos observado aquí es, en nuestra opinión, característica de Quevedo. Precisamente en la *Hora de todos*, si bien se puede describir la paradoja –o, mejor, la organización de argumentos en la que cada uno de ellos es revocado por otro– como principio artístico satírico[26], sin embargo tal descripción aún no llega a aclarar el carácter particular de esa constante exposición y negación de la razón. La tensión de la que se trata aquí remite más bien a la relación de la obra con la realidad social en la que surge, una realidad que hemos podido observar en el trato de las cuestiones económicas por parte de Quevedo; su postura respecto a los problemas económicos de su tiempo está determinada, como vimos, por dos polos: por una parte, el imprescindible reconocimiento de lo nuevo y, por otra, la difamación de esto mismo por motivos conservadores.

Su crítica a la escolástica que acabamos de citar demuestra el mismo mecanismo. De forma significativa, la crítica articulada en *La cuna y la sepultura* contra un concepto de formación sin base experiencial también la revoca el autor ahí –es decir, dentro de un

---

26   Véase la introducción de Luisa López-Grigera a su edición de *La Hora de todos*, ibídem, pp. 44 s. y nota 93 bis.

género en el que lo importante es, en primer lugar, la argumentación y no tanto los principios artísticos– e, incluso, en el mismo capítulo, el IV. La energía que, en ese momento, le parece absorbida por las inútiles especulaciones metafísicas no lleva, en realidad, a una ciencia secular de utilidad, como sería lo esperable y consecuente, sino que se emplea en el autoconocimiento (el desengaño) del ser humano, el cual sólo puede encontrar en Dios el verdadero saber, lo cual, no obstante, sólo sucede en el momento de la muerte[27]. También así, con un giro agnóstico-ascético de la propia sensibilidad ante los problemas concretos de la época y de la propia exigencia crítica, Quevedo, de repente, vuelve a transformar su avanzado conocimiento en una negación radical de cualquier sentido inmanente del mundo, advirtiéndole al hombre de la trascendencia y dejándole descubrir su verdadera identidad justo en el momento de la destrucción física.

Argumentos conservadores que se dan sin atender a la realización de las propias posibilidades y que, en la búsqueda identitaria, se imponen a sí mismos la impotencia y la falta de identidad —en todo esto no sólo vemos el significado de la última escena de *La Hora de todos*, sino también una característica central de la obra de Quevedo por excelencia. Expone la situación de la sociedad española, la cual se aferra, no obstante, a sus obsoletas estructuras, y en esto seguramente se basa la impresión de un "Quevedo vuelto contra sí mismo"[28], como lo formula Raimundo Lida, y como lo han constatado repetidas veces sus lectores, de un autor que se enreda a cada paso en contradicciones y que, en cierto modo, escribe y argumenta en su propia contra.

---

27 Dice aquí: "Así debes tener por cierto que la primera lección que lee la sabiduría al hombre es en el día de su muerte, y que cuando muere empieza a aprender, y que sólo entonces está el alma capaz de doctrina, pues se desnuda en el cuerpo de la rudeza y de las tinieblas y ignorancia deste mundo. Trabajosa cosa es la muerte, pero docta. ¿Quieres ver cuánta sabiduría se enseña en aquel postrer suspiro? Que él sólo desengaña al hombre de sí mismo, y él sólo confiesa claramente lo que es el hombre y lo que ha sido"; Pr. 1344 a. Cf. también Vilar Berrogain, *Literatura y economía*, ibídem, pp. 262 s.

28 Raimundo Lida, *Letras hispánicas. Estudios, Esquemas*. México-Buenos Aires 1958, p. 119.

3. Momentos de la praxis burguesa como indicios de la inmortalidad del alma; la aporía de la huida del mundo (acerca de
un pasaje de la *Providencia de Dios*)

> ... qui mentem respicimus non tantum in
> facultate propria, sed quatenus copulatur
> cum rebus...
>
> Francis Bacon[29]

En la obra de Quevedo se encuentran momentos, ocultos pero
descifrables, en los que se reconoce la praxis burguesa como garante
de identidad y que son totalmente contrarios a la polémica del "Sermón
estoico". El segundo gran texto donde encontramos también este
mismo reconocimiento por parte de Quevedo, y que queremos analizar
para concluir, se podrá interpretar incluso como un sorprendente contrapunto al "Sermón". Pero, naturalmente, este texto no significa tanto
una revocación de la polémica antiburguesa cuanto un indicio de los
problemas que esa posición conservadora deja abiertos.

Se trata de un pasaje perteneciente al tratado tardío sobre la *Providencia de Dios*, escrito en 1641, en la cárcel de San Marcos[30].

Con esto, entramos en un contexto argumentativo que ocupa
una posición relevante dentro de la obra de Quevedo y que queremos
caracterizar como un intento de fundamentar una identidad abstracta,
esto es, sin estar mediada por una praxis social concreta e históricamente determinada. Este intento cuenta, creemos, con dos puntos
de partida que, a primera vista, parecen muy diferentes: el estoico y
el cristiano. Para Quevedo ambos, vistos con más detenimiento, tienen la misma función, a saber, la de asegurarle al *yo* la posibilidad de
su estabilidad sin la constante mediación con el mundo y la legitimación de tal retirada.

a) La concepción de Quevedo sobre una identidad abstracta

Recordemos primero brevemente el enfoque filosófico, o teológico, de Quevedo; veremos que el pasaje que queremos tratar es

---

29   Francis Bacon, *Novum Organum* I, aforismo 130.
30   Véase Pr. 1541, anotación.

muy revelador no sólo respecto al "Sermón estoico" sino, en general, a su argumentación filosófico-teológica.

En la historia del neoestoicismo español de principios del XVII Quevedo tiene un papel decisivo[31]. En diferentes escritos intenta adoptar para sí la filosofía de Séneca y Epícteto especialmente y transmitirla: en la *Doctrina moral* (escrita posiblemente alrededor de 1612 e impresa en 1630), en el extenso tratado *La cuna y la sepultura* (1634), que contiene la *Doctrina*, y en el escrito titulado *Nombre, origen, intento, recomendación y descendencia de la dotrina estoica* (1635); aparte de esto, en los *Sueños* también se encuentra el ideario estoico, y un texto como el "Sermón estoico" ya indica en su propio título en qué tradición le gustaría ver su crítica de la relación humana con el mundo.

La stoá es una filosofía cuyo principal objeto es el *yo* y su identidad[32]. Pero el auto-cercioramiento y la libertad que esta filosofía le promete al *yo* se paga, curiosamente, con su limitación: a la cuestión de cómo el *yo* puede tener un sentimiento de continuidad, de subjetividad y de integración en lo general a pesar de su impotencia real, le darán respuesta estoicos como Séneca y Epícteto, los cuales intentan concebir una identidad en la que la continuidad y subjetividad se concederían precisamente en un acto de auto-limitación y en la renuncia a enfrentarse al mundo, y en la que la participación en lo general se garantizaría mediante la confianza en la Providencia que, en última instancia, es la que aporta sentido. Quevedo adopta la esperanza de tal identidad abstracta, esto es, sin relación con la praxis social, propagando el ideal del sabio estoico, que declara ajeno a él todo lo que no sea alma[33] y que encontraría su serenidad retirándose de toda conexión con el mundo ("el sabio será invencible si no lucha ni pelea"; Pr. 1091 a)[34]. El carácter abstracto del modelo de identidad

---

31 Además del trabajo de Arnold Rothe, *Quevedo und Seneca*, ibídem, véase también Karl Alfred Blüher, *Seneca in Spanien*, ibídem, pp. 326-370; Henry Ettinghausen, *Francisco de Quevedo and the neostoic movement*. Oxford 1972.

32 David de Levita, *Der Begriff der Identität*, ibídem, p. 26.

33 Cf. Rothe, ibídem, pp. 87 ss.

34 De Levita advierte de que el principio vital de la stoá se puede interpretar como un mecanismo psicológico de defensa: el *yo* se retira de las circunstancias en las

estoico se tendría que precisar aún mediante una descripción comparativa desde un punto de vista histórico, a lo que aquí tan sólo podemos aludir. Si nos preguntáramos por la particularidad histórica de los distintos modelos de identidad, el hecho de recurrir a la stoá en el siglo XVII habría que interpretarlo como la anticipación a la subjetividad. El interés que tienen en ese momento los textos estoicos para sus receptores es la prioridad que se le concede a la cuestión de un estilo de vida individual frente a la de la imagen objetiva del mundo, es decir, ofrecen la posibilidad de constituir sentido en el actuar del individuo cuando la propia vida ya no se puede entender como un todo lleno de sentido, sino que aparece como una ciega concatenación de vicisitudes a las que se somete el individuo. Ante el trasfondo histórico del feudalismo, cuyo modelo de identidad estaba determinado por los roles sociales y un sistema de sentido objetivamente dado, el neoestoicismo articula, con otras palabras, el interés por un modelo de identidad divergente, orientado al individuo, al que le atribuye en primer lugar la violencia de la definición de lo que quiere entender bajo realidad y sentido; un modelo que habría que considerar modelo de subjetividad, en la medida en la que erige al *yo* en instancia central de la realidad. Lo que reivindica Séneca, establecer una diferencia entre las cosas, por una parte, y las opiniones sobre las cosas, por otra, implica la posibilidad de enunciar la verdad de las cosas (por ejemplo, que los bienes materiales no representan ningún valor en sí), sin embargo, al autorizar al *yo* pensante a instituir valores en favor de la ataraxia (la pobreza no inquietará si se define como un valor), esa reivindicación encierra, de hecho, un principio que acepta lo objetivo sólo como algo instituido por él. El *yo* estoico, al limitar su actividad especialmente a redefinir el sufrimiento, queda marcado por un carácter reactivo; éste le pone un límite a su subjeti-

---

que no se puede afirmar y que siente como amenaza, y esa limitación la interpreta para sí mismo como su fuerza; ibídem, p. 46. Especialmente en los escritos ascéticos de Quevedo se puede tener la impresión de que lo que valora el autor en los estoicos es la posibilidad de racionalizar esa reacción psicológica: la posibilidad de negar la dependencia del *yo* de una realidad que se le escapa cada vez más tanto a la pequeña nobleza como a la sociedad feudal en general, y de declarar esa retirada como un triunfo. La interpretación que hace Ettinghausen del estoicismo de Quevedo apunta en una dirección semejante, ibídem, p. 136.

vidad –la espontaneidad, por ejemplo, no tiene cabida en ella– y es por lo que su identidad resulta abstracta. Pero una descripción histórica de modelos de identidad debería resaltar menos el hecho de que ese *yo* huye de su propia realidad contemporánea que el de que, en esa huida, ya sabe que es un *yo*.

Pero también con la misma decisión Quevedo se define católico ("clérigo" se llama a sí mismo en una ocasión, Pr. 455 b). En *La cuna y la sepultura* intenta desmontar las contradicciones que surgen entre la fe cristiana y el estoicismo. El estoico ve su *summum bonum* en un estilo de vida sabio, y el cristiano, únicamente en Dios; el uno pretende desatarse de cualquier afecto, mientras que para el otro los afectos (la compasión, el arrepentimiento) son también medios de salvación. Pero a nuestro autor le importa más lo que tienen en común que lo que los diferencia[35]. Si se observa su teología tal y como la desarrolla también en el mencionado tratado, se confirma lo que suponíamos: que tanto la argumentación estoica como la cristiana coinciden, en su opinión, en una misma función que hace que parezca posible la síntesis deseada. Esta teología, por cierto, se opone, de forma significativa, a la tridentina, es decir, a la doctrina "ortodoxa" del libre albedrío, una doctrina, por lo tanto, que continúa afirmando las obras terrenales como condición establecida por el propio hombre para la salvación de su alma —en contraposición a Lutero y Calvino, que rechazan la justificación por las obras. Quevedo, sin embargo, subraya la prioridad de la gracia divina apelando a san Agustín, con lo que argumenta casi de forma protestante[36]. En su visión de un dualismo extremadamente maniqueo del mundo y el más allá no deja posibilidad de llegar al Bien desde dentro del mundo; en lugar de eso, basa en un Dios, concebido rigurosamente trascendente, si no ya la subjetividad, sí la participación en lo general y universal. Esa diferencia frente a la teología del libre albedrío dominante en España, por lo general, acerca la argumentación teológica de Quevedo

---

35   Esta intención la expone en el proemio del tratado; Pr. 1325 b ss.

36   Véanse los pasajes Pr. 1353, 1357, 1359 y, también, 1224 a; su opinión pesimista del libre albedrío en cuanto instrumento de salvación frente a la gracia divina la expresa Quevedo de esta manera: "Del libre albedrío de un hombre parece que el mismo Dios no se puede fiar"; Pr. 1134 b.

a la de su estoicismo por insistir también en que una posible identidad no necesita mediación con el mundo. En el modelo estoico, aunque se sigue pensando aún en una determinación inmanente del hombre –por muy reducida que sea– en cuanto sujeto, lo decisivo es, no obstante, que en ambos modelos se emprende una retirada hacia instancias que prometen identidad como algo abstracto sólo fuera de la praxis social concreta.

b) Asunto y argumentación de la *Providencia de Dios*

El tratado sobre la providencia de Dios que queremos analizar aquí tiene una tarea claramente definida: la defensa de las verdades de la fe,

> ... que hay Dios, que su providencia gobierna el mundo, y que las almas son inmortales.

Pr. 1543 a

Si bien el escrito está marcado por un pretendido afán contrarreformista –léase la frase introductoria de la que proviene la anterior cita programática (ibídem)–, sin embargo, hacer apología de la existencia de Dios, de la eficacia de su providencia y de la inmortalidad del alma es sobre todo un problema metafísico general y no tanto una cuestión genuinamente cristiana (y menos aún católica). Si abordamos más de cerca la argumentación, parece que –de acuerdo con nuestra observación a propósito del estoicismo y del cristianismo de Quevedo– el empeño del autor es, principalmente, hacer posible que el *yo* se relacione con una instancia trascendente, pero también dirigente del mundo, y que se le conceda continuidad en la esperanza de superar sus límites físicos.

La tesis del tratado se presenta como una aglomeración de argumentos muchas veces realmente opuestos entre sí. Hagamos un breve resumen de ellos: 1) La armonía cósmica es una prueba contundente de la providencia de Dios ("coeli enarrant gloriam Dei", Salmo 19, 2; Pr. 1581 b), el orden vivo del universo y de la naturaleza tiene que ser considerado como testimonio de un plan terrenal supremo (Pr. 1543, 1584). 2) Todos los pueblos, desde tiempos inmemoriales, han tenido religiones y han creído en la inmortalidad; esta tradición es un argumento a favor de tal creencia (Pr. 1556 b). 3) El dominio de la razón humana sobre el mundo material atestigua la dignidad y la inmortalidad del alma (Pr. 1549 s.). 4) Un argumento más político que religioso o filosófico que Quevedo toma de Luciano afirma que incluso aunque fuera un error creer en la inmortalidad del alma, éste sería un feliz error, pues así se puede despreciar a la muerte y emprender actos heroicos, por lo que, en este sentido, es imprescindible (Pr. 1553). 5) La no existencia de una justicia equilibradora sería impensable ante un mundo humano al revés; luego, la eternidad es un postulado (Pr. 1559 a). 6) La duda sobre la providencia de Dios que provoca el reparto injusto de bienes terrenales es refutable, pues como no son bienes verdaderos su reparto carece de importancia (Pr. 1591), además, dentro de un orden marcado por la caridad cristiana, sí se podría hacer un reparto totalmente justo (!) (Pr. 1594 s.). 7) La prosperidad de las órdenes religiosas, especialmente la de la Compañía de Jesús, es un signo de intervención de la sabiduría divina en la historia (Pr. 1601 s.). 8) El deseo y el pensamiento humanos no conocen límites, y como en la naturaleza no puede haber ninguna contradicción, se necesita una eternidad que corresponda a tal falta de límites (Pr. 1559 a). 9) En definitiva, las cuestiones de fe no se pueden comprobar con argumentos, pero el Día del juicio final revelará la verdad en la que se cree (Pr. 1557 a, 1600 s.).

c) El texto

No pretendemos ocuparnos aquí con más detenimiento de todo este conjunto de argumentos tan dispares[37], sino extraer únicamente

---

37 El argumento de la armonía cósmica (1), por ejemplo, contradice claramente el escepticismo de la posibilidad de poder demostrar la divinidad en el mundo (9). Estas contradicciones que se dan en las declaraciones teológicas de Quevedo han llevado a pensar que su fe proviene no tanto de un convencimiento cuanto de un empeño voluntarioso: Emilia Navarro de Kelley, *La poesía metafísica de Quevedo*. Madrid 1973, p. 57; o que Quevedo quisiera decretarla a toda costa y, mejor aún, sin tener que argumentar: Constantino Láscaris Comneno, *La mostración de Dios en el pensamiento de Quevedo*. En: *Crisis*, Madrid-Murcia, II, 1955, p.431.

el que contradice más abiertamente la intención general del tratado
de fundamentar una identidad desprendida de la praxis social, en
concreto, el argumento de que el dominio humano sobre la naturaleza
sería la "prueba" de la sustancia eterna del alma (3).

Para presentarle al lector la "dignidad de su alma" (Pr. 1548 a)
que debería ser entendida, por lo tanto, como un argumento a favor
de la inmortalidad de ésta, el autor lo confronta con un panorama
lleno de logros humanos con los que se consigue dominar la naturaleza. Esos logros se le atribuyen al alma y a sus capacidades espirituales –aquí no se diferencia claramente entre alma, espíritu y entendimiento– en contraposición al cuerpo, que es fútil e incluso
repugnante (Pr. 1548 b) y que hasta que no entra en él el alma no
consigue su nobleza (Pr. 1548 s.). Y es gracias a esa alma por lo que
el hombre deviene amo del mundo:

> Oyele, y verás que su discurso, a pesar de la altura y profundidad,
> ha escudriñado los claustros del cielo, y acechado los más callados
> pasos de sus luces y la recatada inclinación de sus aspectos, y de-
> senvuelto no sólo los senos de la tierra, sino sus entrañas, hallando
> aquellos metales y piedras a quien por veneno precioso, para es-
> conderle, echó la naturaleza los montes. El juntó con un leño las
> infinitamente distantes orillas, a que fué divorcio con rabiosos gol-
> fos el Oceano, abrazo líquido de la tierra. Burló las amenazas de
> las borrascas; y sirvióse de las iras del viento, deteniéndole en las
> velas, para caminar tanto como le estorba su paso. Halló en la
> piedra imán los amores con el norte; y en los éxtasis de la aguja di-
> vidió las guías de camino tan borrado de noticias y señales. Si
> vuelan las aves en los campos vacíos del aire y en las vecindades
> del cóncavo de la tierra, encuentran con el señorío del hombre.
> Deslizándose los peces por los sinuosos volúmenes del mar, no
> pueden huir el vasallaje del entendimiento humano. Las fieras ho-
> rribles … no sólo reconocen el dominio de la razón del hombre,
> sino que le sirven esclavas. La majestad de los elementos no ha po-
> dido exentarse de su imperio. Al entendimiento humano sirve la
> tierra, o ya pechera, tributándole el fruto de tan innumerables la-
> bores, o ya sosteniendo el peso de tantas ciudades, para cuya fábrica
> ve navegar sus cerros en pedazos, y en cuyo ornamento ve en esta-
> tuas mentir vidas sus mármoles. Las aguas, en su obediencia, atien-
> den a la tarea de oficios mecánicos, o moliendo las semillas, o se-
> rrando árboles, o llevando maderadas a cuestas, aprendiendo a

servir por su albedrío en los ríos las crecientes, en el mar, las borrascas. El mandó trabajar al aire en las bombas; y le enseñó a que en su fuga, por evitar el vacuo, sacase tras sí las aguas volando sin sentir su peso. El le aprisionó en los fuelles, para multiplicar el fuego y animar en incendio una chispa; le recogió en las velas, para que cuanto más le detuviesen, llevase más velozmente sus bajeles; y halló que en el estorbo de su jornada consistía la expedición de la suya. Al fuego, que no se deja tratar, que como monarca de todos tiene su trono confín con las estrellas, le halló escondido en las entrañas del pedernal, hizo que concibiese dél llamas la yesca, con que contradice las tinieblas de la noche y suple las ausencias del sol. Disimuló en menudo polvo sus impaciencias, y aprisionó su ímpetu en los cañones de metal, que con truenos y relámpagos imitan los enojos de las nubes. Con él burló las defensas de las armas y de las murallas, hizo que por la puntería diesen más muertes los ojos que las manos, y pasó la gloria del valiente al certero. Y a tan severo y despiadado elemento hizo juglar y ocasión de risa en las fiestas, atándole en un papel.

Pr. 1549 s.

Evidentemente, en este pasaje nos encontramos con el contrapunto a la parte del "Sermón estoico" ya tratada. El proceso histórico evocado es el mismo aquí que allí; pero ahora se valorará de una forma totalmente contraria. El argumento mismo, esto es, que el dominio del hombre sobre la materia es indicio de su inmortalidad, (argumento que, como veremos, proviene de la filosofía renacentista) sorprende menos que el hecho de que Quevedo lo retome y lo utilice, en cierto modo contra sí mismo, en un contexto significativo.

Pero vayamos por partes. En principio, volvemos a topar con la mayoría de los motivos que fueron objeto de polémica en el "Sermón". Aparece la navegación que, gracias a una pequeña construcción de madera ("leño"; cf. "Sermón estoico", poesía núm. 145, 72), une las costas más alejadas y supera, así, los peligros del océano (cf. "Sermón", 73, 91 ss.). Se sirve de los movimientos del viento que recoge en las velas y, de este modo, obstaculizándolo contribuye a su propio avance (cf. "Sermón", 72). El uso de la aguja magnética como brújula cuyo "amor" al norte ha descubierto el navegante, le ayuda a encontrar el camino aún totalmente desconocido; en este pasaje incluso se manifiesta un paralelismo lingüístico en los dos textos que llama la atención (las frases del "Sermón" dicen: "adiestrando el error de su camino/ en las señas que hace enamorada/ la piedra imán al Norte"; 74-76). El mundo animal testimonia también el dominio del hombre: ni las aves y los peces más inalcanzables como tampoco los animales terrestres más salvajes se le escapan, y éstos reconocen su supremacía (cf. *S. e.* 21-25). También el hombre explota las minas: penetra en el interior de la tierra y se topa con piedras y metales que la tierra, en realidad, hubiera querido mantener escondidos en las montañas como si fuera "veneno precioso" (cf. "Sermón", 105 ss.). Aunque Quevedo se sirve aquí del giro de una paradoja peligrosa con la que suele definir el oro y la plata de forma alarmante[38], sin embargo, ahora, en ese contexto del dominio del hombre sobre la naturaleza, valora positivamente la explotación de dichos metales. Finalmente, aparece también la astronomía, la que explora los secretos del cielo a pesar de sus dimensiones, formando parte así de las maravillas de la capacidad del entendimiento (cf. "Sermón", 105-107). Si bien Quevedo no menciona el telescopio, inventado al mismo tiempo por Galileo, Kepler y varios holandeses en el siglo XVII –lo hará en otro interesante pasaje[39]– la ciencia astronómica, que en esa época llegó incluso a cambiar la imagen del mundo, queda, no obstante, legitimada.

---

38 "Peligro precioso" se le llama al oro en la poesía núm. 136, 44.

39 Que conocía no sólo el telescopio sino también el descubrimiento de las manchas solares que hizo Galilei en 1611 lo atestigua la escena en la que discuten indios chilenos con conquistadores holandeses (Pr. 291 ss.) sobre los acontecimientos ocurridos en el año 1623 (cf. nota VI, 64). Los holandeses disponen de un "cubo óptico, que llaman anteojo de larga vista" (Pr. 292 b) con lo que se acercan todo lo que está lejos, pero los chilenos lo rechazan por considerarlo un "instrumento revoltoso" (293 a), pues es un "instrumento que halla mancha en el sol" (293 a), por lo que al cielo, necesariamente, no le hará ninguna gracia.
Además de reflejar los resultados de la astronomía contemporánea, este fragmento es muy revelador y típico de Quevedo, pues muestra su tensión entre la curiosidad y el bloqueo de todo lo nuevo: el telescopio es "espía de vidrio, soplón del firmamento" (293 b), muestra, por lo tanto, cómo los holandeses exponen cosas que existen realmente y que hasta entonces eran desconocidas, pero al mismo tiempo surgen escrúpulos por el orden establecido y la duda de si es necesario tener que conocer todas esas novedades.

Pero, además, en este pasaje el panorama de la apropiación del mundo por parte del hombre va más allá de los aspectos tratados en el "Sermón". Para entonar lo más perfectamente posible el himno a la *dignitas hominis* basada en los logros reales del sujeto, Quevedo ordena la segunda parte a partir de los cuatro elementos, la tierra, el agua, el aire y el fuego, o según el polifacético dominio del hombre sobre esos cuatro elementos. La tierra le paga al campesino con sus frutos como "tributo" por sus trabajos y lleva no sólo el peso de todas las ciudades sino que también le proporciona a los arquitectos su material de construcción, y el escultor le da, como mármol, apariencia de vida. En relación con el agua, Quevedo menciona explícitamente los "oficios mecánicos", es decir, la producción manual y la técnica que la acompaña en cuanto ámbito en el que se desarrolla la grandeza del ingenio humano. El agua, por consiguiente, se utiliza como fuerza motriz para los molinos y aserraderos, y además soluciona el problema de los transportes, como es el caso, según el ejemplo citado, de las balsas de madera. De forma semejante, también del aire se sacará utilidad mediante la técnica; trabaja en bombas para hacer circular el agua, y en fuelles para aumentar el fuego, y de nuevo se hace referencia a la utilidad del viento para la navegación. Es interesante ver cómo se esfuerza Quevedo aquí para describir la función de esas técnicas; más tarde volveremos a ello.

Finalmente, el fuego, para parafrasear el texto, es el elemento más difícil de dominar y, por su poderío se le designa incluso "monarca" de todos los elementos, cuyo trono está en las alturas, junto a las estrellas; pero también a este inmenso elemento lo vence el hombre que, al encontrarlo en el pedernal y hacerlo encender en la yesca, puede independizarse del ciclo de la noche y el día. Imaginándose a los hombres infringiendo sus límites naturales por apoderarse del fuego, de un elemento celestial, en realidad, inalcanzable, el autor juega con el mito de Prometeo sin mencionarlo explícitamente; como veremos más adelante, ese trato que hace del mito no carece de interés. Al dominio sobre el fuego va unida la invención de la pólvora, la cual permite un tipo de guerra que supera a las armas tradicionales y convierte en condición para ganar fama ya no la valentía sino la puntería. E incluso para animación de fiestas puede servir este elemento, por lo general temible, comprimido en pólvora y atado en un papel, en fuegos artificiales[40].

Quevedo expone todos estos logros humanos con la intención de convencer a su lector de la inmortalidad del alma. ¿Puede ser mortal acaso, se pregunta al final del citado pasaje, esa misma que le da forma, sentido y vida a la materia caótica y muerta?

> Pues dime: alma que habilitó a tanta grandeza materiales tan disformes, confeccionados con ingredientes de muerte, ¿cómo puede ser de su condición y naturaleza mortal? ¿Quién dirá que el muerto y el que da vida son de un linaje?
>
> Pr. 1550 a

Para él no hay ninguna duda de que el entendimiento humano, "siendo el valentón del mundo..., y a quien sólo debes la victoria universal de todo" (Pr. 1550 b), es la prueba de la inmortalidad del alma.

d) Un argumento del Renacimiento (Marsilio Ficino)

En este pasaje Quevedo recoge una argumentación central de la filosofía renacentista. En las primeras páginas de la *Providencia de Dios* nombra una serie de autores que habían escrito sobre el problema de la inmortalidad del alma (Pr. 1544). Entre ellos se encuentra también el humanista italiano Marsilio Ficino (1433-1499), "doctísimo filósofo y médico" (Pr. 1544 a), y autor de una obra titulada *Theologia platonica. De immortalitate videlicet animorum ac aeterna felicitate libri XVII* (1483)[41]. Es de suponer que, en ese fragmento, Quevedo se refiere a Ficino y a la obra mencionada[42].

---

40 Para la historia de los fuegos artificiales en esa época, véase Eberhard Fähler, *Feuerwerke des Barock. Studien zum öffentlichen Fest und seiner literarischen Deutung im 16. bis 18. Jahrhundert*. Stuttgart 1974 (= Göttinger philosophische Dissertation).

41 Paul Oskar Kristeller, *Die Philosophie des Marsilio Ficino*. Frankfurt/M. 1972.

42 Junto a Ficino menciona además (también en Pr. 1544) a Aonius Palearius (= Antonio della Paglia), que escribió un poema titulado *De animarum immortalitate* (Lyon 1536), al cardenal Tomás de Vio Cayetano con una prédica del año

En el tercer capítulo del libro XIII de la *Theologia*, Ficino aduce como una de las pruebas ("signa") de la inmortalidad del alma "artium et gubernationis industria"[43]. Entre ellas se encuentran la eficiencia humana en las diferentes artes y, en general, en la capacidad de organizar la realidad y de comprobarse como sujeto. Ficino, a semejanza de Quevedo, también se esfuerza por ofrecer un espectro lo más amplio posible de actividades y logros. Comienza con las bellas artes y su puesta en práctica ejemplar, según él, en la Antigüedad, mencionando la pintura griega, las pirámides de Egipto y las construcciones de los griegos y los romanos. Después va pasando por todas las artes que producen artículos de uso como alimentos, ropa, muebles y herramientas o armas. Lo que se pretende con tal enumeración de cosas es ofrecer una idea de lo variopinto que resulta el trabajo con la naturaleza, lo cual constituye una diferencia entre los hombres y los animales, y les otorga a los primeros una posición especial:

> Tractat (sc. homo) inquam elementa, lapides, metalla, et plantas, et animalia, et in multas traducit formas atque figuras: quod nunquam bestiae faciunt. Terram calcat, salcat aquam, altissimis turribus conscendit in aerem, ut pennas Daedali vel Icari praetermittam. Accendit ignem et foco familiariter utitur et delectatur.
>   Quam mirabilis per omnem orbem terrae cultura? Quam stupenda aedificiorum structura et urbium? Irrigatio aquarum quam artificiosa? ... animalibus utitur omnibus: terrenis, aquatilibus, volatilibus.[44]

1503 sobre el mismo tema, y al jesuita Leonardus Lessius con su escrito *De providentia numinis et animi immortalitate libri duo adversus atheos et politicos* (Antwerpen 1613). No se encuentra ningún pasaje correspondiente al citado "himno" ni en Paleario ni en Lessio, del que Quevedo, sin embargo, sí toma otros argumentos. Al texto de Tomás de Vio no hemos tenido acceso, pero, de todas formas, este autor no parece ser aquí una posible fuente porque se le considera tomista y rival de Pico della Mirandola y Pomponazzi, es decir, no se le puede considerar realmente un representante del pensamiento renacentista; véase J. F. Groner o. P., *Kardinal Cajetan. Eine Gestalt aus der Reformationszeit*. Fribourg-Louvain 1951.

43   Marsilio Ficino, *Theologia platonica...*, Paris 1559, fol. 219 b ss.

44   Ibídem, fol. 220 b.

El ser humano, dice Ficino, es la única criatura que sabe trabajar con
los diferentes elementos y convertirlos en una gran variedad de formas
nuevas. De todo toma posesión: pisa la tierra ("terram calcat"), surca
el agua ("sulcat aquam"), la atraviesa navegando, y se eleva en el aire
con torres tan altas que se podría dejar de mencionar tranquilamente
a Dédalo e Ícaro, que pretendieron lo mismo con sus plumas ("ut ...
praetermittam"). Pero es sobre todo por su capacidad para encender
y utilizar el fuego que se le presenta como una criatura única entre
todas las demás. Con razón goza, dice, de ese elemento celeste, pues
él mismo es un ser celestial ("caeleste animal"). Ficino añade como
maravillas de la actividad humana la agricultura, la construcción de
casas y ciudades y los sistemas de regadío artificales instalados con
tanto arte. Finalmente, el hombre sabe sacar provecho de todo el
mundo animal, de las aves, los peces y los animales terrestres.

Ficino fundamenta el convencimiento de que el hombre se eleva,
mediante semejante "industria", por encima de su condición de criatura y que es partícipe de la eternidad, haciendo una comparación de
los logros humanos ni más ni menos que con la providencia divina.
Continúa diciendo:

> Universalis providentia, dei, qui est universalis causa, propria est.
> Homo igitur qui universaliter cunctis et viventibus et non viventi-
> bus providet: est quidam deus.[45]

Ficino llega a una conclusión por analogía. La providencia universal,
el plan divino y gobierno de las cosas es una función de Dios, el creador de todo lo que existe y acontece. Y también el hombre, en el
ámbito universal, es capaz de tal síntesis y estructuración de lo ani-
mado y lo inanimado —también el hombre, por lo tanto, es divino.
Sus logros como sujeto, tal y como se expresan en las diferentes
"artes humanae", Ficino los considera indicio de la semejanza con
Dios, lo que se podría considerar –habría que añadir– como sinónimo
de la inmortalidad.

Aparte de esta última apoteosis directa del hombre, en el caso de
Quevedo aparece el mismo argumento y también una disposición

---

45   Ibídem, fol. 220 b s.

similar. Al igual que Ficino, Quevedo muestra la supremacía humana sobre los cuatro elementos, la tierra, el agua, el aire y el fuego, y también, como hemos visto, advierte de que el fuego es algo celestial, con lo que su toma de posesión queda expuesta como un hecho especialmente heroico. En los afines esfuerzos por llegar a la perfección, Quevedo nombra también la navegación, la agricultura, el arte, la construcción de edificios y ciudades y el domininio sobre el mundo animal –un punto en el que coincide exactamente con Ficino– dividido en tres ámbitos, la tierra, el agua y el aire. Pero, sobre todo, lo que tiene Quevedo en común con Ficino es, por supuesto, el argumento mismo de que la amplitud del dominio sobre la naturaleza que tiene el hombre es el indicio de la inmortalidad del alma.

Pero ese argumento no se encuentra sólo en Ficino, más bien representa un patrimonio de la filosofía renacentista. En el famoso discurso de Pico della Mirandola (1463-1494) sobre la dignidad del hombre, éste, en cuanto criatura, no es ni mortal ni inmortal, pero puede ser "plastes et fictor" de sí mismo, es decir, puede optar por la inmortalidad trabajando en el desarrollo de su condición de sujeto[46]. Igual de explícito que aparece en el caso de Ficino, así también se observa en el humanista español Juan Luis Vives (1492-1540) la relación entre la prueba de la inmortalidad y una actividad humana basada tanto en los logros culturales humanístico-intelectuales como en el dominio técnico sobre la naturaleza. En su *Fabula de homine*[47], el hombre aparece como protagonista en el teatro del mundo, que elige su papel libremente y, en calidad de sujeto, destaca su relación con el mundo: él "inventa", por una parte, las ciudades y saca provecho de la naturaleza y, por otra, introduce el lenguaje y nombra las cosas, capacidades estas que impresionan tanto a los dioses atentos a ellas, que lo llegan a incluir en su círculo. El sentido de esta fábula lo confirma Vives en el capítulo 19 del segundo libro de su obra *De anima et vita*, titulado "De animae humanae immortalitate", donde menciona como argumento más fuerte para la inmortalidad del hom-

---

46 Cita tomada de August Buck, "Die Rangstellung des Menschen in der Renaissance: dignitas et miseria hominis". En: *Archiv für Kunstgeschichte*, 42, Köln-Graz 1960, p. 67.

47 *Ioannis Ludovici Vivis Opera*. Basel 1555, vol. I, pp. 269-272.

bre sus capacidades productivas y, en concreto, tanto su uso de la razón como de las habilidades manuales ("artes manum")[48].

Luego, lo que Quevedo desarrolla en ese pasaje de la *Providencia de Dios* es un argumento general y central del pensamiento renacentista, pero es posible que lo haya tomado de Ficino no sólo porque lo nombra en la introducción de su tratado, sino también porque, como acabamos de ver, los textos muestran ciertas coincidencias.

e) La "modernización" del argumento por parte de Quevedo

Pero, además, considerando la tradición de este argumento, no sólo se hacen evidentes tales correspondencias, sino también lo que es propio de Quevedo, por lo que se podría decir que concretiza la visión de la dominación sobre la naturaleza que tiene la filosofía renacentista y la actualiza.

Si bien Ficino menciona la navegación ("sulcat aquam"), con Quevedo, no obstante, gana una dimensión moderna, pues con ella se atraviesa el océano, el mar del mundo considerado como una frontera ("divorcio") y quedan unidas las "infinitamente distantes orillas". Esta expansión de la visión hacia las lejanas orillas, al igual que la referencia a la explotación de los metales preciosos ausente en Ficino, corresponde a una época en la que la experiencia del Nuevo Mundo y su oro ocupa un lugar primordial. El hecho de que se integren los logros concretos del ámbito de la tecnología en la imagen del hombre hacedor, como la brújula, los aserraderos, los molinos, las bombas, la artillería y los fuegos artificiales, remite, en definitiva, a una expansión general de las fuerzas productivas, las cuales apenas si se las podía imaginar en el siglo XV.

Hay tres puntos que permiten pormenorizar esa actualización del texto quevediano dentro del desarrollo histórico y, de este modo, también la distancia que lo separaba de Ficino y del pensamiento del siglo XV.

---

48 Vives apunta aquí: "Quis vero non annotat, quantum sit inter hominem et brutum intervalli? Ut inferiora alia praetermittam, homo toto artes manum exercet, tam varia profert, tot opera admiranda magno ingenio inventa et exculpta, vagatur mente per naturam universam, habet rationem et sermonem, in quis omnibus divinii ingenii vis quaedam atque imago elucet"; ibídem, vol. II, p. 544.

Primero. Lo que llama la atención en el texto de Quevedo es su interés por la función de los objetos que describe. La explicación exacta de la bomba testimonia el empeño por explicar las leyes físicas: el "vacuo" que se crea al sacar el aire es el que produce el movimiento del agua que fluye rápidamente[49]. De las velas hay dos descripciones, de lo mucho que hacen avanzar a las embarcaciones y de cómo obstaculizan al viento. El hecho de que estas funciones se "expliquen" la mayoría de las veces con metáforas y con una visión aún mitológica de la naturaleza, no significa que no se quiera dar una explicación a través de las propias relaciones causales. Es mitológica y metafórica la forma con la que se habla de la ira del viento que se aprovecha para navegar, del amor correspondido entre la aguja de la brújula y el norte, o de la impaciencia del fuego oculta en la pólvora o de su aprisionamiento en los cañones, que es lo que produce el efecto de la artillería. Precisamente, debido a esa tensión entre las descripciones metafóricas y las que están impregnadas por una curiosidad por los comportamientos exactos de la naturaleza, el interés de Quevedo parece estar menos cercano a Ficino que a su contemporáneo Francis Bacon (1561-1626), para quien la investigación de la naturaleza y su dominio tienen que ir estrechamente unidos[50].

Segundo. El interés por las funciones también explica por qué, en el caso de Quevedo, la naturaleza aparece de forma más desarrollada

---

49 Lynch señala la introducción de las técnicas hidráulicas en la industria metalúrgica vasca a principios del siglo XVI; ibídem, vol. I, p. 155.

50 Recordemos el programa de la sociedad utópica de la *Nova Atlantis* (1624) de Bacon, en el que esa unidad se formula de forma ejemplar. Dice: "El objeto de nuestra fundación es el conocimiento de las causas y secretas mociones de las cosas y la dilatación de los confines del imperio humano para la realización de todas las cosas posibles"; Francis Bacon, *Nueva Atlántida*. Traducción de E. G. Estébanez. Madrid 1988, p. 181.
En la España de la época apenas se conoce una posible recepción de Bacon. Tierno Galván supone que un autor "ilustrado" como Saavedra Fajardo (1584-1648) leyó a Bacon y Descartes y que se esforzó por no citar a tales "heterodoxos"; *Antología de escritores políticos del Siglo de Oro*. Textos recogidos por Pedro de Vega. Introducción de E(nrique) T(ierno) G(alván), Madrid 1966, p. 18.
El pasaje de Quevedo es la prueba de que también en España, por muy oculto que quedara, se reflexionaba sobre las posiciones problemáticas específicas de la modernidad, de las que la sociedad española pretendía aislarse.

en cuanto a su utilidad. En el caso de Ficino también se utilizan el
fuego para la cocina y el agua para la irrigación, pero en Quevedo esta
idea adquiere más contundencia, pues el dominio sobre la naturaleza
significa poner todas sus fuerzas al servicio de los intereses humanos.
Esto se evidencia especialmente con el elemento del aire. El hombre
de Ficino lo conquista construyendo torres altas que lo penetran; y
con esta demostración de poder se da por satisfecho. En el caso de
Quevedo, por el contrario, el hombre utiliza el aire en las bombas, los
fuelles y las velas; no se conforma simplemente, por lo tanto, con con-
quistarlo, sino que emplea su fuerza exclusivamente para alcanzar sus
objetivos ("mandó trabajar al aire"). Sin embargo, la idea de que dominar la naturaleza no es más que un acto de la autoafirmación de la
grandeza humana, acto en el que parecen no importar las circunstancias
reales de la vida como motivo principal, está muy presente aún en el
texto de Quevedo, y, al mismo tiempo, refleja precisamente una época
en la que la relación con la naturaleza comienza a estar muy determinada por el principio de la utilidad y la mediación universal.

Tercero. El momento histórico en el que escribe Quevedo se
puede localizar por la forma en la que presenta la invención del
fuego. Aunque éste aparece como una fuerza mítica, como monarca
de los elementos que tiene su trono en el cielo, el hombre se apodera
de él y, además, lo hará mediante un truco: descubre que ya no necesita el lejano cielo, pues lo puede extraer del pedernal y pasarle la
chispa a la yesca. Con las llamas que obtiene se puede independizar
del favor del sol, con lo que se deshace el hechizo del cielo.

Esta interpretación del apoderamiento de las fuerzas míticas mediante la astucia del *homo faber* marca también una distancia con el
mundo de las ideas del Renacimiento. La impresión de esa diferencia
se corrobora si se analiza con atención el desarrollo de la interpretación de la figura de Prometeo, es decir, de esa figura mitológica que
va a buscar al cielo el fuego para los hombres y acaba siendo castigado
por Zeus. En el transcurso de la Edad Media al Renacimiento, su interpretación sufrirá cambios considerables, como lo han constatado
Raymond Trousson y August Buck[51]. En el Medievo, Prometeo "no

---

51 Raymond Trousson, *Le Thème de Prométhée dans la Littérature Européenne*.
    1.2. Genève 1964, pp. 86-96.

era más que el símbolo pagano del Dios creador cristiano"[52]. La transición al Renacimiento la inaugura Giovanni Boccaccio (*De genealogia deorum gentilium*, 1350-1360) al duplicar la figura mitológica: para él el Dios cristiano es el primer Prometeo, el que crea todas las cosas; y el segundo Prometeo sería el hombre, el cual repite el acto de la creación y se crea a sí mismo al darse la ciencia y las buenas costumbres, en virtud de lo cual deja el estado natural y entra en la cultura[53]. Por lo tanto, esa interpretación de acto prometeico será decisivo para la concepción del Renacimiento; el robo del fuego se interpreta como alegoría del acto del intelectual, el cual proporciona una civilización en el sentido humanista; Prometeo *est doctus homo* (Boccaccio)[54].

Si bien para Ficino uno de los logros subjetivos del hombre dignos de alabanza es el saber utilizar realmente la materia, el verdadero objeto del robo prometeico, no obstante, lo ve en un objeto espiritual, al que se dedica en otro pasaje[55]: el de la razón (*ignemque coelestem in rationem adeptus*) que, a su vez, es instrumento de la contemplación de la luz divina (*lumen supernum*), por el que el filósofo prometeico, una vez que está en posesión de ese fuego, no puede dejar de investigar –aquí vuelve a emerger el momento trágico del mito– hasta estar colmado de él. También Pomponazzi (1462-1524) interpreta a Prometeo como el intelectual consumido por la investigación y la especulación: *Prometheus vere est philosophus qui, dum vult scire Dei arcana, perpetuis curis et cogitationibus roditur*[56].

Francis Bacon, como señala Trousson[57], lleva a cabo un giro decisivo en esa imagen humanística de Prometeo (*De sapientia veterum*, 1610). Ese cambio consiste en la consecuente desmitificación de la

52   A. Buck, "Die Rangstellung...", ibídem, p. 65.

53   Ibídem.

54   R. Trousson, ibídem, p. 89, nota 13.

55   En las "Quaestiones quinque de mente", véase *Marsilii Ficini Epistolarum liber II*. En: *Opera*. Paris 1641, vol. I, p. 662. Una traducción comentada del texto en inglés, véase en: Ernst Cassirer, Paul Oskar Kristeller, John Herman Randall Jr., *The Renaissance Philosophy of Man*. Chicago 1948, pp. 183-212.

56   Cita tomada de Raymond Trousson, ibídem, p. 104.

57   Ibídem, pp. 110-116.

figura. Según Bacon, Prometeo no hace más que descubrir el proceso técnico de encender el fuego. Si la leyenda cuenta que éste roba el fuego del carro del Sol y lo lleva a la tierra en un troncho seco llameante, lo que está utilizando al fin y al cabo, dice Bacon, es una imagen, por decirlo con más precisión, para el descubrimiento técnico, esto es, producir chispas mediante el frotamiento constante de una férula[58]. De modo que a Prometeo ya no se le considera un intelectual humanista sino el prototipo del *homo faber* que ha realizado una invención práctica, productiva y de provecho, con lo que, en este sentido, es un bienhechor de la humanidad[59].

En la frase de Quevedo a propósito del dominio sobre el fuego no se menciona a Prometeo. No obstante, contiene una posición ante un entendimiento mitológico del fuego que, como en la leyenda, se considera como fuerza celestial realmente inaccesible y cuyo apoderamiento se lleva a cabo mediante un gesto prometeico que rechaza ("contradice") la integración del hombre en las limitaciones naturales. Lo decisivo, entonces, para el momento histórico es que la emancipación del hombre de las enmarcaciones míticas – emancipación resultante del apoderamiento del fuego celestial– no es el acto, por ejemplo, del pensador humanista sino, naturalmente, como el del *homo faber* que satisface sus necesidades (el no tener que depender de los ciclos de la luz solar) gracias al aprovechamiento de la materia. Si bien es cierto que Quevedo no llega a realizar consecuentemente la desmitificación y resulta contradictorio –el carácter celestial del fuego aparece todavía como real y no se desvela como mera metáfora– su interpretación realista del apode-

---

58   Francis Bacon, *De sapientia veterum*. London 1634⁴, p. 147 s. Trousson cita el correspondiente pasaje de la traducción francesa, ibídem, p. 112, nota 95.

59   Apunta Trousson: "Le feu devient pour Bacon l'élément indispensable à toute civilisation technique et scientifique; il ne le conçoit pas comme le symbole de la Vérité suprême ou comme le principe de la sagesse et de l'intelligence humaine, mais bel et bien comme l'élément matériel, propre à l'usage 'industriel'. Aussi son explication du vol est-elle d'une parfait matérialisme: Prométhée n'a fait que découvrir les moyens de produire le feu, et l'homme possesseur de la flamme intéresse davantage le philosophe en tant qu'homo faber que comme homo sapiens"; ibídem, p. 112.

ramiento del fuego por parte del hombre industrioso ya no remite al humanismo, sino a una época en la que el trabajo productivo con la naturaleza ha pasado al primer plano[60].

Para resumir: Quevedo, al mencionar la expansión geográfica del mundo y la explotación de los metales preciosos, al concretar los logros técnicos interesándose por su función, al exponer el dominio humano sobre la naturaleza como una relación determinada por el principio de la utilidad y, finalmente, al interpretar de forma realista y desde el punto de vista artesanal la apoderación del fuego celestial, lo que hace es documentar el proceso histórico del desarrollo de la fuerzas de producción que comienza con el descubrimiento de América y que será decisivo para la modernidad. Así pues, a pesar de todas las contradicciones, Quevedo acerca el argumento que toma de Ficino al avanzado estado contemporáneo de la praxis y el pensamiento.

f) El contrapunto al "Sermón estoico"

Ahora podemos abordar más de cerca los curiosos paralelismos que se dan entre este texto y el "Sermón estoico". Ambos reflejan –incluso a veces con coincidencias lingüísticas– un proceso contemporáneo del apoderamiento del mundo dentro del cual el hombre transgrede el orden dado y se comporta como sujeto. Así pues, el "Sermón" parece presentar esa praxis más claramente como burguesa en la medida que habla expresamente del comercio y resalta el dinero como instrumento central de ese apoderamiento del mundo. Por el

---

60 La interpretación de Prometeo como técnico se remonta ya, por cierto, a Plinio, en cuya galería de inventores se le atribuye al titán griego el invento de haber cogido el fuego de la yesca (pero el inventor del pedernal debió ser, según él, Pirodes); C. Plinii *Secundi Naturalis historiae libri XXXVII*, lat.-alem., ed. por R. König, Libro VII, Darmstadt 1975, p. 140.
Pero la interpretación del mito en los siglos XVI y XVII hay que considerarla en relación con la que se hizo del mismo en el Renacimiento. Juan Pérez de Moya, en la *Philosophia secreta* (Zaragoza 1585), aunque menciona la explicación técnica de Plinio, sin embargo interpreta a Prometeo como filósofo especulador, en un sentido totalmente humanista; *Philosophia secreta*. Nueva edición Madrid 1928, ibídem, vol. II, p. 191. En *La estatua de Prometeo* de Calderón (1669, posiblemente), vuelve a predominar la interpretación humanista-intelectual; véase Trousson, ibídem, p. 167-178.

contrario, en el pasaje de la *Providencia de Dios* a lo que se le da importancia en primer lugar es al hombre por excelencia, al milagro de su entendimiento, pero en él también se evoca, y esto es en definitiva lo destacable, la praxis de ese hombre como praxis burguesa y no feudal. Por supuesto, el dominio sobre el mundo animal, por ejemplo, no es algo específicamente burgués —pero sí lo es la dimensión que cobra el dominio sobre la naturaleza, el gran esfuerzo por desarrollarlo en los oficios mecánicos, es decir, en el ámbito de la técnica y la producción tan poco apreciado por la sociedad feudal, en el que se penetra la naturaleza en una dimensión históricamente nueva y ésta queda sometida al principio del aprovechamiento. También la parquedad con la que Quevedo se ocupa del dinero en la *Providencia* –sólo habla de la explotación de los metales preciosos– no nos parece tan relevante como el contexto en el que se hace esa parca mención; la apropiación del oro del Nuevo Mundo que lleva a la separación entre la praxis feudal y la burguesa –o, mejor, que la impulsa– y que Quevedo, debido a esas consecuencias históricas, anatematiza en toda su obra, aquí se integra en el panorama de los logros del hombre como sujeto, los cuales atestiguan la inmortalidad del alma. Apenas si se puede imaginar una mayor justificación de esa condición previa de la desarrollada economía monetaria y de la temprana sociedad burguesa.

Mientras que en el "Sermón" se presenta a la praxis burguesa como la destructora de un orden dado que se considera lleno de sentido, aquí se le da (a dicha praxis o, mejor, a los momentos que la señalan) una interpretación totalmente opuesta. Lo que ahí se considera "apetito" reprobable y vicio de "gula", profanación de la razón y sacrilegio contra la madre naturaleza, aquí es la prueba del "señorío del hombre" y "vasallaje del entendimiento humano", es decir, la culminación de la superioridad humana. El transgresor apoderamiento del mundo, los logros del hombre como sujeto que Quevedo difama ahí, aquí los celebra como expresión de la dignidad del espíritu humano y como garantía de su participación en la eternidad. Con otras palabras: mientras que en el "Sermón" la praxis burguesa destruye el único orden en el que debería estar garantizada la identidad, en el pasaje del *homo faber* prometeico aparece precisamente como la praxis en la que el hombre encuentra su identidad de la forma más convincente.

Hay que señalar que esa diferencia se manifiesta también en la elección e interpretación de las diferentes figuras mitológicas a las que se alude. En el "Sermón", Quevedo recuerda a Ícaro, cuyo intento de superar los límites impuestos por la naturaleza fracasa, y este fracaso lo expone como la necesaria consecuencia por semejante empresa. En la *Providencia*, el autor alude a Prometeo, que consigue llevar a cabo la temeraria ruptura con el orden. Y, ahora, el éxito de esa ruptura se valora positivamente: mediante el acto prometeico –liberado además de cualquier amenaza de castigo mítica– queda constatado el hombre y, en definitiva, su propia dignidad.

g) Documento de una aporía

¿Cómo hay que interpretar, entonces, el hecho de que Quevedo haya escrito un texto de estas características? Otis H. Green parafrasea el pasaje y lo interpreta como testimonio de un optimismo antropológico por parte del autor, basado en la religión[61]. Sin embargo, es muy dudoso que este único texto tan aislado de la obra completa pueda considerarse como la prueba de un concepto estable del ser humano y del mundo. Al contrario, más bien indicaría precisamente la ambigua relación que tenía Quevedo con la realidad, la aporía en la que vemos un momento muy decisivo de su obra.

Esa tensión que nosotros percibimos se evidencia, primero, en vista del "Sermón" (o de los textos que hemos visto sobre el problema del dinero en general) y, segundo, en vista del contexto del pasaje correspondiente a la *Providencia de Dios*.

Primero. El hecho de que en el "Sermón" y en la *Providencia* haya dos interpretaciones contradictorias entre sí sobre la misma praxis social (Green no toma en cuenta que la praxis que se considera la prueba de la inmortalidad tenga unos rasgos específicos) se puede entender, en principio, dentro del marco de una antítesis típica de la *dignitas versus miseria hominis*[62]. Sin embargo, el diferente baremo

---

61 Otis H. Green, *Spain and the Western Tradition...*, ibídem, vol. II, pp. 134 s.

62 Un ejemplo de tal antítesis equilibrada por el contrapunto es la obra –terminada póstumamente por otro autor– de Fernán Pérez de Oliva, *Diálogo de la dignidad del hombre*. Terminado por Francisco de Cervantes Salazar. Alcalá 1546.

cuantitativo de los argumentos en la obra de Quevedo (donde el pasaje de la *Providencia* constituye uno de las pocas excepciones) apenas admite una interpretación en el sentido de semejante equilibrio. Es, sobre todo, al compararse el contexto y el objetivo de los dos textos cuando destaca lo aporético, que, en nuestra opinión, es a donde conduce la insospechada apoteosis del predominio humano sobre el mundo material en la obra quevediana. Sus diferentes funciones impiden la interpretación que la señalada contradicción expresaría una simple ambivalencia.

La crítica al apoderamiento burgués del mundo en el "Sermón" se correspondía, como ya vimos, con el interés político del autor, regido por un momento histórico determinado, de impedir ese proceso en beneficio de un orden dominante o bien ya pasado. El reconocimiento de ese apoderamiento del mundo que acaba con las fronteras se da, por el contrario, en el espacio aparentemente ahistórico de las cuestiones teológicas, en el que tendría que poner a disposición un argumento plástico para la inmortalidad del alma. Ahora bien, en esa constelación entre, por una parte, el inconciliable rechazo de la praxis burguesa con sus consecuencias políticas, sociales y, a menudo, capaces de transformar el mundo, y, por otra parte, la admiración que siente por dicha praxis, por considerarla garante de la útil identidad humana tan pronto como se le quite el espacio de las consecuencias históricas –el hombre puede romper con el orden establecido siempre y cuando toda la atención continúe puesta en una dignidad del alma que se revela abstracta– se manifiesta la contradicción que ya observamos en la posición frente a los problemas económicos, entre la difamación de la praxis burguesa y la admisión de su razón, y a nivel de la problemática identitaria como la ya señalada aporía: frente al interés conservador de condenar al burgués está el reconocimiento a su gran cantidad de logros como sujeto, en cuya universalidad real, la cual se pone de relieve de forma semejante a como lo hiciera Mercado, puede aparecer como figura ideal de un hombre en concordancia con su esencia. Contra la voluntad de Quevedo de querer fijar y amurallar la sociedad feudal choca el presentimiento de que, en el presente, sólo se podrá conseguir una identidad fuera de ese orden que él mismo defiende con tanto empeño. Y ese presentimiento sólo lo puede expresar, podríamos decir, donde lo nuevo no supone una amenaza: en el espacio atemporal en el que se comprueba la eternidad. Mientras que el miedo ante las transformaciones sociales impone —no sólo en el "Sermón"— una actitud defensiva, aquí se puede admirar lo que en la historia se teme; la agresión y el rechazo desaparecen siempre y cuando no se trate, al parecer, de la inmediata discusión sobre la sociedad; mientras no haya consecuencias, es posible adoptar el apoderamiento moderno del mundo que ya había anticipado con énfasis el pensamiento renacentista e, incluso, actualizarlo a las nuevas circunstancias.

Segundo. Del mismo modo que el resto de la obra de Quevedo es importante en cuanto contexto del argumento analizado, también ese argumento, por el contrario, aclara los esfuerzos realizados en la *Providencia de Dios*. Con lo cual, regresamos a nuestro punto de partida, es decir, a la argumentación del autor a propósito de una identidad abstracta.

El esfuerzo realizado en este tratado sirve precisamente para intentar hacer más plausible la existencia de unas instancias independientes de la praxis humana inmanente, instancias que tanto deben garantizar, por una parte, una estructura del mundo y de la historia sensata, aunque sea difícil percibirla de forma inmanente (la providencia), como, por otra, la continuidad del *yo* en este contexto estabilizado de forma trascendental (la inmortalidad del alma). Esa perspectiva alejada del mundo establece una relación entre el tratado citado y la parte ascética y estoico-cristiana del resto de la obra de Quevedo. Es decir, aquí ya no se trata de asegurar la identidad dentro del mundo mediante la defensa de la praxis feudal, sino más bien de que el *yo* se encuentre a sí mismo, prescindiendo de la mediación con el mundo; si esto sucede confiando en el Dios cristiano o con la ayuda de la apatía estoica no es, al fin y al cabo, lo decisivo.

El pasaje citado además de contradecir el pensamiento político del "Sermón estoico", según el cual la sociedad se podría aislar de forma sensata de la nueva subjetividad burguesa, muestra también lo quebradiza que es la esperanza de Quevedo de construir una identidad en la huida del mundo y de la historia, pues confiar en que el *yo* puede encontrar su base más allá de la historia y en instancias trascendentales es en sí aporético: paradójicamente el *yo* retirado del mundo debe fortalecerse contemplando una práctica donde se cumplen, en realidad, la subjetividad y la generalidad, lo que para él es tan sólo una esperanza[63]. Ni siquiera la defensa de una identidad reducida y abstracta puede prescindir de la referencia a la praxis social que representa el estado históricamente más desarrollado de la mediación con el mundo; incluso en el momento en el que Quevedo quiere captar, fuera de la relación real con el mundo, un concepto enfático de lo humano que se contraponga a la mortalidad de las criaturas y a la impotencia histórica, se nutre de las ideas del desarrollo más reciente del trabajo social concreto, trabajo que los arbitristas, al tratar la economía, insisten en reconocer y que él, como vimos, no está dispuesto a hacerlo. El hecho de que la identidad habría que buscarla objetivamente en contextos diferentes a los que él defiende, se revela también como contradicción en su argumentación metafísica.

Se podría objetar que, en la *Providencia de Dios*, no se trata de argumentos aislados sino de la intención, común a todos ellos, de comprobar la existencia divina o la inmortalidad ante la que las contradicciones de los argumentos carecerían tal vez de importancia. Pero si se observa este escrito teniendo en cuenta el trasfondo histórico en el que surge, caracterizado por la alternativa entre dos formas sociales de organización, tal y como lo documentan los testimonios de los arbitristas, y que, en la obra de Quevedo, se reflejan muchas veces de una forma sorprendente minuciosa, entonces esas contradicciones resultan precisamente muy elocuentes[64].

---

63   Este curioso comportamiento de la huida del mundo y la fijación precisamente en algo de lo que se debe huir es, al parecer, lo característico en general de la esperanza de Quevedo en el más allá. Pedro Laín Entralgo corrobora esta impresión cuando dice resumiendo: "Quevedo, en suma, entiende que no será completa la felicidad de la vida perdurable, objeto de su esperanza, si no posee en ella plenaria y eternamente todo cuanto su alma amó y anheló en el curso de su existencia terrenal. Aspira a poseer, y el poseer le concederá la fruición que espera. Por eso quiere que el mundo visible quede asumido en la vida perdurable *sub specie possessionis*"; *La espera y la esperanza: Historia y teoría del esperar humano*. Madrid 1962³, p. 149.

64   Nuestro intento de reconstruir una ruptura, en las declaraciones teológicas de Quevedo, entre el interés teológico-apologético y el saber –proveniente del Renacimiento– que la identidad humana está mediada por una praxis secular se apoya, además, en la tesis de Hans Blumenberg, según la cual el criterio más importante de la transición de la Edad Media a la Modernidad es la valorización

La obra de Quevedo documenta ese desgarramiento que autores como Cellorigo, Moncada y Pérez del Barrio lo consideraron un desfase que caracteriza a su sociedad en general: el abismo que hay entre sus posibilidades históricas objetivas y su realidad inmóvil. Tanto en su conservadurismo político como en su huida del mundo se revela el saber o, al menos, el presentimiento de que una identidad con sentido es posible si va unida a esa praxis social que, más allá de su propio orden, expresa y permite la subjetividad y lo universal de forma nueva y en una dimensión mayor. Quevedo, con las constantes dificultades que tiene para definirse a sí mismo, con la tensión entre la sensualidad y el ascetismo radical, entre la voluntad intransigente de ser sujeto y la obstinada necesidad de afirmar el viejo orden a costa del sujeto o, también, de paralizar posibles decisiones, no sólo expresa la inseguridad del señor feudal marginado, sino que lleva consigo de forma ejemplar, se podría decir, la crisis de la sociedad feudal española, la cual se aferra a unas estructuras y unos roles que objetivamente ya no pueden garantizar la existencia y la identidad[65].

---

del trabajo como algo constitutivo de una identidad que ya no resulta simplemente dada (de forma teológica por la semejanza con Dios, y socialmente por la procedencia) sino que tiene que realizarse. Dice sobre la teología de Giordano Bruno (1548-1600), que la sitúa ya al otro lado del umbral de la época: "Al imitarse ahora la eternidad de la omnipotencia como progreso diario mediante nuevas invenciones y por un esfuerzo que se tiene que calificar constantemente, la semejanza con Dios ya no es la signatura de la procedencia con la que se marca a cada individuo, sino la idealidad futura de la especie que está por realizarse." Y también: "La transgresión de la naturaleza como algo ya dado se convierte en el sentido de la existencia que la naturaleza ha previsto para el hombre". Hans Blumenberg, *Aspekte der Epochenschwelle: Cusaner und Nolaner*. Edición ampliada y revisada de *Die Legitimität der Neuzeit*, parte IV. Frankfurt/M. 1976, p. 158 y 157.
Según Erik H. Erikson, "donde la identidad está más asegurada es sobre la base de la actividad" (Erikson, *Dimensionen einer neuen Identität*, ibídem, p. 119), con lo cual estaría describiendo un nexo ontogenético e independiente de las épocas que, no obstante, dentro de la sociedad burguesa moderna, se constituye en una dimensión históricamente nueva y tan sólo entonces se toma conciencia de él.

65 Esto, por supuesto, no significa que la figura de Quevedo y su obra se "reduzcan" a la expresión de su situación social. Se trata, no obstante, de la limitación que le impone al autor el especial momento histórico y que él mismo agudiza.

h) Dinero y huida del mundo

En la *Providencia de Dios*, por cierto, vuelve a aparecer brevemente esa realidad de la que, en definitiva, se huye en el tratado. El motivo es el argumento según el cual la existencia de las órdenes religiosas deberían ser consideradas como un indicio del reino de la providencia divina. Quevedo alude a los eremitas del desierto diciendo:

> ... enseñan que se puede vivir en el mundo sin él, y que Dios hace gasto a los suyos sin el medio del dinero y tráfago y comercio humano...
>
> Pr. 1601 b

La realidad se presenta como un mercado total, como un empeño constante por parte de los humanos para conseguir la mediación, la comunicación que se logra por medio del dinero[66] —pero los eremitas enseñan que también puede haber vida sin esas mediaciones (Dios cuida de los suyos también en el desierto) y que, precisamente, una forma de vida tan reducida garantiza la cercanía de Dios.

La negación de la economía monetaria y sus exigencias, que, como se ha mostrado, consisten en ese momento precisamente en la expansión de los logros reales de mediación y en la productividad material, lleva, por ende, a la total negación de la sociedad y del mundo. Vivir en el mundo sin él —esta fórmula describe no sólo la existencia de los eremitas, también es la suma de las ideas ascéticas del propio Quevedo[67]. Lo que Cellorigo diagnosticó en los contemporáneos poco preocupados por el problema de la praxis económica ("hombres encantados"), se convierte en esta fórmula en un programa explícito: una relación perturbada con la realidad. A la incapacidad

---

66   "Comercio" significa también comunicación en general; de forma semejante habría que entender "tráfago" ("comercio, trato, u negociación, comprando, y vendiendo géneros, y otras mercancías"; *Autoridades*): "TRAFAGAR. Vale también andar, o caminar por diversas tierras, tratando, y conversando en varias Provincias"; ídem.

67   De forma semejante, también la siguiente frase establece una estrecha relación entre el ascetismo y una riqueza específica de la que habría que abstenerse: "De nada hace Indias quien se contenta con nada"; Pr. 1438 b.

de mediar las aspiraciones vitales con una situación social en transformación se reacciona con la estilización de la propia negación del mundo.

No obstante, ese acto de la autolimitación no se da sin contradicción, tal y como ha quedado mostrado en el pasaje que hemos analizado, en el que el autor vuelve a observar las posibilidades históricas de su sociedad, mientras que él mismo abandona la historia y hace suya la pérdida de la identidad.

Bibliografía

1. Obras de Quevedo

Quevedo y Villegas, Francisco de, *Obras completas*. Estudio preliminar, edición y notas de Felicidad Buendía. Tomo I: *Obras en prosa*. Madrid 1974[6].

Quevedo, Francisco de, *Obras completas, I. Poesía original*. Edición, introducción y notas de José Manuel Blecua. Barcelona 1963.

Epistolario completo de D. Francisco de Quevedo-Villegas. Edición crítica de Luis Astrana Marín. Madrid 1946.

Quevedo, Francisco de, *La Hora de todos y la Fortuna con seso*. Edición, introducción y notas de Luisa López-Grigera. Madrid 1975 (= Clásicos Castalia, 67).

Quevedo, Francisco de, *Los Sueños*. Edición, introducción y notas de Julio Cejador y Frauca. Tomo I, Madrid 1967; Tomo II, Madrid 1966 (= Clásicos Castellanos, 31; 34).

Quevedo, Francisco de, *Lágrimas de Hieremías castellanas*. Edición, prólogo y notas de Edward M. Wilson y José Manuel Blecua. Madrid 1953 (= Revista de Filología Española. – Anejo LV).

2. Fuentes, autores contemporáneos, referencias

Alemán, Mateo, *Guzmán de Alfarache*. Edición, introducción y notas de Samuel Gili Gaya. 5 vols., Madrid 1968 ss. (= Clásicos Castellanos, 73; 83; 90; 93; 114).

Antología de escritores políticos del Siglo de Oro. Textos recogidos por Pedro de Vega. Introducción de E(nrique) T(ierno) G(alván). Madrid 1966.

ARCIPRESTE DE HITA (Juan RUIZ), *Libro de buen amor.* Edición, introducción y notas de Julio Cejador y Frauca. 2 vols., Madrid 1970 (= Clásicos Castellanos, 14; 17).

ARISTOTELES, *Die Politik.* Eine Neubearbeitung der Übersetzung Garves. Ed. Moritz Brasch. Leipzig 1893.

AZPILCUETA (NAVARRO), Martín de, *Comentario resolutorio de cambios.* Introducción y texto crítico por A. Ullastres, J. M. Pérez Prendes y L. Pereña. Madrid 1965 (= Corpus hispanorum de pace, IV).

BACON, Francis, *De sapientia veterum* (1610). London 1634⁴.

—— *Neues Organ der Wissenschaften* (1620). Traducción de A. T. Brück. Reimpresión de la edición Leipzig 1830. Darmstadt 1974.

—— *Neu-Atlantis* (1624). En: *Der utopische Staat.* Edición y traducción de Klaus J. Heinisch. Reinbek bei Hamburg 1975¹⁰, pp. 171-215.

COVARRUBIAS, Sebastián de: *Tesoro de la lengua castellana o española, según la impresión de 1611, con las adiciones de Benito Remigio Noydens publicadas en la de 1674.* Edición de Martín de Riquer. Barcelona 1943.

FERNÁNDEZ NAVARRETE, Pedro, *Conservación de Monarquías* (1619). In: Biblioteca de Autores Españoles. Vol. XXV, Madrid 1947, pp. 449-546.

FICINO, Marsilio, *Theologia platonica. De immortalitate videlicet animorum ac aeterna felicitate libri XVII* (1483). Paris 1559.

—— *Epistolarum liber II (Quaestiones quinque de mente).* In: *Opera.* Paris 1641, Vol. I.

GONZÁLEZ DE CELLORIGO, Martín, *Memorial de la política necesaria y útil restauración a la República de España.* Valladolid 1600.

GRACIÁN, Baltasar, *Obras completas*. Estudio preliminar, edición, bibliografía y notas de Arturo del Hoyo. Madrid 1967³.

HORAZ, *Sämtliche Werke*. Latino y alemán, editado por Hans Färber. München 1957.

LÓPEZ DE GÓMARA, Francisco, *Hispania victrix* (*Historia general de las Indias*, Medina del Campo 1552, 1553). Biblioteca de Autores Españoles. Vol. XXII, Madrid 1852.

MARTÍNEZ DE MATA, Francisco, *Memoriales y discursos*. Edición y nota preliminar de Gonzalo Anés. Madrid 1971.

MERCADO, Tomás de, *Suma de tratos y contratos*. Edición y estudio introductorio de Restituto Sierra Bravo. Madrid 1975.

MONCADA, Sancho de, *Restauración política de España*. Edición e introducción de Jean Vilar Berrogain. Madrid 1974 (= Clásicos del pensamiento económico español. Instituto de Estudios Fiscales, Ministerio de Hacienda).

MORUS, Thomas, *Utopia*. Traducción de G. Ritter. Stuttgart 1970 (= Reclam UB 513/14).

PÉREZ DEL BARRIO, Gabriel, *Dirección de secretarios de señores ... y un compendio en razón de acrecentar estado y hacienda*. Madrid 1613.

PÉREZ DE HERRERA, Cristóbal, *Amparo de pobres*. Edición, introducción y notas de Michel Cavillac. Madrid 1975 (= Clásicos Castellanos, 199).

PÉREZ DE MOYA, Juan, *Philosophia secreta* (1585). Edición a cargo de E. Gómez de Baquero. 2 vols., Madrid 1928.

PÉREZ DE OLIVA, Fernán, *Diálogo de la dignidad del hombre*. Terminado por Francisco de Cervantes Salazar. Alcalá 1546.

PLINIUS SECUNDUS, *Naturalis historiae libri XXXVII*. Latino y alemán, editado por R. König. Libro VII, Darmstadt 1975.

SAAVEDRA FAJARDO, Diego de, *Idea de un Príncipe político-cristiano, representada en cien empresas* (1640). En: Biblioteca de Autores Españoles, Vol. XXV. Madrid 1947, pp. 1-267.

SENECA, Lucius Annaeus, *De vita beata*. En: idem, *Philosophische Schriften*. Latino y alemán, edición y traducción de Manfred Rosenbach. Vol. II, *Dialoge 7-12*. Darmstadt 1971.

THOMAS DE AQUINO, *Summa theologica*. Edición completa, latino y alemán. Salzburg-München-Heidelberg 1933 ss.

VEGA CARPIO, Lope Félix de, *Dineros son calidad*. Edición crítica de Klaus Wagner. Wiesbaden 1966 (= Mainzer Romanistische Arbeiten, V).

VIVES, Juan Luis, *(Ioannis Ludovici Vivis) Opera*. Basel 1555, 2 vols.

ZEVALLOS, Jerónimo de, *Arte real para el buen gobierno de los Reyes...* Toledo 1623.

3. LITERATURA CRÍTICA

ALARCOS GARCÍA, Emilio, "El dinero en las obras de Quevedo. Discurso de apertura del curso 1942/43, Universidad de Valladolid". En: *Homenaje al Excmo. Sr. Dr. D.E.A.G.*, Vol. I., *Selección antológica de sus escritos*. Valladolid 1965 (= Universidad de Valladolid, Facultad de Filosofía y Letras).

ALBORG, Juan Luis, *Historia de la literatura española*. Tomo II, *Época barroca*. Madrid 1967.

ALONSO, Dámaso, *Poesía española. Ensayo de métodos y límites estilísticos*. Madrid 1962⁴.

ARANGO, Celso, *El zumbido de Quevedo*. Con un prólogo de Pedro Laín Entralgo. Palma de Mallorca 1973.

ASTRANA MARÍN, Luis, *La vida turbulenta de Quevedo*. Madrid 1945².

BAUM, Doris L., *Traditionalism in the Works of Francisco de Quevedo y Villegas*. Chapel Hill 1970 (= University of North Carolina. Studies in the Romance Languages and Literatures, 91).

BERUMEN, Alfredo, "La sociedad española según Quevedo y las Cortes de Castilla". En: *Abside XVI*, Méjico 1952.

BLOCH, Ernst, *Vorlesungen zur Philosophie der Renaissance*. Frankfurt/M. 1972.

BLÜHER, Karl Alfred, *Seneca in Spanien*. München 1969.

BLUMENBERG, Hans, *Der Prozeß der theoretischen Neugierde*. Edición ampliada de *Die Legitimität der Neuzeit*, parte tercera. Frankfurt/M. 1973.

—— *Aspekte der Epochenschwelle: Cusaner und Nolaner*. Edición ampliada de *Die Legitimität der Neuzeit*, parte cuarta. Frankfurt/M. 1976.

BORKENAU, Franz, *Der Übergang vom feudalen zum bürgerlichen Weltbild*. Reimpresión fotomecánica de la edición Paris 1934.

BORNEMAN, Ernest, *Psychoanalyse des Geldes. Eine kritische Untersuchung psychoanalytischer Geldtheorien*. Frankfurt/M. 1973.

BREY, Hedwig, *Hochscholastik und „Geist" des Kapitalismus*. Tesis doctoral München. Leipzig 1927.

BUCK, August, „Über einige Deutungen des Prometheus-Mythos in der Literatur der Renaissance". En: *Romanica. Festschrift für Gerhard Rohlfs*. Halle (Saale) 1958, pp. 86-96.

—— "Die Rangstellung des Menschen in der Renaissance: dignitas et miseria hominis". En: *Archiv für Kulturgeschichte*, 42, Köln-Graz 1960.

CARO BAROJA, Julio, "La sociedad criptojudía en la corte de Felipe IV". En: idem: *Inquisición, brujería y criptojudaismo*. Barcelona 1974³, pp. 11-180.

CASSIRER, Ernst, Paul Oskar Kristeller, John Randall jr., *The Renaissance Philosophy of Man*. Chicago 1948.

CASTRO, Américo, *La Realidad Histórica de España*. Edición renovada, México 1971⁴.

COLMEIRO, Manuel, *Biblioteca de los economistas españoles de los siglos XVI, XVII y XVIII*. Publicaciones de la Real Academia de Ciencias Morales y Políticas. Madrid s. a. (Reimpresión de la edición tercera 1903).

CURTIUS, Ernst Robert, „Das Schiff der Argonauten". En idem: *Kritische Essays zur europäischen Literatur*. Bern 1963³, pp. 412 ss.

DELEITO Y PIÑUELA, José, ... *también se divierte el pueblo. Recuerdos de hace tres siglos*. Madrid 1966³.

Diccionario de Autoridades (1726 ss.). Edición de la Real Academia Española, edición facsímil. 3 vols., Madrid 1963.

DOMÍNGUEZ ORTIZ, Antonio, *Política y hacienda de Felipe IV*. Madrid 1960 (Publicaciones de la Editorial de Derecho Financiero, III. Historia financiera, I).

Enciclopedia ilustrada europeo-americana (Espasa-Calpe). Madrid 1928.

ELLIOTT, J. H., "La decadencia de España". En: C. M. Cipolla, J. H. Elliott, P. Vilar y otros, *La decadencia económica de los imperios*. Barcelona 1973 (= Alianza Universidad, 57), pp. 129-155.

—— *Imperial Spain. 1469-1716*. London 1969³.

ERIKSON, Erik H., *Der junge Mann Luther. Eine psychoanalytische und historische Studie*. Reinbek bei Hamburg 1970.

—— *Dimensionen einer neuen Identität*. Traducción de F. Herborth. Frankfurt/M. 1975.

—— *Lebensgeschichte und historischer Augenblick*. Traducción de T. Lindquist. Frankfurt/M. 1977.

ESPEJO, Cristóbal, y Julián Paz, *Las antiguas ferias de Medina del Campo*. Valladolid 1912.

ETTINGHAUSEN, Henry, *Francisco de Quevedo and the neostoic movement*. Oxford 1972.

FÄHLER, Eberhard, *Feuerwerke des Barock. Studien zum öffentlichen Fest und seiner literarischen Deutung vom 16. bis 18. Jahrhundert*. Stuttgart 1974 (= Tesis doctoral Göttingen).

FERRERAS-SAVOYE, Jacqueline, *La Célestine ou la crise de la societé patriarcale*. Paris 1977.

GARCÍA CARRAFA, Arturo y Arturo, *Enciclopedia Heráldica y Genealógica Hispano-Americana*. Madrid 1953.

GEISLER, Eberhard, "La identidad imposible. En torno al Buscón". En: *Nuevo Hispanismo. Revista crítica de Literatura y Sociedad* (Madrid), 1, 1982, pp. 39-54.

GENTIL DA SILVA, José, *Desarrollo económico, subsistencia y decadencia en España.* Traducción del francés. Madrid 1967.

GONZÁLEZ PALENCIA, Angel, "Quevedo pleitista". En idem: *Del „Lazarillo" a Quevedo.* Madrid 1946, pp. 305-418.

GREEN, Otis H., *Spain and the Western Tradition. The Castilian Mind in Literature from El Cid to Calderón.* 4 vols., Madison-Milwaukee 1963 ss.

GRICE-HUTCHINSON, Marjorie, *The School of Salamanca. Readings in Spanisch monetary theory 1544-1605.* Oxford 1952.

GRONER, J. F., O. P., *Kardinal Cajetan. Eine Gestalt aus der Reformationszeit.* Fribourg-Louvain 1951.

HABERMAS, Jürgen, „Können komplexe Gesellschaften eine vernünftige Identität ausbilden?" En idem y Dieter Henrich, *Zwei Reden (Aus Anlaß des Hegel-Preises).* Frankfurt/M. 1974, pp. 23-84.

—— *Erkenntnis und Interesse.* Frankfurt/M. 1973².

HAMILTON, E. J., *American Treasure and the Price Revolution in Spain (1501-1650).* Cambridge 1934.

HEYDENREICH, Titus, *Tadel und Lob der Seefahrt. Das Nachleben eines antiken Themas in der romanischen Literatur.* Heidelberg 1970.

Historia social y económica de España y América. Dirigida por J. Vicens Vives. Vol. III: *Los Austrias. Imperio español en América.* Barcelona 1974² (= Vicens Bolsillo).

JAURALDE POU, Pablo, *Francisco de Quevedo (1580-1645).* Madrid: Castalia 1999.

JOHNSON, Carroll B., "El Buscón: D. Pablos, D. Diego y D. Francisco". En: *Hispanófila* (Chapel Hill, N. C.), 51 (1974), pp. 1-26.

JUDERÍAS, Julián, *Don Francisco de Quevedo y Villegas. La época, el hombre y las doctrinas.* Madrid 1922.

KLAVEREN, Jacob van, *Europäische Wirtschaftsgeschichte Spaniens im 16. und 17. Jahrhundert.* Stuttgart 1960 (= Forschungen zur Sozial- und Wirtschaftsgeschichte, 2).

KOPP, Hermann, *Die Alchimie in älterer und neuerer Zeit.* Reimpresión reprográfica de la edición Heidelberg 1886. 2 vols. Hildesheim 1962.

KRISTELLER, Paul Oskar, *Die Philosophie des Marsilio Ficino.* Frankfurt/M. 1972.

KRÜNITZ, J. G., *Ökonomisch-technologische Enzyklopädie.* Parte 172. Berlin 1839.

LAÍN ENTRALGO, Pedro, *La espera y la esperanza: Historia y teoría del esperar humano.* Madrid 1962³.

LÁSCARIS COMNENO, Constantino, "La mostración de Dios en el pensamiento de Quevedo". En: *Crisis*, Madrid-Murcia, II, 1955, pp. 427-440.

LÁZARO CARRETER, Fernando, "Originalidad del 'Buscón'". En: *Studia Philologica. Homenaje a Dámaso Alonso.* Vol. II. Madrid 1961, pp. 319-338.

LEPPERT-FÖGEN, Annette, *Die deklassierte Klasse. Studien zur Geschichte und Ideologie des Kleinbürgertums.* Frankfurt/M. 1974.

LEVITA, David J. de, *Der Begriff der Identität.* Traducción de K. Monte y C. Rolshausen. Frankfurt/M. 1976².

LIDA, Raimundo, "Para 'La Hora de todos'". En: *Homenaje a Rodríguez-Moñino*, Madrid 1966, Vol. I, pp. 311-323.

—— *Letras hispánicas. Estudios, Esquemas.* México-Buenos Aires 1958.

LYNCH, John, *España bajo los Austrias.* Vol. I: *Imperio y absolutismo (1516-1598).* Vol. II: *España y América (1595-1700).* Traducción del inglés. Barcelona 1975³.

Marañón, Gregorio, *El Conde-Duque de Olivares. La pasión de mandar*. Madrid 1969 (1936).

Maravall, José Antonio, *Utopía y contrautopía en el „Quijote".* Santiago de Compostela 1976.

—— *Estado moderno y mentalidad social (Siglos XV a XVII)*. 2 vols., Madrid 1972.

Martinengo, Alessandro, *Quevedo e il simbolo alchimistico. Tre studi*. Padova 1967.

Marx, Karl, *Die Frühschriften*. Edición de Siegfried Landshut. Stuttgart 1968.

—— *Elementos fundamentales para la crítica de la economía política (Borrador)1857-1858*. Vol 1. Traducción de Pedro Scarón. Edición a cargo de José Arico, Miguel Murmis y Pedro Scarón. Madrid Siglo Veintiuno de España Editores 1972.

—— *Das Kapital*. Vol. I, Berlin 1970 (= Marx-Engels-Werke, Vol. 23).

Mérimée, Ernest, *Essai sur la vie et les œuvres de Francisco de Quevedo*. Paris 1886.

Miller, Constantin, *Studien zur Geschichte der Geldlehre. Erster Teil: Die Entwicklung im Altertum und Mittelalter bis auf Oresmius*. Stuttgart-Berlin 1925.

Moliner, María, *Diccionario del uso del español*. Madrid 1971.

Navarro de Kelley, Emilia, *La poesía metafísica de Quevedo*. Madrid 1973 (= Punto Omega, 155).

Navarro Tomás, Tomás, *Métrica española. Reseña histórica y descriptiva*. Madrid-Barcelona 1974⁴.

Ploss/Roosen-Runge/Schipperges/Buntz, *Alchimia. Ideologie und Technologie*. München 1970.

Praag, J. A. Van, "Los 'Protocolos de los Sabios de Sión' y la 'Isla de los Monopantos' de Quevedo". En: *Bulletin hispanique*. 51, Bordeaux 1949, pp. 169-173.

Reichelt, Helmut, *Zur logischen Struktur des Kapitalbegriffs bei Karl Marx*. Frankfurt/M. 1973⁴.

Rico, Francisco, *El pequeño mundo del hombre. Varia fortuna de una idea en las letras españolas*. Madrid 1970.

Rothe, Arnold, *Quevedo und Seneca. Untersuchungen zu den Frühschriften Quevedos*. Genève-Paris 1965.

— "Quevedo und seine Quellen". En: *Romanische Forschungen*, 77. 3/4, 1965 (Frankfurt/M.), pp. 332-350.

Salomon, Noël, *Recherches sur le thème paysan dans la "comedia" au temps de Lope de Vega*. Bordeaux 1965.

Schinzinger, Francesca, *Ansätze ökonomischen Denkens von der Antike bis zur Reformationszeit*. Darmstadt 1977 (= Erträge der Forschung, 68).

Schmidt, Bernhard, *Spanien im Urteil spanischer Autoren. Kritische Untersuchungen zum sogenannten Spanienproblem 1609-1936*. Berlin 1975.

Schreiber, Edmund, *Die volkswirtschaftlichen Anschauungen der Scholastik seit Thomas von Aquin*. Jena 1913.

Schütz, Ludwig, *Thomas-Lexikon*. Reimpresión facsímil de la edición segunda Paderborn 1895. Stuttgart 1958.

Serrano Poncela, Segundo, "Quevedo, hombre político (Análisis de un resentimiento)". En: idem: *Formas de vida hispánica*. Madrid 1963, pp. 64-123.

— "Estratos afectivos en Quevedo". En idem: *El secreto de Melibea*. Madrid 1959, pp. 37-54.

Simmel, Georg, *Philosophie des Geldes*. München-Leipzig 1930⁵.

Sombart, Werner, *Liebe, Luxus und Kapitalismus* (1912). München 1967.

Templin, Ernest Hall, *Money in the plays of Lope de Vega*. Berkley 1952 (= University of California Publications in modern philology. 38, I).

THOMAE, Helga, *Französische Reisebeschreibung über Spanien im 17. Jahrhundert*. Bonn 1961 (= Seminario de Románicas de la Universidad de Bonn).

TROUSSON, Raymond, *Le Thème de Prométhée dans la Littérature Européenne*. 1.2. Genève 1964.

URGORRI CASADO, Fernando, "Ideas sobre el gobierno económico de España en el siglo XVII. La crisis de 1627, la moneda de vellón y el intento de fundación de un banco nacional exclusivo". En: *Revista de la Biblioteca, Archivo y Museo*, Madrid. 1-2, 1950, pp. 123-230.

VILAR, Pierre, "El tiempo del Quijote". En: C. M. Cipolla, J. H. Elliott, P. Vilar y otros, *La decadencia económica de los imperios*. Barcelona 1973 (= Alianza Universidad, 57), pp. 113-127.

— *Oro y moneda en la historia (1450-1920)*. Traducción del francés. Barcelona 1974³ (= Colección Demos. Biblioteca de Ciencia Económica).

— "Les Primitifs espagnols de la pensée économique. 'Quantitativisme' et 'Bullionisme'". En: *Mélanges offerts à Marcel Bataillon par les hispanistes français*. Bordeaux 1963 (= Annales de la Faculté des Lettres de Bordeaux, Bulletin hispanique, 64,2), S. 261-284.

VILAR BERROGAIN, Jean, *Literatura y economía. La figura satírica del arbitrista en el Siglo de Oro*. Traducción. Madrid 1973 (= Selecta de Revista de Occidente, 48).

— "Formes et tendances de l'opposition sous Olivares. Mateo de Lisón y Viedma, 'defensor de la patria'". En: *Mélanges de la Casa de Velázquez*. Vol. VII, Paris 1971, pp. 263-294.

VIÑAS (MEY), Carmelo, "Cuadro económico-social de la España de 1627-28. Pragmática sobre tasas de las mercaderías y mantenimientos, jornales y salarios". En: *Anuario de Historia Económica y Social*, Madrid. I, 1968, pp. 715-772.

WEBER, Wilhelm, *Geld und Zins in der spanischen Spätscholastik*. Münster 1962 (= Schriften des Instituts für christliche Sozialwissenschaften der Westfälischen Wilhelms-Universität Münster, 13).

—— *Wirtschaftsethik am Vorabend des Liberalismus. Höhepunkt und Abschluss der scholastischen Wirtschaftsbetrachtung durch Ludwig Molina S. J. (1535-1600).* Münster 1959 (= Schriften des Instituts..., 7).

ZILSEL, Edgar, *Die sozialen Ursprünge der neuzeitlichen Wissenschaft.* Edición de Wolfgang Krohn. Frankfurt/M. 1976.

EDITION REICHENBERGER
www.reichenberger.de

SELECCIÓN DE TÍTULOS

Andrés de Claramonte
Dineros son calidad
Ed. Alfredo Rodríguez López-Vázquez
2000, xii, 214 pp. (Ediciones críticas 107)
ISBN: 978-3-931887-77-3 | 38,- €

José María Domínguez Rodríguez
Roma, Nápoles, Madrid.
Mecenazgo musical del Duque de Medinaceli, 1687-1710
2013, xxii, 362 pp. (DeMusica 18)
ISBN: 978-3-944244-02-0 | 66,- €

Calderón de la Barca
El gran mercado del mundo
Ed. Ana Suárez
2003, 428 pp.
(Ediciones críticas 126)
ISBN: 978-3-935004-45-9   58,- €

Calderón de la Barca
Los alimentos del hombre
Ed. Miguel Zugasti
2009, 340 pp.
(Ediciones críticas 169)
ISBN: 978-3-937734-75-0   58,- €

Calderón de la Barca
La serpiente de metal
Ed. Luis Galván
2012, 232 pp.
(Ediciones críticas 181)
ISBN: 978-3-937734-94-1   48,- €

Calderón de la Barca
No hay más Fortuna que Dios
Ed. Ignacio Arellano
2013, 320 pp.
(Ediciones críticas 186)
ISBN: 978-3-944244-05-1   58,- €

Calderón de la Barca
La nave del mercader
Ed. I. Arellano / B. Oteiza / M. C. Pinillos / J. M. Escudero / A. Armendáriz
1996, 270 pp.
(Ediciones críticas 71)
ISBN: 978-3-930700-58-5   28,- €

Marcos Cánovas Méndez
Aproximación al estilo de Quevedo
1996, vi, 364 pp.
(Estudios de literatura 36)
ISBN: 978-3-930700-73-8   52,- €

Sebastian Neumeister
Mito clásico y ostentación
2000, xii, 322 pp.
(Estudios de Literatura 38)
ISBN: 978-3-931887-73-5   47,- €

Christoph Strosetzki
La literatura como profesión
1997, xii, 448 pp.
(Estudios de Literatura 39)
ISBN: 978-3-930700-92-9   62,- €

Carmen Peraita
Quevedo y el joven Felipe IV
1997, vi, 230 pp.
(Estudios de Literatura 42)
ISBN: 978-3-931887-08-7   42,- €

Lucía Díaz Marroquín
La retórica de los afectos
2008. vi, 330 pp.
(Estudios de Literatura 110)
ISBN: 978-3-937734-59-0   59,- €

Julián González-Barrera
Expostulatio Spongiae.
Fuego cruzado en el nombre de Lope
2011, xii, 462 pp.
(Estudios de Literatura 116)
ISBN: 978-3-937734-92-7   87,- €

Escribir entre dos lenguas. Escritores
catalanes y la elección de la lengua
literaria • Escriure entre dues llengües.
Escriptors catalans i l'elecció de la
llengua literària
Ed. Pilar Arnau i Segarra / Pere Joan i
Tous / Manfred Tietz
2002, viii, 166 pp.
(Problemata Literaria 54)
ISBN: 978-3-935004-33-6   30,- €

Con/Texts of Persuasion
Ed. Beatriz Penas Ibáñez, Micaela
Muñoz and Marta Conejero
2011, viii, 284 pp.
(Problemata Literaria 69)
ISBN: 978-3-937734-81-1   45,- €

The Limits of Literary Translation:
Expanding Frontiers in Iberian
Languages
Ed. Javier Muñoz-Basols, Catarina Fou-
to, Laura Soler González, Tyler Fisher
2012, xvi, 370 pp.
(Problemata Literaria 71)
ISBN: 978-3-937734-97-2   54,- €

José Antonio Llera
Lorca en Nueva York: una poética
del grito
2013, xii, 178 pp.
(Problemata Literaria 72)
ISBN: 978-3-944244-03-7   39,- €

José Mª Arche / Manuel Galinier
Glosario del mundo laboral /
Glossar der Arbeitswelt
1996, xii, 210 pp.
(Glosarios y Manuales 1)
ISBN: 978-3-930700-71-4   19,5 €

Emma Martinell Gifre, Mar Cruz
Piñol y Rosa Ribas Moliné
Corpus de testimonios de convivencia
lingüística (ss. XII-XVIII)
2000, xviii, 342 pp.
(Glosarios y Manuales 2)
ISBN: 978-3-931887-85-8   29,5 €

Early Music Printing and Publishing
in the Iberian World
Ed. Iain Fenlon and Tess Knighton
2006, xiv, 402 pp.
(DeMusica 11)
ISBN: 978-3-937734-38-5   69,- €

EDITION REICHENBERGER

Pfannkuchstraße 4
D-34121 Kassel
Tel: (0561) 766 97 93
Fax: (0561) 77 52 04
edition@reichenberger.de
www.reichenberger.de

En España:
Reichenberger Ediciones
Aptdo. de Correos 232
E-48100 Mungia (Bizkaia)
Tel+Fax: 94 674 20 47
distribucion@editionreichenberger.com